회계학 이야기

Accounting Story

제2판

권수영·김종일·고영우·기은선

신영사

다시 들어가며

회계학 분야에서의 연구는 지난 60여년에 걸쳐 연구주제의 폭과 출간된 논문 편수에 있어서 비약적인 성장을 거두어왔다. 그러나 이러한 성과에도 불구하고 회계학 연구에서 축적된 결과를 금융당국이 규제정책에 반영한다든지 회계사 업계에서 실무에 활용하는 사례는 매우 드문 실정이다. 2018년 Harvard Business Review에 게재된 기사에서 기업의 경영자들 중 누구도 학계에서 이루어지는 학술연구에 별로 귀를 기울이지 않는다며 'Lost in translation'이라고 꼬집었다. 또한 동 기사에서 경영학자들이 경영자나 직원의 어떠한 input 없이 실무와 동떨어지게 연구를 설계하여 'Lost before translation'이라고 지적하였다. 따라서 회계연구가 정책당국이나 회계사 업계는 물론 일반 사회에 미치는 영향은 매우 미미한 수준이라 할 수 있다.

필자는 수년 전 상해에 위치한 Antai 경제관리대학에서 주관한 경영대학 제7차 국제컨퍼런스에서 'The corporate impact of academic research' 라는 주제로 발표를 요청받은 적이 있다. 발표를 준비하면서 수많은 경영대학이 교수들의 승진을 위해 저명 국제학술지에 논문을 게재하기를 요구하지만 과연 그런 기준이 기업과 사회에 어떠한 긍정적인 영향을 미치는지 의구심이 드는 것이었다. 경영학이 매우 실용적인 학문인 만큼 경영대학의 교수 임용과 승진 규정은 학술지에 좋은 논문을 게재하는 것도 중요하지만 연구결과가 정책입안과 실무적용에 얼마나 도움이 되는지를 나타내는 기여도도 고려해야 한다는 제안을 하게 되었다. 이를 위해서는 경영대학의 학술연구에 대한 평가가 단순히 저명 학술지에 게재한 논문편수를 세는 데 그치지 않고 실제 사회에 미치는 impact factor를 고려해야 할 것이다. 더불어 실무에 있는 분들과 공동으로 노력을 기울여서 실제 사례를 발굴하고 경영컨설팅을 제공하며, 경영관리 지식이 실무에 실제로 쓰일 수 있도록 하는 노력을 기울이는 부분에 대해서도 교수평가와 경영대학 순위에 반영해야 한다는 견해를 피력하게 되었다.

회계학 분야의 연구가 기업이나 업계에서 별 도움이 안 되는 이유에는 회계연구가 지나치게 이론적 정합성에 치우쳐서 이해하기가 쉽지 않은 면도 있지만 회계학자들이 연구결과를 좀 더 평이한 방식으로 전달함으로써 정책당국이나 회계업계와의 소통을 원활하게 하려는 노력을 기울이지 않은 부분도 있다. 이에 따라 본서 『회계학 이야기』는 회계학 분야에서 이루어진 이론과 연구결과를 가급적 쉽게 이야기 형식으로 소개하고자 하였다.

사실 이러한 책을 집필하게 된 데에는 박사논문을 지도한 Nick Dopuch 교수가 늘 필자에게 하신 말씀에 기인한다. 박사과정 시절 아침에 출근하여 라운지에서 커피를 끓여 마시고 있으면 뒤늦게 와서 논문이 어떻게 진행되는지를 묻곤 하였다. 그때마다 필자는 그동안 생각했던 아이디어와 논리 그리고 분석을 장황하게 설명하였다. 그러면 Dopuch 교수는 무슨 얘기하려는지 명확하지 않다면서 논문은 네 배우자도 이해할 수 있을 정도로 써야 한다고 하였다. 결국은 논문이 시사하는 바를 한두 문장으로 평이하게 설명할 수 있어야 한다는 의미일 것이다. 학술연구는 이론적 정합성을 강조하는 우아함(elegance)과 정책과 실무에 유용함을 나타내는 관련성(relevance)의 균형이 중요하다. 그러나 실무적 관련성이 매우 높은 회계학은 정책과 실무에 필요하고 도움이 되는 부분에 더 많은 가중치가 가야 되지 않나 생각한다.

회계분야의 저명한 국제학술지인 Accounting Organization Society (AOS)는 학술지 제목에 회계가 조직을 변화시키고 더 나아가 사회를 바꾼다는 의미가 함축적으로 들어 있다. 이것이 바로 회계가 한정된 자원을 투명하고 공평하게 배분될 수 있게 할 뿐만 아니라 의사결정을 효율적으로 이루어지게 하는 기본 인프라라는 시각과 일치한다. 또한 우리 사회가 이성과 도리에 근거한 정의로움을 추구하고, 기업과 공공부문이 지속가능한 경쟁력을 갖추며, 공정사회를 이루고 사회적 갈등을 합리적으로 풀 수 있게 하는 데 회계가 중요한 역할을 할 수 있다는 점을 간파한 것이다. 회계가 이러한 역할을 하기 위해서는 수많은 자원을 사용해 수행된 연구에서의 결과가 단순히 지식에 그치지 않고 정책에 반영되고 실무에 적용되어야 할 것이다. 본서에 제시하고자 하는 회계연구에서의 통찰력이 회계실무와 정책당국은 물론 학부와 경영(전문)대학원에까지 널리 전달되었으면 하는 바람이다.

본서가 집필된 지 10년이 지나 개정판을 내게 된 데에는 본서의 공동저자로 참여한 가톨릭대학교 김종일 교수, 경기대학교 고영우 교수, 그리고 강원대학교 기은선 교수의 노력이 없이는 가능하지 않았을 것이다. 세 분의 교수님은 24개의 장을 각자 8장씩 맡아 초판에서 미진하게 다룬 내용을 보완하고 회계연구의 최신 동향을 업데이트하였다. 이 세 분 교수님과 공동으로 개정판을 낼 수 있게 되어 기쁘고 앞으로 더 많은 분들이 참여하여 최신 동향을 반영한 『회계학 이야기』 개정판이 지속적으로 출간되기를 기대한다.

2024년 2월

공동연구자들을 대표해서

권 수 영

들어가며

필자의 박사논문을 지도한 미국 Washington University(St. Louis)의 Nick Dopuch 교수는 본인이 박사과정에 있던 1950년대에는 회계학이 학문으로서 인정을 받지 못하였다고 얘기하곤 하였다. 그래서 추수감사절과 같은 명절 때에 친척들이 박사과정에서 무슨 공부 하냐고 물으면 'Financial accounting' 또는 'Management accounting'이라고 앞에는 크게 뒤에는 나지막하게 얘기해서 재무관리(Finance)나 경영관리(Management)를 공부하는 것으로 생각하게 만들었다고 한다. 약간의 우스갯소리로 하는 말이겠지만 그 당시만 해도 회계학을 박사과정까지 가서 공부할 게 뭐가 있느냐는 시각이 있었다. 사람들이 이렇게 생각하는 이유는 회계학이 수학, 경제학, 철학, 심리학 등 다른 분야에 학문적 뿌리를 두는 것 이외에도 회계가 실무와 너무나 밀접한 관련성이 있다는 데에 기인하기 때문이다.

그러나 사실 따지고 보면 재무관리나 경영관리, 심지어는 경제학조차도 소위 文史哲이라는 인문학과, 수학 및 통계학에 기반을 둔 자연과학을 수입해서 발전한 학문이다. 경제학에서 중요한 비중을 차지하고 있는 합리적 기대 가설(rational expectations hypothesis)이나 게임이론도 잘 살펴보면 수학과 엔지니어링 분야에서 이미 만들어진 이론을 기초로 해서 발전되었다. 따라서 비교적 역사가 짧은 사회과학 분야의 학문은 자연과학이나 인문 분야로부터 수천 년 동안 축적된 지식을 빌려 쓸 수밖에 없으며, 회계학만 수입학문의 멍에를 쓸 필요는 없다.

아무튼 여러 번 강산이 변하면서 회계학도 독자적인 학문영역으로 인정받기에 이르렀다. 특히 산업혁명 이후 수많은 기업들이 생겨나고 기업이 경제·사회에서 차지하는 비중이 커지면서 경영학이 학문으로서의 면모를 갖추게 되었고, 회계학도 그 일익을 담당하게 되었다. 특히 회계부정과 금융위기 등 일련의 사건을 겪으면서 건전한 자본시장의 발달이 이루어지기 위해서는 회계투명성이 선결조건이라는 인식이 사회 저변에 확산되면서 회계, 더 나아가 회계학의 사회적 역할과 학문적 위상은 높아졌다고 할 수 있다. 이제는 수학이 자연과학의 기본이듯이 회계학은 경영학의 기본이라 할 수 있고, 철학적 사고가 인문사회 분야의 틀을 이루듯이 회계학적 사고가 경영학의 틀을 형성한다고 할 수 있게 되었다. 더욱이 경제학이 사회과학의 근간을 이루듯이 회계학이 경영학의 근간을 이루게 되었다.

회계학 분야에도 최근에 수많은 논문들이 쏟아지고 있으며, 그러한 연구의 학문적 가치가 지니는 바가 적지 않다. 이에 따라 2003년에 중진학자 다섯 명이 모여 『자본시장에서의 회계정보 유용성』이라는 대학원 전공서적을 집필하게 되었으며 2010년에는 개정판이 발간되어 회계학 대학원생들에게 연구지침서로 널리 애용되고 있다. 그러나 아쉽게도 그 책은 연구방법론의 정교성과 정합성에 보다 비중을 두다 보니 그 연구결과가 의미하는 정책적 시사점이나 실무에서의 유용성을 전달하는 데에는 다소의 어려움이 있는 게 사실이다.

이에 따라 본서 『회계학 이야기』에서는 회계학 분야의 학문적인 지식을 정확하게 전달하려고 하기보다는 회계학 분야에서 이루어지는 이론적인 틀과 연구결과를 가급적 평이하게 이야기 형식으로 소개하고자 하였다. 회계학의 학문적 품위를 최소한으로나마 유지하면서 가급적 기술적인 부분을 최소화하면서도 회계적인 시각에서 설명하였다. 그리하여 본서가 회계실무에서는 물론 규제당국에서도 관심을 가져줄 뿐만 아니라 학부에서 회계학 교육에도 널리 활용되었으면 하는 바람이다.

『회계학 이야기』는 회계원리를 수강하였거나 실무에서 회계업무를 담당해 본 독자의 경우에는 큰 무리 없이 읽어나갈 수 있다. 회계지식이 전혀 없는 경우에는 읽어나가는 데 다소 어려움이 있을 수도 있지만 지적 호기심을 유지한다면 충분히 내용을 음미할 수 있으리라 생각한다. 학부에서는 중급회계나 회계이론의 참고도서로, 경영(전문)대학원에서는 재무회계나 재무제표분석의 참고도서로도 활용할 수 있을 것으로 기대된다. 각 장별로 신문에서의 관련 기사와 함께 강의가 진행된다면 훨씬 더 박진감 있는 수업이 될 것이다.

학생들에게 듣는 최고의 찬사는 학기가 끝나고 회계 그리고 회계학이라는 학문이 우리 사회에서 얼마나 중요한지를 알게 되었다고 할 때이다. 본서를 읽은 독자가 회계정보의 유용성을 인식하고 회계지식을 활용할 수 있게 된다면 저자로서 무한한 보람을 느낄 것이다. 경영자로서, 관리자로서, 투자자로서 회계정보를 이해할 수 있고, 회계학 분야의 연구결과를 실무에 적용할 수 있으며, 더 나아가서 회계적인 시각을 가질 수 있기를 기대해 본다. 자, 이제 회계학을 즐겁게 배우고 회계적인 지식을 유용하게 써먹을 수 있도록 하는 도전을 시도해 보자.

2013년 5월

안암동에서 저자

감사의 글

대학원 전문서인 『자본시장에서의 회계정보 유용성』이라는 책을 공저하면서 많은 동기부여와 영감을 준 경희대학교의 김문철 교수, 연세대학교의 손성규 교수, 성균관대학교의 최관 교수 그리고 아주대학교의 한봉희 교수에게 감사의 말씀을 드린다. 또한 집필하는 과정에서 고려대학교의 이만우 교수, 김진배 교수, 금융감독원의 정용원 회계제도실장, 한국거래소의 김현일 팀장, 삼정회계법인의 한상일 상무, 한국외국어대학교의 김연희 선생 등이 책에 대한 전반적인 피드백을 주었다. 고려대학교의 이한상 교수와 안진회계법인의 김유석 상무 그리고 고려대학교 대학원에 재학 중인 황유선 회계사는 한 페이지 한 페이지 읽어나가며 자세하게 의견을 주었다. 다들 바쁘신 분들임에도 불구하고 코멘트를 준 것에 대해 감사를 드린다. 마지막으로 항상 모든 것을 이해해 주고 성원해 준 가족에게 이 자리를 빌려 감사의 마음을 전한다.

차 례

PART Ⅱ

재무제표와 회계정보

PART Ⅲ

기업경영과 회계정보

제 I 편

회계와 회계정보

제 1 장

회계정보는 유용하다

회계는 아라비아숫자와 더불어 인류 공동의 상속재산이다.
Accounting along with Arabic numbers is the wealth inherited to all mankinds.
– A. Kepper

회계가 더 발달한 고대문명은?

회계(accounting)는 한 경제주체가 그동안의 성과가 좋았는지, 지금 현재 재무상태는 어떤지를 일목요연하게 보여주는 일련의 과정이다. 이익이 많이 나면 성과가 좋은 것으로 간주하며, 돈을 지나치게 많이 빌려서 경제적 자원을 갖고 있는 게 아니라면 재무상태가 나쁘지 않다고 본다. 일목요연하다는 것은 한눈에 볼 수 있게끔 한다는 의미이고, 일련의 과정이란 무수히 많은 거래를 식별(identify)해서 측정(measure)한 다음 보고(report)하는 과정이란 뜻이다. 회계를 한문으로 會計라고 쓴 의미에서 알 수 있듯이 여러 사람이 모여서(會) 계산(計)해서 만들었기 때문에 나름대로 믿을 만하다는 뜻이다. 이 회계과정을 통해 산출된 정보를 가지고 기업을 둘러싼 다양한 이해관계자가 의사결정을 더 잘할 수 있게 정보를 제공해

준다는 점에서 회계는 정보제공의 기능이 있다.

회계는 인류의 문명과 더불어 발달해 왔다. 고대 4대 문명 중에서 메소포타미아 문명과 이집트 문명은 서로 인접해 있었으면서도 각각 독특한 통치방식과 경제활동을 영위하였다. 이 두 문명 중 어느 곳이 더 회계가 발달했을까? 지금의 이라크가 메소포타미아 문명이 발달한 곳이라는 것을 상기하고, 우리에게 친숙한 피라미드와 스핑크스를 생각하면 왠지 이집트가 더 발달했을 것 같은 생각이 든다. 이를 판단하기 위해서는 신과 왕의 관계를 살펴볼 필요가 있다.

이집트에서는 나일강의 천연적인 혜택으로 외부의 침입이 거의 없었다. 이집트의 왕 파라오(pharaoh)는 최고 통치자로서 '두 땅의 주인(Lord of the Two Lands)'과 '모든 신선의 수장(High Priest of Every Temple)'이라는 칭호를 겸하면서 정치적으로나 종교적으로 최고의 지도자 역할을 하였다. 즉, 파라오는 모든 토지에 대한 소유권, 법률집행권, 조세의 권리와 함께 외부의 침입으로부터 백성을 보호할 의무를 지니고 있었을 뿐만 아니라 '모든 신전의 대제사장'으로서 지상에서 스스로 왕과 신의 지위를 겸하였다.

반면에 메소포타미아는 주위의 산악지대 및 초원지대로부터 이민족의 침입이 잦아서 국가의 흥망과 민족의 성쇠가 되풀이되었고, 티그리스와 유프라테스 강의 홍수에서 오는 재해도 많았다. 이에 따라 수메르인은 도시국가를 건설하기 시작하였으며, 그 중심은 도시 수호신을 모신 신전이었다. 신전을 중심으로 정치나 경제생활이 행해졌으며, 복잡한 신전경제를 능률적으로 처리하기 위하여 문자가 발명되었다. 이것은 국왕의 이름이나 사적의 기록, 또는 종교적 목적에서 고안된 이집트의 신성문자와는 대조적이다. 따라서 메소포타미아 문명에서 왕은 신의 대리인(agent)으로서 신을 모시는 종속관계에 있었다고 할 수 있다.

이렇게 두 문명 사이의 차이를 이해하면 어느 문명에서 회계가 더

이집트
파라오(Pharaoh)는 두 땅의 주인이자 모든 신전의 수장

메소포타미아
모든 신들 중에서 가장 높은 엔릴(Enlil)을 믿었으며, 점토로 만든 서판에 물품을 표시

발달하였는지를 추측할 수 있다. 회계가 더 발달한 문명은 신을 대신하는 파라오 중심의 이집트 문명이 아니라 신을 모시는 왕의 구조를 가진 메소포타미아 문명이었다. 메소포타미아에서 가장 오래된 문자는 그림문자인데 뒤에 설형문자의 형태로 발전하였다. 수메르인은 점토를 굳혀서 만든 서판에 주로 신전에 바치는 물품(곡물, 소, 양, 물고기, 노예 등)을 표시한 문자기호를 새겼다. 사물은 그림으로, 숫자는 짧은 선이나 원의 반복으로, 고유명사는 그림의 본래 의미가 아닌 통상적 발음에 따라 해석하게끔 조합한 그림들로 표시했다. 더욱이 바빌론 왕조시대에 상거래가 이루어진 것을 나타내는 기록은 함무라비법전에서 찾을 수 있다. 상업기록으로는 노예, 우마, 토지, 금전 등을 사고팔고 빌려준 내용이 기록되어 있다.

메소포타미아 문명에서 회계가 발달하게 된 이유는 왕이 신의 대리인으로서 한 해의 성과를 요약해서 신전경제를 잘 관리했는지를 보고할 필요가 있었기 때문인 것으로 추정된다. 이와 같이 주인이 위탁한 자원을 제대로 잘 관리했는지를 보고하는 것이 바로 회계의 **수탁기능**(stewardship)이다. 한편 이집트에서는 왕이 신의 역할을 맡았기 때문에 한 해의 성과에 대하여 보고할 필요가 없었다. 그러나 이집트 문명이 메소포타미아 문명에 비해 회계가 상대적으로 뒤늦게 발달했다는 것이지 발달이 안 되었다는 얘기는 아니다. 고대 이집트에서도 기원전 3000년경부터 왕실의 재정을 상세하게 기술하였다. 이때 기록관은 매우 높은 관직으로 인정되었고, 그의 최고 직무는 세입세출에 관한 국고를 기록하는 것이었다.

경제활동의 증가와 관련된 정보의 필요성

경제(economy)란 흔히 재화와 용역을 생산 · 분배 · 소비하는 인간의 활동을 의미한다. 고대와 중세를 거치며 인간의 경제활동은 미미하지만 지속적으로 확대되어 나가다가, 중세 말기에 접어들며 베네치아, 제네바 등 지중해를 중심으로 활동하는 상인들이 등장하며 급속히 활발해지기 시작한다. 이 시기의 상인들은 유럽 내에서 와인 등의 무역을 통해 자본을 축적하였다. 무역을 위해서는 선박과 선원을 조달하고 현지에서 물품을 구매해야 했으므로 상당한 자본이 필요했다. 자본을 모으고, 이를 투자해 성공적으로 사업을 영위하고, 창출된 이익을 투자한 자본에 따라 공정하게 분배하는 과정에서 회계의 발달은 필연적인 것으로 여겨진다.

이 시기에 현대 회계학의 아버지로 불리는 **루카 파치올리**(Luca Pacioli, 1445～1517)가 등장한 것은 결코 우연이 아니다. 그는 이탈리아의 저명한 학자로 수학과 건축학에 많은 업적을 남겼다. 젊은 시절 유럽의 상업과 무역 중심지인 베네치아에서 부유한 상인 가문인 롬피아시 가(家)의 가정교사로 일하며 상업부기를 처음 접하게 되었다. 이후 학생들에게 수학을 체계적으로 가르치기 위해 『산술·기하·비례 및 비율 요론(Summa de Arithmetica, Geometria, Proportioni et Proportionalita)』을 집필하였다. 이 책은 일종의 수학 백과사전으로, 1464년부터 약 30년간 작업한 그의 필생의 대작이라 할 수 있다. 전체 600여 페이지 중 약 150페이지를 상업(商業)과 관련된 내용에 할애하였는데, 이 부분에서 복식부기의 원리를 제시하고 있다. **복식부기**란 거래를 대변과 차변으로 나누어 자산, 부채, 수익, 비용의 증감과 그 원인까지도 파악할 수 있게 만든 획기적인 방법이다. 흥미로운 것은 당대의 대학자도 장부 작성을 학생들에게 가르쳐야 할 중요한 학문이라고 생각했다는 점이다.

무역 등의 발달로 경제활동과 관련하여 이해관계자의 수가 증가하였지만, 이는 일부의 부자들에게 국한된 것으로 여전히 대다수의 사람들은 무역선 등 거대한 사업의 이해관계자가 되기에는 가지고 있는 자본이 부족했다. 항해술이 발달하며 유럽에는 인도양을 지나 인도와의 해상무역을 통해 후추 등 향신료를 수입하여 많은 돈을 버는 상단(商團)들이 등장했다. 이들이 막대한 초과수익을 거두자 너도나도 이 사업에 뛰어들며 향신료의 가격이 폭락하게 된다. 이에 네덜란드는 1602년 동인도회사(East India Company)를 설립해 이들을 하나의 조직으로 통합하였다. 이 과정에서 여러 투자자들의 지분을 정리하며 최초의 주식회사 형태가 생겨났다. 즉, 전체 지분을 작은 단위로 쪼개어 지분을 분산하여 소유하게 한 것이다.

더욱 획기적인 사건은 1602년에 암스테르담에 **증권거래소**를 개설한 일이다. 이는 기존의 투자자가 언제든 원하는 만큼 자신의 투자금을 회수할 수 있는 시스템이 생겨났음을 의미한다. 증권거래소의 등장은 자본을 투자하는 사람들과 사업 자체를 운영하는 사람들 모두에게 중요한 전환점이 되었을 것으로 생각된다. 최초에 자본가들은 상단을 만들어 무역

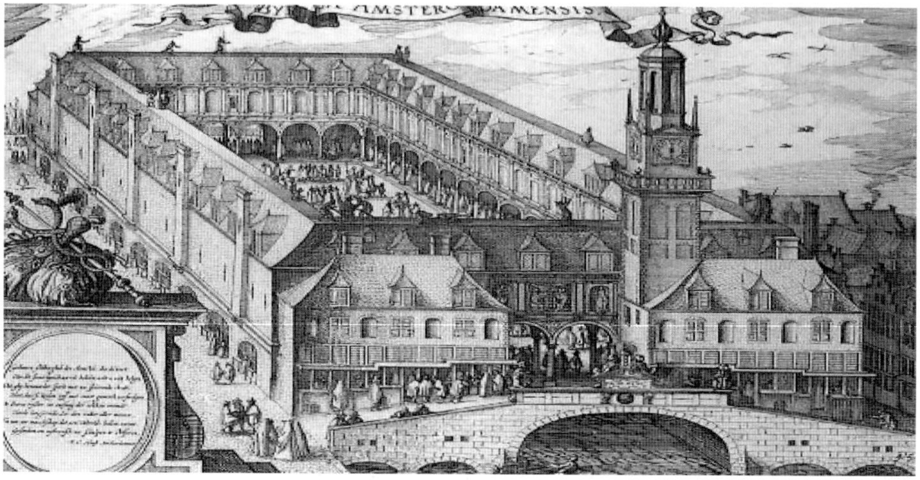

세계 최초의 증권시장(암스테르담 증시)

을 수행하고, 창출된 이익을 나누어 가졌다. 초기에는 각각의 무역이 하나의 벤처사업으로 자본의 투자와 회수가 일회성으로 이루어졌다. 투자금을 돌려주기 위해서 사업은 청산과정을 거쳐야 하며 이 과정에서 많은 비효율이 발생했다. 그러나 사업지분을 매매하는 시장이 등장하면서 투자자는 투자금을 언제든 회수할 수 있으므로, 목적이 되는 사업을 정리할 필요가 없어졌다. 다만 지분의 정확한 가치평가를 위해 사업에 대한 정보의 요구가 늘어났다.

이처럼 증권거래소의 등장은 사업에 대한 현재와 잠재적 이해관계자의 수를 획기적으로 증가시켰고, 이들이 경제적 의사결정을 위해 더 많은 사업과 관련된 정보를 요구하도록 만들었다. 중세 이후 경제활동의 활성화는 인류사회에서 회계가 보다 유용한 역할을 담당하도록 하는 계기를 제공하였다.

이해관계자가 많을수록 회계는 더욱 필요해

앞서 우리는 역사를 통해 사회적으로 회계가 필요한 이유에 대해 살펴보았다. 그 핵심은 경제활동의 공동성과 이해관계의 존재일 것이다. 이러한 원리를 우리는 다음에 제시하는 간단한 사례를 통해서 보다 현실적으로 공감할 수 있을 것이다.

철수는 10평 남짓한 식당을 내게 되었다. 갖고 있는 돈으로 인테리어를 꾸미고 간판도 달고, 주방기구와 식탁을 사들였다. 워낙 음식솜씨도 있는 편이어서 직접 음식을 만들기로 하였다. 식당이 그리 크지 않기 때문에 손님이 오면 음식 주문도 받고 손님 응대도 직접 하기로 하였다. 처음에는 혼자 그럭저럭 식당을 꾸려 나가는 데 문제가 없었다. 장사도 잘되고 음식이 맛있다는 소문이 나면서 손님이 많아지자 더 이상 혼자 할 수 없게 되었다. 그래서 요리사를 한 명 두고 직원도 한 명 두게 되었다. 그런데도 손님은 계속 늘어나 점심때에는 30분씩 기다려야 할 정도가 되었다.

철수는 1억원 보증금에 월세 2백만원을 내기로 합의하고 결국 옆 건물에 위치한 20평 규모의 식당으로 옮겼다. 갖고 있는 돈이 3천만원뿐이어서 은행에서 2천만원의 대출을 받았다. 보증금에 필요한 나머지 5천만원은 경수라는 친구로부터 투자를 받는 대신 식당을 공동으로 운영하기로 하였다. 그런데 경수는 직장을 다니느라 바쁘기 때문에 식당 운영에는 관여할 수 없었으며, 이익은 5 대 5로 나누기로 합의하였다. 또한 음식솜씨가 뛰어난 주방장을 데려오면서 월급 이외에도 이익이 많이 나면 보너스를 주기로 하였다.

철수는 이제 직원들 월급뿐만 아니라 자신의 월급을 경수와 상의해서 결정하게 되었다. 이제 한 달 장사해서 은행 이자를 내고, 월급을 주며, 임차료도 내고, 전기세 · 수도세 · 가스비 · 공과금과 식자재 등에 들어간 돈을 다 뺀 다음에 이익이 얼마 났는지를 산정해 보아야 한다. 철수는 이제 사장이면서도 식당의 관리자가 된 것이다. 이익이 어떻게 계산되는지에 따라 철수와 경수가 나눌 몫이 달라진다. 철수는 매월 말이 되면 한 달 동안 이익이 얼마나 났는지를 알려주기로 하였다.

그런데 철수는 점차 이익을 많이 내는 게 반드시 자신한테 유리하지만은 않다는 것을 깨닫게 되었다. 철수는 개인 일을 보면서 택시를 타게 되었는데, 그 택시비를 장 보는 데 든 경비로 처리하였다. 또한 철수네 식구들이 가끔 식당에서 식사를 하면 돈을 받지 않기도 하였으며, 음식값을 손님이 현금으로 지불할 경우 아예 매상으로 기록조차 하지 않고 받은 돈을 유용하기도 하였다. 경수는 조금씩 철수를 믿지 못하게 되고, 어떤 경비가 식당을 운영하는 데 반드시 필요한지, 매상이 제대로 기록되는지를 확인하고 싶어 하였다. 따라서 자신은 생업으로 바쁘므로 철수에게 매달 이익이 어떻게 산출되었는지를 공인회계사에게 확인받도록 요구하게 된 것이다.

혼자서 자기 돈으로 식당을 운영할 때에는 아무런 문제가 없었다. 지난해에 경영을 잘했는지를 알아보려 할 수 있지만 알아보려 하지 않아도 그만이다. 그러나 직원을 채용하고, 은행에서 돈을 빌리며, 공동출자를 해서 식당을 운영해가면서 이해관계자가 많아짐에 따라 이익이 어떻게 나오는지가 무척이나 중요하게 되었다.

이처럼 기업의 규모가 커지고 경영이 복잡해짐에 따라 소유경영자 자신이 갖고 있는 돈만 가지고는 기업을 경영할 수는 없게 된다. 이에 따라 은행에서 돈을 빌리기도 하고, 주식 또는 지분을 투자자에게 팔아 소유권을 나눠 갖게 된다. 이럴 때 은행은 이 회사에 돈을 빌려줘도 되는지, 투자자는 주식을 취득해도 되는지 알고 싶어 한다. 또한 은행과 투자자가 돈을 빌려주거나 투자하기로 했다면 각각 기업의 채권자와 주주가 되며, 지난 한 해 동안 경영자가 제대로 회사를 운영했는지 관심을 가진다.

이러한 요구에 부응해서 기업의 입장에서는 결국 기업이 가진 재원이 어느 정도이고, 그 재원을 갖기 위해 그동안 빌린 돈이 얼마이며, 투자자가 얼마나 투자를 했는지를 소상히 밝히는 것이 더 유리하다. 더 나아가 지난해에 얼마나 물건을 팔았고 여러 가지 경비를 다 빼고 나니 남은 이익이 얼마인지를 알려주는 것도 기업이 앞으로 이익을 얼마 낼지 가늠해 주는 데 도움이 된다.

이와 같이 오늘날에는 기업을 둘러싼 다양한 이해관계자들이 있고, 이들은 기업의 경영성과와 재무상태에 대해 지대한 관심을 갖고 있다. 기업의 입장에서는 그들이 갖고 있는 관심을 해소시키도록 노력하는 것이 돈도 더 싸게 잘 빌릴 수 있고, 투자도 쉽게 유치할 수 있는 방법이 되는 것이다.

회계정보의 형태나 내용, 이를 만드는 방식은 미래에는 지금과 다르게 바뀔 수 있다. 그러나 미래에 인간의 경제활동 규모가 확대되고, 경제적 이해관계가 더욱 복잡해진다면, 이해관계자들의 경제적 실체에 대한 정보의 필요성은 더욱 증대될 것이다. 이러한 관점에서 회계는 미래에도 유용한 사회적 도구로 사용될 것이다.

핵심 포인트

회계는 한정된 자원을 효율적으로 사용하는 기업을 파악할 수 있게 주주, 채권자에게 정보를 제공하는 기능과, 주인인 주주로부터 위임받은 자원을 경영자가 제대로 관리했는지를 보고하는 수탁기능이 있다.

제2장

대리인비용과 회계

대리인비용은 통제비용, 확증비용, 잔여손실의 합으로 이루어져 있다.
Agency costs are the sum of monitoring costs, bonding costs, and residual loss.
–Harvard Business School Professor, Michael Jensen

주인을 대신할 때 발생하는 비용

직장인이라면 한두 번은 자기사업을 하고 싶은 생각이 들기도 한다. 생각만 하고 직장을 계속 다니는 사람도 있지만 결단을 내리고 자기사업을 시작하는 사람도 있다. 그런데 그런 사람들을 오랜만에 보게 되면 잘되는 사람, 잘 풀리지 않는 사람에 관계없이 공통적인 현상이 있다. 그것은 대부분 머리가 백발이 되고 눈에 띌 정도로 나이에 비해 늙어 보인다는 것이다. 얘기를 들어보면, 직장 다닐 때보다 훨씬 힘들다고 한다. 직장에 다닐 때에는 퇴근 후 집에 오면 편안하게 휴식을 취할 수도 있었는데, 자기사업을 시작하고 나서는 집에 와서도 온통 사업에 대한 걱정뿐이라는 것이다.

이러한 차이가 왜 나오는 것일까? 그것은 바로 자신이 주인이기 때문이다. 월급을 받으면서 일할 때에는 물론 열심히 하겠지만 소위 말해 젖먹던 힘까지 다하지는 않을 수도 있는 것이다. 이와 같이 주인이 직접 했더라면 들였을 노력만큼 대리인이 노력하지 않음으로써 발생하는 비용 또는 주인이 직접 했더라면 내려질 결정에 반하는 결정을 대리인이 내림으로써 발생하는 비용이 바로 **대리인비용**(agency costs)이다. 대리인비용에는 대리인이 주인의 이익 대신 자신의 이익을 추구하기 때문에 발생하는 비용, 이를 통제 및 감시하는 데 드는 비용까지도 포함된다.

기업은 왜 존재하는가?

영국의 경제학자이자 시카고 법과대학 교수였던 Coase는 1937년 "The nature of the firm"이란 논문에서 기업이 왜 존재하는가라는 명제에 대한 해답을 제시하였다. 사실 오늘날 수많은 기업이 존재하고 있는 마당에 기업의 존재 이유를 대라면 새삼스러울 수 있다. 그러나 수백 년 동안 지금의 형태로 기업이 존재하는 데에는 그만한 이유가 있을 것이다. Coase 교수는 경제행위가 기업이라는 형태에 의하여 이루어지는 것은 시장가격기구에 의한 경우보다 비용이 적게 들기 때문이라고 하였다.

Coase 교수는 물건을 만들고 서비스를 제공하기 위해 계약을 그때그때 맺을 수도 있고, 사람을 고용할 수도 있다고 보았다. 예를 들어, 물건을 만들기 위해서는 여러 가지 다양한 작업이 이루어져야 하고, 이 작업을 할 때마다 매번 계약을 맺으려면 그 업무에 누가 적임자인지 찾아야 하며, 필요한 정보도 수집해야 하고 계약을 체결할 때마다 협상을 해야 하기 때문에 **거래비용**(transaction costs)이 많이 들게 된다. 또한 계약에 명시된 대로 제대로 이행되는지를 확인하는 데에도 비용이 상당히 소요된다. 따라서 이렇게 비용이 많이 든다면 차라리 회사라는 울타리 안으로 끌어들여 그런 업무를 내부에서 해내는 것(internalize)이 비용측면에서 효율적일 수 있다. 필요한 업무를 해내기 위해 매번 계약을 체결해야 하는 번거로움을 덜기 위해 지금과 같은 회사가 다양한 **계약비용을 최소화**하는 형태라는 것이다.

잘 모르거나 관찰할 수 없을 때 문제가 생겨!

이처럼 회사가 지금의 형태로 존재하는 이유는 회사 형태일 때 거래비용과 정보수집비용을 최소한으로 할 수 있기 때문이다. 그런데 회사의 규모가 커지고 거래가 복잡해짐에 따라 회사와 관련된 다양한 이해관계자가 발생하여 주인과 대리인의 관계가 형성된다. 이때 주인은 대리인에게 의사결정을 할 수 있는 권한을 위임하게 되는데, 대리인이 주인의 이해에 반하는 결정을 내리기도 하기 때문에 대리인 문제가 발생한다. 즉, 대리인은 주인보다 자기 자신을 우선시하기 때문에 때로는 주인과 대리인 두 주체 간에 **이해관계의 충돌**(conflict of interests)이 일어날 수 있다. 이러한 대리인 문제는 통상적으로 주인인 주주보다 대리인인 경영자가 더 많은 정보를 갖고 있는 **정보의 비대칭**(information asymmetry)으로 인해 일어난다. 정보의 비대칭에는 두 가지 유형이 있다.

첫 번째 유형은 **역선택**(adverse selection)으로, 두 주체 사이의 정보 불균형으로 인해 불리한 의사결정을 하는 상황이다. 예를 들어, 보험회사는 보험가입 대상자의 건강상태 및 사고확률에 대해 잘 모르기 때문에 질병이나 사고가 일어날 확률이 높은 사람을 보험에 가입시킴으로써 손해가 나는 경우, 또는 경영자나 직원의 능력에 관한 정보가 부족하여 능력이 부족한 사람을 채용하거나 능력에 비해 보수를 많이 지급하는 상황을 가리킨다.

주주와 경영자의 관계에서 경영자가 스톡옵션을 행사하기 전에 악재는 숨기고 호재를 공시함으로써 일시적으로 주가를 띄우려는 기회주의적인 행동을 취하는 것도 역선택의 문제이다. 이와 같이 일반투자자를 오도하여 내부자인 경영자가 자신의 이익을 추구할 때 투자자들은 그 회사에 관심을 끊게 되고 결국 그 회사의 주가는 제대로 형성되지 못하는 문제가 발생한다. 회계 또는 재무보고는 내부자의 정보를 외부자에게도 완전하고 편의 없이 적시에 공시하도록 함으로써 역선택의 문제를 통제하는 것이라고 볼 수 있다.

두 번째 유형은 **도덕적 해이**(moral hazard)이다. 역선택이 숨겨진 정보(hidden information)로 인해 발생한다면, 도덕적 해이는 관찰할 수 없는 행동(hidden action)으로 인해 발생한다. 예를 들어, 보험에 들지 않았더라면 주의를 충분히 기울일 텐데 화재보험에 가입함으로 인해 화재예방에 대한 주의의무를 게을리함으로써 오히려 화재가 발생하여 보험회사가 보상을 해주는 경우가 있다.

마찬가지로 경영자(대리인)는 주주(주인)를 위해 일하지만, 정보비대칭이 존재하여 주인이 대리인의 행동을 관찰할 수 없을 때 대리인이 자신의 효용을 극대화하는 과정에서 도덕적 해이가 발생한다. 예를 들어, 경영자는 회사의 가치를 늘리는 것보다 오히려 경영자로서의 특전이나 특권(perquisite)을 누리려 할 수 있다. 출장을 갈 때 일등석 비행기를 타고, 특급호텔만 이용한다든지, 사무실을 좀 더 호화스럽게 꾸미고, 자신의 월급이나 보상을 과다하게 책정할 수도 있다. 이러한 도덕적 해이는 기업의 규모가 커질수록 더 심각하게 일어난다. 그 이유는 회사 내에서 이루어지는 거래나 계약 관계가 복잡해져 경영자를 제대로 모니터링하기가 어렵기 때문이다.

경영자가 비전을 거창하게 세워 과다하게 투자를 하는 것도 경영자 특권을 향유하거나 투자를 적게 하는 것 이상으로 대리인비용의 문제를 야기시킨다. 경영자는 잉여현금흐름[1]이 많은데도 불구하고 이익을 주주에게 배당으로 지급하지 않고, 자본비용도 감당이 되지 않는데도 몸집을 키우는 데 주력해서 제국건설(empire building)을 추구할 수 있다. 이는 회사의 규모가 클수록 자신의 위상이 높아질 뿐만 아니라 보상이 커지는 경향이 있기 때문이다. 이러한 결정이나 전략이 반드시 법을 어기거나 규정에서 벗어나는 것은 아니겠지만 주주의 가치를 해칠 수 있다.

경영자는 또한 자신이 재임하는 기간 동안의 성과에 관심이 있지, 퇴임하고 나서의 성과는 염두에 두지 않을 수 있다. 따라서 장기적인 투자가 회사의 입장에서 필요함에도 불구하고 그 효과는 한참 후에나 나타나기 때문에 지금 당장은 투자를 하지 않으려 하며 자신의 후임자에게 미루기도 한다. 실제로 과거 연구에서는 경영자들이 머지않아 그만두기나 은퇴할 것 같으면 연구개발비와 같이 그 효과가 나타나는 데 상당한 기간이

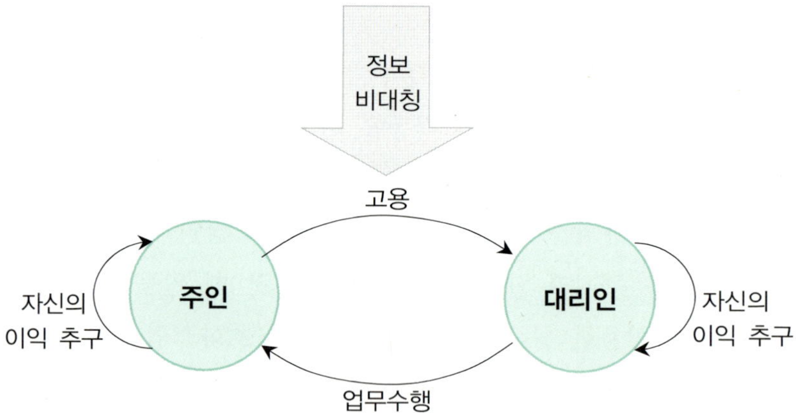

대리인비용 : 주인과 대리인 사이에 정보비대칭이 존재할 때 각자의
이익을 추구함으로 인해 발생하는 비용

1) 잉여현금흐름은 회사가 필요한 투자를 하고 나서도 남은 현금으로 채권자와 주주에게 줄 수 있는 현금여력을 나타낸다.

소요되는 지출을 하지 않는 경향이 있음을 보여준다.

도덕적 해이 문제를 해결하기 위한 방안은 회계정보에 기초한 성과치를 활용하여 관찰할 수 없는 경영자의 행동을 유추하는 것이다. 예를 들어, 이익이 많이 나면 경영자가 노력을 많이 기울여서 그런 결과가 나온 것으로 보고 보상을 많이 줄 수 있다. 그렇게 되면 경영자는 이익을 많이 내기 위해 열심히 노력하게 될 것이고 경영자의 행동을 관찰할 수 없더라도 도덕적 해이 문제는 많이 줄어들 것이다. 그러나 예상치 못한 부작용도 일어날 수 있다. 이익이 경영자의 노력과 상관없이 경기가 좋아서 늘어날 수도 있고 또는 경영자가 수익(비용)을 과대(과소)계상해서 이익을 부풀릴 수도 있다. 따라서 경영자가 열심히 일하도록 동기를 부여하기 위해서는 경영자의 성과를 정확하게 반영하는 회계정보 성과치를 찾아내는 것이 관건이다.

어떠한 형태의 대리인비용이 있나?

대리인비용은 주인과 대리인이 서로 추구하는 것이 다르고, 대리인의 행동을 주인이 관찰할 수 없기 때문에 발생한다. 대리인비용이 구체적으로 어떻게 구성되는가에 대한 논의는 Jensen과 Meckling 교수의 1976년 논문 "Theory of the firm : Managerial behavior, agency cost and ownership structure"에서 시작되었다. 이들은 주인이 대리인에게 자신들의 일을 대신 수행하며 관련된 의사결정을 할 수 있도록 위임하는 대리관계(agency relationship)를 맺으면 통제비용, 확증비용, 잔여손실이 발생하게 된다고 했다. 그리고 세 가지 비용의 합을 대리인비용이라고 정의하였다.

통제비용(monitoring expenditure)은 대리인의 행동을 관찰하고 측정하며 통제하기 위해 주인이 지출하는 비용을 의미한다. 통제비용에는 감시에 직접 사용되는 비용뿐만 아니라 대리인을 주인의 이익에 부합하도록 유도하는 다양한 성격의 지출이 모두 포함된다. 예를 들면, 성과보너스나 주식옵션, 원가절감에 대한 추가 보상과 같은 금전상의 인센티브가 이에 해당한다. 또한 성과지표를 활용하여 승진이나 권한 부여, 해고 위협 등 비금전상의 인센티브나 교육과 훈련을 통해서 자신의 의무를 제대로 수행하도록 유도하는 윤리적인 접근도 통제비용으로 분류될 수 있다.

확증비용(bonding expenditure)은 대리인인 자신이 주인의 이익을 해하지 않음을 보여주거나, 자신의 행동이 주인에게 이익이 될 것을 알려주기 위해 대리인이 지출하는 비용을 의미한다. 예를 들면, 대리인인 경영자는 주식을 공모할 때 회사의 비전, 전략, 윤리강령 등을 제시함으로써 시장의 투자자들이 투자에 참여할 수 있도록 투자자 관계(investor relation)를 돈독히 쌓으려고 한다. 또한 자발적으로 회사에 대한 정보를 최대한 제공할 뿐만 아니라 회사의 성과와 재무상태를 나타내는 회계정보의 투명성을 제고하여 주인인 주주의 신뢰를 쌓으려고 한다. 이것은 주인의 이해에 부합하는 행동을 하겠다는 의사를 표현함으로써 주인이 대리인비용을 감안하지 않고 대리인과 계약을 체결하도록 하기 위함이다.

대리관계가 존재하면 통제비용이나 확증비용을 통해 대리인 문제를 줄이기 위한 노력이 수행된다. 하지만 이러한 노력에도 불구하고 대리인이 자신의 효용을 극대화(utility maximize)하는 과정에서 주인의 관점에서 최적인 의사결정(optimal decision)을 내리지 않는 경우가 발생할 수 있다. 이처럼 통제비용이나 확증비용을 지출하고도 대리관계가 가진 본질적 속성으로 인해 훼손된 주인의 부를 **잔여손실**(residual loss)이라고 한다.

소유와 경영이 분리되지 않아 발생하는 대리인비용

대리인비용은 소유와 경영이 분리되어 대리인인 경영자가 주인인 주주와 이해관계가 일치하지 않을 때 발생한다. 그런데 우리나라에서는 소유와 경영의 분리로 인한 대리인비용보다는 **소유경영자**(owner-manager)와 외부주주 간에 발생하는 대리인비용이 더 심각한 것으로 나타난다. 우리나라에서는 기업집단의 대주주가 통상적으로 경영에 참여하기 때문에 소유와 경영의 분리로 인한 대리인비용은 커다란 의미가 없다. 반면에 이 대주주는 그 기업집단의 한 회사에 대한 지분은 그리 많지 않지만 계열회사의 지분까지 합치면 최대주주가 되는 복잡한 소유구조를 갖고 있다. 이에 따라 최대주주는 자신이 갖고 있는 지분보다 훨씬 더 많이 권리를 행사하게 된다.

예를 들어 보자. 철수는 ㈜약수에 대한 자신의 지분이 10%에 불과하지만 다른 계열회사들이 ㈜약수의 지분을 20% 정도 갖고 있어 최대주주이며, 우호세력까지 하면 절대적인 경영권을 행사할 수 있다. 철수는 자신이 70%의 지분을 갖고 있는 조그마한 비상장회사인 ㈜옥수를 키우기 위해 ㈜약수와 ㈜옥수 사이에 공급계약을 체결하고, ㈜옥수가 ㈜약수에 부품을 공급하도록 영향력을 행사할 수 있다. 더욱이 공급가가 시장가액보다 높게 책정되면 머지않아 ㈜옥수는 급성장하여 최대주주인 철수의 부는 엄청나게 늘어나게 된다. 반면에 ㈜약수는 시장가액보다 높은 가격으로 부품을 구입함으로써 원가경쟁력이 떨어지고 이에 따라 이익이 줄어들어 기업의 가치가 줄어들 수 있다. 이로 인한 손해는 ㈜약수의 주주들이 고스란히 떠안게 되는 것이다. 이와 같이 지배주주가 자신의 이익을 위하여 기업의 부를 외부주주(소액주주)로부터 지배주주로 이전시키는 행위를 **터널링**(tunneling)이라고 한다.

이러한 터널링은 합병거래와 같은 투자활동과 관련해서도 일어난다.

앞의 사례에서 ㈜약수와 ㈜옥수의 발행주식수가 각각 100만주와 50만주이고, 주가는 3만원과 1만 2천원이라고 가정하자. 그러면 ㈜약수의 시장가치는 300억원으로, ㈜옥수의 시장가치 60억원의 5배에 달한다. 만약 ㈜약수의 한 주와 ㈜옥수의 한 주를 동일하게 간주하여 1 대 1 합병이 이루어졌다면 두 기업의 시장가치 합은 360억원이고, 발행주식수는 150만주이므로 한 주당 시장가치는 이제 2만 4천원이 된다. ㈜약수의 주주는 한 주당 6천원의 손해를 입고, ㈜옥수의 주주는 한 주당 1만 2천원의 이득을 취하게 된다. 이와 같이 ㈜옥수 지분의 70%를 갖고 있는 철수는 이 거래로 42억원의 이득을 취하게 된다. 결국 ㈜약수의 주주로부터 ㈜옥수의 주주로 **부의 이전**(wealth transfer)이 이루어졌다. 이는 물론 철수가 10%에 불과한 지분을 소유함에도 불구하고 ㈜약수에 영향력을 행사함으로써 ㈜옥수의 최대주주로 있는 철수에게 대부분의 혜택이 돌아간 것이다. 이러한 터널링은 외부주주의 부가 소유경영자의 부로 이전되는 대리인 문제로, 지배주주가 재벌기업의 소유경영자일 경우 더욱 심각하게 일어난다.

어떻게 하면 대리인비용을 줄일 수 있을까?

대리인비용은 대리인인 경영자가 주인인 주주의 가치를 높이기보다는 자신의 효익을 위해 일하기 때문에 발생한다. 그러나 만약 대리인이 주인의 가치를 높이기 위해 얼마나 노력을 기울이는지를 주인이 정확하게 파악할 수 있다면 그 노력하는 만큼 보상을 해주면 된다. 그러면 경영자는 주주의 가치를 극대화하지 않을 수 없게 된다. 그러나 문제는 경영자의 행동과 결정을 주인인 주주가 제대로 파악할 수 없다는 데 있다. 따라서 경영자의 노력을 대변할 수 있는 성과측정치가 필요한데, 오랫동안 사용해온 지표가 바로 회계이익이다.

경영자가 주주의 가치를 극대화하기 위한 노력을 기울이면 회계이익은 대개 증가한다. 그러나 회계이익은 경기변동과 같은 **자연상태**(state of nature)의 영향도 받기 때문에 경영자의 노력을 반영하지 못할 수도 있다. 즉, 경기가 호황인 경우에는 별다른 노력 없이도 이익이 증가할 수 있지만, 불황인 경우에는 아무리 노력을 해도 이익이 감소할 수밖에 없다. 더욱이 이익은 회계처리를 어떻게 하느냐에 따라 영향을 받기도 하고, 때로는 이익을 조정해서 성과를 좋게 보이려 하기도 한다.

대리인비용은 주인인 주주와 대리인인 경영자 사이에 존재하는 정보비대칭으로 인해 발생한다. 따라서 정보비대칭으로 인한 역선택이 존재할 때 회계정보, 더 나아가서 재무보고의 역할은 시의적절하고 신뢰할 수 있는 내부정보를 외부로 공시함으로써 공평한 마당(level playing field)을 제공하는 것이다.

영국의 17세기 철학자이자 『리바이어던(Leviathan)』의 저자인 토머스

토머스 홉스(1588~1679)
영국의 철학자, 정치이론가

홉스는 사람들이 자기의 이익만을 위해 행동하게 되면 사회는 붕괴되어 힘과 힘에 의한 위협이 지배하게 될 것이고 서로 협력하지 않게 될 것이라고 주장하였다. 그는 규칙이나 규정 또는 법정에서의 판결만으로는 서로 협력하게 하지는 못하며 결국은 협력하는 게 사람들 자신에게 가장 유리한 것이라는 것을 깨닫는 것이 필요하다고 보았다. 이러한 토머스 홉스의 관점은 대리인비용과 경영자의 행동을 설명하는 데에도 적용할 수 있다.

주주, 채권자 등의 이해관계자는 대리인의 행동을 관찰할 수 없기 때문에 대리인비용을 감안하여 계약을 체결한다. 따라서 대리인의 입장에서는 스스로 대리인비용을 최소화하고 이를 상대방에게 믿을 수 있게 하는 것이 오히려 낫다는 점을 깨닫게 된다. 이에 따라 경영자인 대리인은 자발적으로 더 많은 정보를 공시하여 회사에 대한 불확실성을 줄이고 외부감사를 받아 신뢰성 있는 정보를 제공하려 할 뿐만 아니라 투자자와 관계를 적극적으로 유지하려 하게 된다. 그러므로 시장기능이 제대로 작동한다면 시장에 의해 대리인비용으로 인한 문제가 상당 부분 억제될 수 있다.

그러나 현실적으로는 사전에 모든 대리인비용을 유발시키는 상황을 고려하지 못할 수 있고 시장기능이 제대로 작동하지 않을 수 있으므로 법률제정이나 정부규제 등을 통해 보다 신뢰성 있고 투명한 정보가 공시되도록 함으로써 시장기능을 보완하는 역할을 하게 된다.

핵심 포인트

대리인비용은 주인인 주주와 대리인인 경영자 사이의 정보비대칭으로 인해 발생한다. 재무보고의 역할은 투명하고 신뢰성 있는 회계정보를 제공하여 정보비대칭으로 인한 역선택을 줄이고 경영자의 노력과 성과를 보다 정확하게 측정하여 정보비대칭으로 인한 도덕적 해이를 완화시키는 것이다.

제3장

누가 회계정보를 필요로 하나

내가 취하는 행동이 과거, 현재, 미래에 따라서 또는 다른 사람에게
어떻게 영향을 미칠지를 예견하고, 그들간의 관계를 살펴봐야 한다.
그러면 우리는 행동이 매우 조심스러워질 것이다.
In each action we must look beyond the action at our past, present and future
state, and at others whom it affects, and see the relation of all those things.
And then we shall be very cautious.
–Blaise Pascal

회계정보는 회사의 성적표

사람은 원하든 원하지 않든 무수히 많은 사람들과 인간관계를 맺을 수밖에 없는 사회적 동물이다. 회사도 규모가 커지고 사업이 복잡해짐에 따라 다양한 이해관계자에 둘러싸여 있으며 이들과 여러 가지 형태로 계약을 맺고 거래를 하게 된다. 사람이 사회생활을 하면서 만나는 사람들마다 태어나서 지금까지 어떻게 자랐는지 미주알고주알 얘기해야 한다면 무척이나 피곤한 노릇일 것이다. 자신을 소개할 때에는 나름대로의 양식인 이력서를 제시하거나 간단히 경력을 얘기하면 그 사람에 대한 평가가 어느 정도는 내려지게 마련이다. 마찬가지로 회사의 무수한 이해관계자가 회사에 대해 알고 싶어 하는 정보는 무척이나 다양하다. 그래서 그들이 공통적으로 필요할 것이라고 생각되는 정보를 일정양식에 따라 만들

어낸 것이 **재무제표**(financial statements)이다.

얼마 전 신문에 아파트 시공업체가 우량기업일 때 분양도 잘된다는 기사가 실렸다. 아마도 건설회사가 갖고 있는 브랜드 이미지가 아파트 가격에 영향을 주기도 하지만 공사 중에 회사가 망하는 경우도 흔히 일어나기 때문이다. 만약 하자보수기간이 1년이라면 최소한 그때까지도 회사가 건재해야 하자에 대해 제대로 서비스를 받을 수 있을 것이고, 나중에 팔 때에도 그 회사가 잘나가는 이미지를 갖고 있으면 아파트도 덩달아 좋게 평가되어 매매가격도 높게 형성될 것이다. 우리 대부분에게 아파트가 전 재산의 상당 부분을 차지하기 때문에 아파트 분양을 알아볼 때에는 시공업체가 우량한 기업인지를 꼼꼼히 살펴봐야 한다.

이와 같이 회사가 위험하지는 않은지 이익은 잘 내고 있는지를 나타내주는 보고서를 재무제표라고 하고, 그 안에 담긴 정보를 회계정보라고 한다. 아파트 분양뿐만 아니라 자동차나 가전제품을 구입할 때에도 우리는 무의식적으로 잘나가는 회사의 브랜드를 선택하곤 한다. 시장에서 물건을 고를 때에도 잘나가는 회사의 제품은 왠지 모르게 선뜻 손이 간다. 여기서 잘나가는 회사를 우리는 어떻게 알까? 물론 그 회사 재무제표를

들여다보고 따져봤을 수도 있겠지만 신문이나 방송 같은 언론 등에서 전문가들의 의견이나 평가가 무의식중에 각인되어 있기 때문일 것이다. 그런데 그 전문가의 평가는 회사가 작성한 재무제표에 담겨 있는 회계정보에 기초했을 가능성이 매우 높다.

주식회사 형태의 기업발달은 자본의 거대화와 소유주로서의 주주 수의 증대를 촉진하였다. 기업은 이들 주주를 비롯한 채권자, 종업원, 소비자, 국가공공기관 기타 일반으로 형성되는 소위 이해관계자집단에 대한 이해를 조정하고 그 밖에 여러 가지 사회적 책임을 무시할 수 없게 되었다. 그리하여 기업은 일정기간의 재무상태와 경영성과를 재무제표라는 수단에 의해 정기적으로 공시할 필요성을 느끼게 되었고, 나아가서는 국가도 이를 법제화하기에 이르렀다. 이와 같은 보고제도는 20세기 초 주식회사의 합병과 지주회사제도가 성행함에 따라 연결재무제표의 작성으로 보다 상세한 회계정보를 제공하기에 이르렀다.

투자자와 채권자가 바로 주요 정보이용자

개인이 좀 더 자세한 회계정보를 필요로 하는 경우는 바로 주식투자를 할 때이다. 주식을 사는 목적은 현금이나 예금으로 갖고 있는 것보다는 더 나을 것 같은 기대감 때문이다. 주식을 사면 회사의 지분을 갖게 되는 것이며, 주식을 많이 살수록 회사의 소유 지분율도 높아지는 것이다. 주식을 샀을 때 얻을 수 있는 혜택은 주주로서 임원선임이나 주요 경영상의 결정에 투표권을 행사할 수 있다는 것이다. 그 외에도 주식이 원래 매입한 가격보다 오르면 시세차익을 누릴 수 있고, 회사가 이익이 났을 때 이익의 일부를 배당으로 받을 수 있다. 따라서 주식을 사서 혜택을 누리려면 회사의 주가가 올라야 하고 이익도 많이 나서 배당을 충분히

기업의 주요 재무제표정보이용자인 투자자와 채권자

줄 수 있어야 한다. 투자자는 앞으로 주가가 오르고 이익이 많이 날 것 같은 주식을 알고 싶어 하기 때문에 그동안의 성과와 현재의 재무상태를 살펴보려는 것이다.

은행과 같은 금융기관들도 회사에 관심을 갖게 된다. 회사는 규모가 커짐에 따라 더 많은 돈이 필요하게 되고 결국 외부로부터 돈을 빌리지 않을 수 없다. 회사는 은행 등의 금융기관으로부터 돈을 빌리기도 하지만 회사채를 발행하여 돈을 마련하기도 한다. 일반투자자들은 회사채를 매입함으로써 회사의 채권자가 된다. 이때 돈을 빌려주는 입장에서는 회사가 만기에 원금은 물론 이자를 꼬박꼬박 갚을 수 있는지를 알고 싶어 한다. 이를 판단하기 위해서는 회사가 당장 갚아야 할 채무를 감당할 수 있을 정도의 현금과 예금 또는 현금으로 전환될 수 있는 자산이 있는지를 확인하고 싶어 한다. 또한 설비자산에 과다하게 투자하여 돈이 너무 많이 묶여 있는 것은 아닌지, 현재의 현금이 원래의 사업에서 지속적이고 안정적으로 나오는 것인지도 알고 싶어 한다.

고객, 공급업체, 종업원, 정부 규제당국은 물론 감사인도 관심이 있다

대학 졸업반에 있는 학생들의 최대 관심사는 아마도 취업일 것이다. 요즈음과 같이 취업난이 심각한 상황에서 직장을 구하기가 결코 쉽지 않은 게 현실이다. 그런데 힘들게 취업을 했는데 그 회사가 몇 년 안 가서 부도가 나서 홍망의 기로에 서 있다면 얼마나 안타까울 것인가. 열심히 일했음에도 불구하고 월급조차 제대로 받지 못한다면 정말로 답답한 노릇일 것이다. 심지어는 평생 일한 직장이 망해서 퇴직금도 못 받게 되는 경우도 비일비재하다.[1] 따라서 요새는 구직을 할 때에도 건실한 회사, 발전성이 있는 회사를 선호하는 경향이 있다. 회사에 근무하면서 임금협상을 할 때에도 회사가 잘되고 있는지 여부에 따라 임금인상률을 요구할 수 있는 수준도 결정될 것이다. 이와 같이 구직자로서, 회사의 직원으로서 합리적인 판단을 위해서는 역시 회사의 과거 성과와 현재의 재무상태를 살펴볼 필요가 있는 것이다.

회사와 직간접적으로 관련되는 이해관계자들(interest parties)도 회사정보에 관심이 있다. 원재료를 공급해 주는 공급회사는 구매회사가 대금을 지급할 능력이 있는지를 알고 싶어 하며, 구매회사는 공급회사가 이 거래로 얼마나 이익을 내는지를 파악해서 가격을 조금이라도 깎으려고 할 것이다. 경쟁회사는 그 회사에 대한 회계정보를 분석하여 시장점유율과 원가경쟁력을 판단하고 경쟁전략을 수립하고자 한다. 세무당국은 회사가 벌어들인 이익이 어떻게 산출되느냐에 따라 부과할 세금이 달라지기 때문에 이익의 산출과정을 자세하게 지켜보려 한다. 또한 규제기관은 독과점으로 인해 회사가 지나치게 이윤을 내고 있는 것은 아닌지 또는 원가 이하로 가격을 책정해서 덤핑으로 경쟁기업을 몰아내려고 하는 것은 아닌

1) 퇴직연금제도로 인하여 기업이 퇴직연금에 가입한 경우 고용주가 망해도 피고용인은 퇴직금을 받을 수 있게 되었다.

지를 모니터하기 위해 회계정보를 요구한다.

회사의 회계감사를 맡고 있는 외부감사인도 회사가 작성한 회계정보의 이용자이자 생산자이다. 외부감사인은 회사의 결산정보를 기초로 회계기준을 준수하였는지를 살펴보면서 재무적 자료간의 경향, 백분율 변동, 실제 금액이나 비율과 감사인의 기대값의 비교 등 비율간의 상호연관성을 분석·검토하는 과정에서 회계정보를 활용한다. 동시에 외부감사인은 제3자의 입장이자 회계전문가로서 회사가 작성한 재무제표에 감사의견을 표명함으로써 보다 신뢰성 있는 정보를 만들어내는 생산자이기도 하다.

내부자인 경영자는 왜 외부로 공표되는 정보에 관심이 있나?

경영자도 회계정보에 지대한 관심을 갖는다. 경영자는 회사가 잘하고 있는지를 파악해야 적절하게 대처해나갈 수 있기 때문이다. 그런데 경영자는 다른 사람들과 달리 회사 내부에 있는 사람(내부자, insider)이다. 그렇다면 회사 밖에 있는 사람(외부자, outsider)과 달리 더 많고 자세한 회사 관련 정보를 갖고 있을 텐데 외부의 정보이용자들을 위해 작성되는 정보에 굳이 관심을 갖는 이유는 무엇일까?

그것은 경영자의 입지와 평판이 외부로 공표되는 회계정보에 따라 인식되거나 결정될 수도 있기 때문이다. 경영자는 주주의 이해에 반하는 행동을 할 수 있기 때문에 경영자의 보상을 수익률에 연계함으로써 경영자가 주주의 가치를 극대화하도록 유도한다. 따라서 경영자는 자신의 보상이 이익이 잘 나오느냐에 따라 달라지기 때문에 외부로 공표되는 회계정보에 신경을 쓰지 않을 수 없다. 더 나아가 경영자의 재임 여부는 이러한 수익률의 목표치를 달성했는지 여부에 따라 결정되기도 한다. 만약 성과가 부진하여 목표치를 달성하지 못하게 되면 책임을 지고 물러나라는 압력을 받기도 한다. 또한 경영자는 회사가 괄목할 만한 성과를 거둔 것으로 나타나면 성공한 CEO로서의 명성을 얻게 되어 추후에도 더 큰 회사의 CEO로 옮겨갈 수도 있다. 이러한 이유 때문에 경영자는 외부로 공표되는 회계정보에 민감한 반응을 보이지 않을 수 없는 것이다.

회계정보는 어디에서 얻나?

감사보고서는 재무제표가 중요성의 관점에서 공정하게 작성되었는지 여부에 대한 감사인의 의견을 보고서 형식으로 작성한 것을 말한다. 금융감독원 공시 사이트(dart.fss.or.kr)를 방문하면 전자공시시스템(Data Analysis, Retrieval and Transfer System : DART)을 이용하여 감사보고서를 확인할 수 있다. DART는 상장법인 등이 감사보고서, 사업보고서와 같은 공시서류를 인터넷으로 제출하고, 투자자 등 이용자는 제출 즉시 인터넷을 통해 조회할 수 있도록 하는 종합적 기업공시시스템이다.

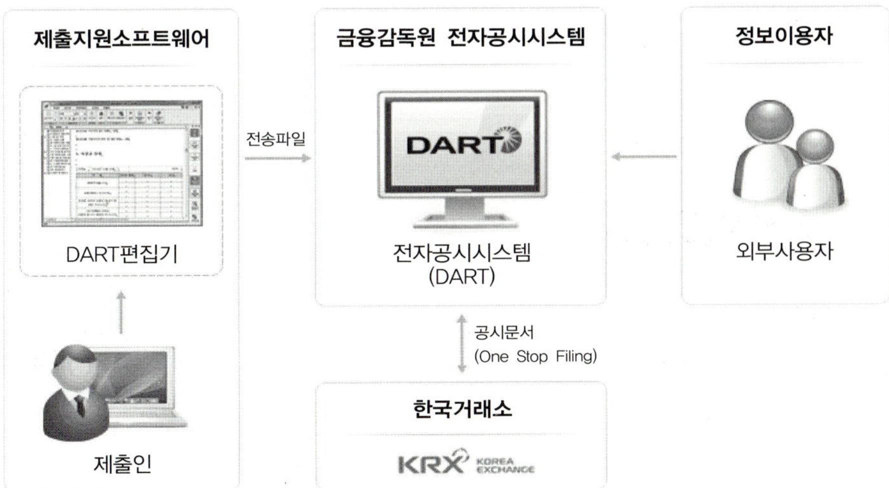

회사명의 경우 직접 입력하거나 '회사명찾기' 메뉴를 이용하며, 기간의 경우 예상되는 공시기간을 입력한다. 상장법인 등 사업보고서 제출대상법인은 사업보고서를 공시하므로 '정기공시' 메뉴의 사업보고서에서 첨부서류인 감사보고서를 이용하며, 비상장법인은 '외부감사관련' 메뉴의 감사보고서를 직접 이용한다. 상장법인이 사업보고서(감사보고서 필수첨부)를 기한 내 제출하지 않을 경우 관리종목으로 지정되고 아예 제출하지 않을 경우에는 상장폐지가 된다.

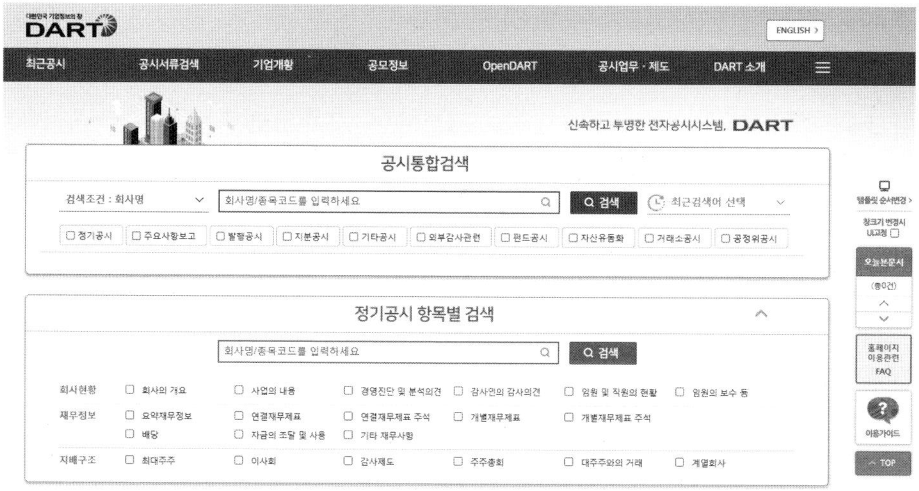

핵심 포인트

회계정보이용자는 투자자와 채권자를 비롯하여 기업을 둘러싼 다양한 이해관계자이다. 그들은 재무제표에 담긴 회계정보를 활용하여 더 나은 투자 및 신용평가 의사결정을 하고자 한다. 투자자와 채권자 등은 외부이용자인 반면에 경영자는 내부자임에도 불구하고 자신의 성과평가와 평판이 재무제표에 의해 영향을 받기 때문에 외부로 공표되는 회계정보에 지대한 관심을 갖는다.

제4장

회사는 왜 회계정보를 제공할까

정직은 최선의 방침이다. 내 명예를 잃게 되면 나 자신을 잃는 것과 같다.
Honesty is the best policy. If I lose mine honor, I lose myself.
—William Shakespeare

실재를 화폭에 담아내다

조선 후기 최고의 산수화가로 불리는 정선은 한국 미술의 새로운 영역을 개척한 선구자이다. 당시 조선 화가들은 틀에 박힌 그림을 뜻하는 정형 산수화(일명 관념산수)를 그려 실재하는 자연을 구체적으로 묘사하지 않았다. 그 이유는 자연을 관조의 대상으로 보고 자신의 이상향을 산수화에 투영했기 때문이다. 이러한 시절에 정선은 한국의 실제 산수를 그림에 표현해서 조선 화단을 발칵 뒤집어 놓았다. 지금 기준으로는 화가가 실제 풍경을 그리는 것이 당연한 것처럼 여겨질 수도 있지만 정선이 살던 시절에는 엄두도 못 낼 일이었다. 그것만도 엄청난 일인데 그는 조선의 경치를 한국적인 화풍으로 그렸다.

정선이 서울의 인왕산을 실제로 관찰한 후 그린 〈인왕제색도〉를 살

정선 〈인왕제색도〉
1751년, 종이에 수묵, 138.2cm×79.2cm, 국보216호, 국립중앙박물관

펴보자. 그림에는 비가 개이면서 서서히 위용을 드러내는 인왕산의 모습이 실감나게 표현되어 있다.

물안개가 거대한 바윗덩어리를 감싸고, 계곡에 내려앉은 물안개 틈새로 습기를 잔뜩 머금은 솔밭과 마을이 보인다. 비에 젖은 인왕산을 실제로 보지 않고서 축축한 산의 느낌을 실제처럼 실감나게 표현할 수는 없을 것이다. 정선은 관념 속의 자연에 생명을 불어넣어 실재하는 자연으로 바꾸어 실제 경치를 그림에 표현한 것이다.

직접 가보지도 않고 가본 것처럼 느껴지는 정선의 산수화는 회계에 비견될 수 있다. 사물이나 자연을 객관적으로 그림에 담아내려는 것처럼 투명한 회계는 기업의 실상을 가급적 상세하게 알리려는 노력이라고 볼 수 있다. 회사에 지난 1년간 무슨 일이 일어났는지 매일같이 들여다보지 않더라도 재무제표에 드러나 있는 회계정보를 읽어보면 회사의 실상을 생생하게 알 수 있게 된다.

기업은 왜 회계정보를 제공할까?

물건을 살 때 돈을 내는 사람이 그 물건을 갖거나 사용한다. 이것이 바로 수혜자가 부담한다는 원칙이며, 상거래의 기본이다. 그런데 재무제표를 작성하는 데 들어가는 회계처리 시스템 운영비, 회계담당자 인건비, 재무제표 인쇄비, 감사수수료까지 적지 않은 비용을 회사가 부담하지만 정작 그 재무제표를 이용하는 사람은 회사가 아니라 은행, 투자자와 같이 외부의 정보이용자이다. 그러면 도대체 왜 회사는 장부를 만들어 배포하는 데 막대한 돈이 들어가도 이를 만들려고 하는가? 이에 대해서는 두 가지 상반된 시각이 있다.

첫 번째 시각은 회사가 회계정보를 제공하지 않으려 하기 때문에 규제를 통해서라도 **공시를 강제**(mandatory disclosure)해야 한다는 것이다. 정보이용자들은 회계정보를 이용하지만 산출하는 데 드는 비용을 부담하지 않기 때문에 회계정보는 공공재의 성격을 가지고 있다. 일반투자자들은 회계정보 산출에 드는 비용을 지불하지 않고 그 편익만을 얻고자 **무임승차**(free-ride)를 할 것이고, 무임승차자가 많으면 회계정보가 사회적으로 필요한 수준만큼 생산되지 않을 것이다. 또한 경영자는 기업의 기밀정보나 민감한 정보 등이 경쟁회사에 유출될 우려가 있기 때문에 가급적 정보를 공시하지 않으려 한다. 따라서 정부가 강제적으로 공시를 하도록 규제하지 않으면 기업이 공시를 하지 않거나 공시를 하더라도 일부만 공시할 것이라는 관점이다.

두 번째 시각은 강제하지 않더라도 회사가 **자발적으로 공시**(voluntary disclosure)하려 한다는 것이다. 예를 들어, 회사의 가치가 0과 1 사이에 존재한다고 가정해 보자. 만약에 투자자들이 회사의 실제 가치를 유추할 수 있는 정보가 전혀 없다면 최악의 시나리오인 0이라고 간주할 것이다. 그러나 투자자들이 회계정보를 이용하여 회사의 실제 가치를 유추할 수 있다면 0과 1 사이의 가치에 있는 모든 회사들은 회계정보를 알려주는 것이 득이 되기 때문에 모든 회사가 자발적으로 공시하게 된다. 결국 완전공시가 이루어지기 때문에 강제로 공시를 규제할 필요가 없다는 입장이다.

위의 경우는 매우 극단적인 사례이다. 그러나 가령 회사가 아무런 공시를 하지 않으면 투자자는 평균값인 1/2로 회사의 가치를 인정해 준다고 하자. 이 경우에 회사의 실제 가치가 1/2보다 높다고 한다면 과소평가되고 낮다면 과대평가된다. 따라서 회사의 가치가 1/2보다 높으면 언제나 알아서 공시를 할 것이고, 1/2보다 낮으면 공시를 하지 않을 것이다. 그러나 만약 투자자가 특정회사 가치를 조금이나마 유추할 수 있는 방법이 있고 그 특정회사의 가치를 1/3로 인정한다면 회사가치가 1/3과 1/2 사이에 있는 기업은 자발적으로 공시하려고 할 것이다. 결국 회사의 가치를 제대로 평가할 수 있는 방법이 있다면 회사는 공시를 하지 않을 수 없게 된다.

그러나 시장에서 평가하는 가치보다 실제 가치가 낮은 회사는 여전히 자발적으로 공시할 이유가 없다. 이 경우에 실제 가치가 낮더라도 회계정보를 스스로 제공하게끔 하는 요인 중의 하나가 바로 뒤에서 언급할 소송비용이다. 회사가 좋지 않은 정보를 공시하면 소송에서 불리한 판결을 피할 수 있기 때문이다.

회사가 자발적으로 회계정보를 제공하려는 유인은 **자본조달비용**(cost of capital)과도 관련이 있다. 돈을 빌려주는 입장에서는 회사의 속사정을 알기가 쉽지 않기 때문에 보수적으로 생각해서 더 높은 이자를 부과할 것이고, 추가적인 담보를 설정하려 할 것이다. 또한 투자자의 입장에서도 주식을 높은 가격을 주고 사려 하지 않기 때문에 실제 가치보다 주가가 낮게 형성될 수 있다. 즉, 시장에서의 불신이 투자를 가로막고 차입을 어렵게 만든다. 결국 회사의 입장에서는 회사의 현 상황을 소상히 알리고

기업의 미래전망에 대한 불확실성을 줄이고 회사에 대한 속사정을 투명하게 전달할수록 자본비용은 낮아지고 주가는 적정하게 형성될 수 있다.

미래에 대한 불안과 우려를 불식시키는 것이 돈을 빌려도 좀 더 싸게 빌릴 수 있고 불필요하게 주식이 저평가되지 않게 하는 지름길인 것이다.

이와 같이 외부 이해관계자의 필요에 따라 회사가 잘하고 있는지 그리고 나중에 이자와 원금을 갚을 능력이 되는지를 파악할 수 있도록 일목요연하게 잘 정리한 보고서가 바로 재무제표이다. 이 재무제표를 보고 은행이 돈을 빌려주면 회사의 채권자가 되고, 잠재적 투자자가 주식을 사게 되면 그 회사의 주주가 된다. 결국 회사의 입장에서는 돈을 빌리고 투자자를 유치하기 위해 재무제표를 작성하는 것이 득이 되는 것이다.

회계정보의 제공 통로, '공시'

회사가 회계정보를 이해관계자에게 제공하는 가장 보편적인 통로가 바로 '공시'이다. 공시와 관련해서는 회계정보 공시를 강제해야 한다는 입장과 회사에 선택권을 주어야 한다는 입장이 대립하고 있다. 일반적으로 비상장회사는 회계정보 중 어떤 것을, 언제, 어디에 공시할지를 회사가 자유롭게 선택할 수 있지만, 상장회사는 그렇지 않다. 상장회사는 공시가 강제되는 회계정보 목록과 언제까지, 어디에 공시해야 하는지가 법으로 정해져 있다. 상장회사가 공시한 회계정보는 금융감독원 '전자공시시스템'과 한국거래소 '상장공시시스템'에서 확인할 수 있다. 그렇다면 상장회사에 회계정보의 제공 및 공시를 강제하는 이유는 무엇일까? 가장 큰 이유는 상장회사는 비상장회사와 달리 소유가 분산되어 보호해야 할 투자자 수가 많기 때문이다.[1] 비상장주식은 사고팔기가 쉽지 않기 때문에 그 회사를 잘 아는 사람이 아니고는 쉽게 투자에 나서지 않으며, 투자자 수가 소수이다. 하지만 상장주식은 거래소에서 쉽게 사고팔 수 있고, 투자자 수와 종류가 다양하기 때문에 그 회사를 잘 아는 사람뿐 아니라 잘 알지 못하는 사람도 투자에 참여한다. 회사에 거액을 투자한 큰손이라면 공시된 정보가 없더라도 회사에 필요한 정보를 요청해 투자 참고자료로 활용할 수 있겠지만, 소액주주는 그렇지 못하다. 결국 회계정보의 제공 및 공시 여부를 회사의 자율적 선택사항으로 맡겨 놓으면 소액주주가 피해를 볼 가능성이 있으므로 이를 방지하기 위하여 회계정보 공시를 강제하고 있는 것이다.

회계정보의 공시를 강제하는 이유가 투자자 보호를 위해서이기 때문에 공시가 강제되는 항목들 역시 투자자 판단에 중대한 영향을 미칠 수 있는 중요한 기업내용들로 한정된다. 예를 들어 상장회사는 회사의 영업성과와 재무상태가 담긴 재무제표를 정기적으로 공시해야 한다. 또한 부도가 발생하거나 은행거래가 정지되거나 다른 회사와 합병을 하는 등 회사 경영에 중대한 영향을 미치는 '주요경영사항'[2]이 발생하면 이를 지체없이 공시해야 하며, 이와 관련된 풍문으로 주가가 크게 변동해 거래소가 그 풍문이 사실인지 질문하였다면 그에 대한 답변 역시 모든 투자자

1) 비상장회사의 경우에도 소유 분산으로 투자자 수가 500인이 넘으면 투자자 보호를 위하여 상장회사와 동일하게 사업보고서를 의무적으로 공시해야 할 의무가 부여된다.

2) 구체적인 공시대상은 거래소의 '유가증권시장 공시규정'에 명시되어 있다.

들이 알 수 있도록 공시가 강제된다. 정기적으로 공시해야 하는 재무제표와 수시로 공시해야 하는 주요경영사항 이외에 기타 회계정보는 회사가 자율적으로 공시 여부를 선택할 수 있다.

나쁜 뉴스를 왜 알리지?

회사에서는 법 규정에 따라 재무제표를 작성하여 공시하지만 그 이외에도 수시로 회사에 대한 정보를 공시하기도 한다. 그런데 이때 흥미로운 것은 회사가 왜 굳이 좋은 뉴스가 아닌데도 자발적으로 공시할까에 대한 의문이다. 이에 대해 여러 가지 설명이 있지만 그중 가장 설득력이 있는 것은 **소송위험**(litigation risk) 때문이라는 것이다. 좋은 뉴스만 공시하고 나쁜 뉴스를 숨기게 되면 나중에 회사가 어려워져 투자자들이 손실을 입게 된 경우 회사가 자신들을 오도했다는 것을 근거로 해서 소송을 제기할 수 있다. 따라서 나쁜 뉴스가 공시되었을 때에는 설령 소송에 걸리더라도 투자를 의도적으로 오도하려고 한 게 아니라는 점을 항변하기가 쉬울 것이다. 또한 규제당국이 완전공시를 요구하고 있기 때문에 이를 위반할 경우 제재받을 위험도 나쁜 뉴스를 공시하게 하는 요인으로 작용한다. 상장회사가 기한 내에 공시를 하지 않거나 공시한 내용을 번복하거나 공시한 내용 중 중요한 변경이 발생한 경우에는 주식거래가 정지되거나 관리종목으로 지정되거나 심한 경우에는 상장폐지 등의 제재를 받게 된다.

이와 같이 소송위험 및 규제당국의 제재 가능성으로 인해 나쁜 뉴스라 하더라도 공시를 하게 되지만 그 효과를 가급적이면 최소화하려 한다. 즉 좋은 뉴스가 있으면 상대적으로 일찍 발표하지만, 나쁜 뉴스가 있으면 가급적 늦게 발표하려는 경향이 있다. 또한 좋은 뉴스는 화요일이나 수요일에 발표해서 언론과 뉴스미디어의 관심을 가급적 많이 끌어내려고 하는 반면, 나쁜 뉴스는 금요일 오후 늦게 발표해서 사람들이 지나치게 과민반응하지 않도록 하려는 경향이 있다. 이와 유사하게 좋은 뉴스는 시장이 열려 있을 때 공표되는 반면, 나쁜 뉴스는 시장이 마감된 이후 슬그머니 공시된다. 최근 들어 이와 상반되는 결과를 보여주는 논문도 있지만 이렇게 공시를 하는 이유는 결국 좋은 뉴스는 주가에 충분히 반영되어 오르기를 바라는 것이고, 나쁜 뉴스는 주가에 충분히 반영되지 않기를 바라기 때문이다. 이러한 자의적인 공시방식이 효과적이든 아니든 간에 또한 시장에서 이를 꿰뚫어보든 그러지 못하든 간에 회사경영자들은 이러한 자의적인 공시를 행사하고 있다.

그 외에 나쁜 뉴스를 좋은 뉴스와 묶어서 발표하여 나쁜 뉴스를 희석시키는 방법도 있다. 예를 들면, 1/4분기 실적이 좋지 않을 때 외국기업으로부터 계약을 수주하였다는 사실을 함께 내보냄으로써 평가를 조금이라도 덜 나쁘게 받으려 하거나, 또는 나쁜 뉴스의 가능성을 조금씩 흘려서 나중에 시장이 지나치게 과민반응하는 충격을 줄이려 하기도 한다. 그러나 이러한 공시행태로 인해 회사가 원하는 것처럼 시장에서 나쁜 뉴스가 주가에 제대로 반영되지 않을지는 의문이다.

솔직한 게 결국은 득이 된다

회사를 경영할 때 좋은 일만 계속될 수는 없으며, 나쁜 일도 생기게 된다. 자금이 원활하게 조달되지 않을 수도 있으며, 군살을 빼기 위해 불필요한 사업을 매각하거나 합병을 통해 구조조정을 실시하기도 한다. 마키아벨리는 『군주론』에서 다음과 같이 권면하고 있다.

> "신하들에게 이익 되게 행동함으로써 그들의 인정을 받아야 한다. 그렇지 않고 소심한 행동을 하거나 판단을 흐리게 만드는 군주는 언제나 홀로 손에 단도를 쥐게 된다. 계속해서 새로운 손해가 생기게 될 터이므로 신하들은 군주를 신뢰하지 않게 된다. 신하들은 결코 그에 대해 안심할 수 없을 것이다. 나쁜 일은 반드시, 그것도 즉시 알려야 신하들의 불만을 줄일 수 있다."

지도자들은 의사결정을 함에 있어서 그들이 입게 될 가능한 모든 손실 부문에 대해서 신중히 고려해야 하며, 그 다음에 모든 것을 알려야 한다. 마키아벨리의 충고는 나쁜 소식을 미루고 알리지 않을 때 생기는 조직원들의 심리적 불안은 나쁜 소식 그 자체보다 더욱 위험할 수 있음을 알려준다. 이러한 마키아벨리의 충고는 오늘날 회사의 공시정책에도 적용될 수 있다. 나쁜 소식을 숨기려 할 때 그 소식 자체보다도 그 소식을 숨기려 하는 과정에서 시장의 신뢰를 잃고 기업의 불확실성을 높임으로써 결국 더 큰 손해를 보게 된다. 더욱이 한 해의 나쁜 소식을 숨길 수는 있지만 회계의 특성상 수치는 서로 연계성을 갖고 있어 결국에 가서는 과거의 오류가 발각될 수밖에 없기 때문에 사필귀정(事必歸正)이 회계의 정도임을 명심해야 할 것이다.

핵심 포인트

회계정보이용자의 수요에 부응하여 기업이 투명하고 신뢰성 있는 정보를 제공하는 것이 자금비용을 낮추고 주가가 적정하게 형성될 수 있도록 하기 때문에 자발적으로 회사정보를 공시할 유인이 있다. 그러나 경쟁업체가 알면 민감할 수 있는 정보, 회계정보의 공공재적 성격 등으로 인해 사회적으로 필요한 만큼의 정보가 공시되지 않을 수 있어 공시에 대한 강제적 규제의 여지가 있다.

제5장

회계연구의 혁명 - Ball and Brown 연구

중국 백년의 역사를 보려면 상해를, 천년의 역사를 보려면 북경을,
삼천년의 역사를 보려면 시안을 그리고 오천년의 역사를 보려면 후난을 가봐야 한다.
一百年歷史看上海 一千年歷史看北京 三千年歷史看西安 五千年歷史看河南
– 중국 격언

십년의 역사를 보려면 회계를 이해하라(十年歷史看會計)

동양에서 최고의 베스트셀러는 '삼국지'이다. 한나라 말기에 나라가 어지러워지며 군웅할거의 시대가 열리고 그 속에서 많은 영웅이 나타났다 사라지고 위, 촉, 오의 세 나라로 재편됐다가 다시 하나의 나라로 통일되었다. 이 과정에서 조조, 유비, 손권이 온갖 수단을 써서 서로 연합하고 분열되고, 이간하고 포섭하는 등 상상을 뛰어넘는 권모술수가 전개되었다. 유비가 때로는 조조의 휘하로 들어갔다가 때로는 유장, 유표에게 신세를 지다 그들의 영토를 얻으며 세력을 키우고, 촉나라를 세운 후 강대한 위나라와 맞서기 위해 오나라와 손잡는 모습은 오늘날의 전략적 제휴를 자연스럽게 떠올리게 한다.

우리는 '삼국지'를 보며 처세술을 익힐 수 있으며, '삼국지'를 열 번

읽은 사람과는 다투지 말라는 말은 틀린 말만은 아니다. 그래서 '삼국지'는 지금까지도 많은 사람들에 의해 다시 써지고 이를 소재로 한 처세술, 경영학 관련 책들이 꾸준히 나오고 있는 것이라 생각한다. 이것은 '삼국지'가 케케묵은 고전이 아니라, 오늘날 우리에게 감흥과 교훈을 가져다준다는 것이다. 역사는 반복된다는 말이 있듯이 우리 모두는 역사를 통해 앞으로 살아갈 삶의 지혜를 배운다.

경영자 역시 과거를 존중하고 과거가 전해주는 교훈을 깨달아야 한다. 과거의 성과를 요약해 주는 회계정보를 분석하여 앞으로의 방향을 결정해야 하는 것이다. 물론 과거를 통해 미래를 완벽하게 예측할 수는 없으며, 예기치 못한 일들이 언제나 일어난다는 사실을 이해해야 한다. 그럼에도 불구하고 과거를 축적된 경험체로 바라보는 현명함이 필요하다. 경영자였던 수많은 사람들의 경영 노하우, 영감, 꿈이 과거의 기록 속에 들어 있는 것이다. 경영자는 역사를 살펴보는 데 할애하는 시간을 아까워해서는 안 된다. 새로운 일을 하기 위해서는 과거를 돌아보고 앞일을 헤아려 보는 것이 현명한 방법이다.

중국 백년의 역사를 보려면 상해를, 천년의 역사를 보려면 북경을, 삼천년의 역사를 보려면 시안을 그리고 오천년의 역사를 보려면 후난을 가봐야 한다는 말이 있다. 경영환경에 적용하여 저자는 **十年歷史看會計**를 제안한다. 회사 십년의 역사를 이해하려면 회사의 재무제표를 보고, 그 안에 담긴 회계정보의 의미를 이해해야 한다. 기업은 매일매일 회계전표를 끊고 그것이 일년 동안 누적되어 재무제표가 만들어져서 회사의 투자·재무결정과 영업성과에 대한 정보를 보여준다. 이 재무제표를 기초로 해서 회사의 지난 십년간의 성과와 재무상태를 정확하게 진단함으로써 향후 미래를 예측할 수 있는 것이다. 일본 교세라 창업주이자 일본항공 회장을 역임한 이나모리 가즈오는 모든 숫자에는 이유가 있으며, 그 이유를 알면 다음에 무엇을 할지에 대한 답을 알 수 있다고 하였다.

그 숫자가 재무제표에 담겨 있다.

회계정보는 그래도 유용하다

회계를 처음 배우는 학생들 중에는 간혹(정말로 간혹) 회계가 매우 '재미' 있다고 하는 학생들이 있다. 그 이유를 물어보면 논리적이고 답이 정확하게 떨어지기 때문이라고 한다. 그런 학생이 회계를 공부하면 공부할수록 수많은 추정이 들어가고 주관적 판단이 개입될 수 있다는 사실을 깨닫게 된다. 결국에는 이렇게 해서 만들어지는 회계정보가 과연 어떤 의미가 있을까라는 의문을 품기에 이른다. 그런 생각을 하는 것은 결코 이상한 것이 아니다. 이런 의문은 경제학, 재무관리 등 다른 분야의 학자들도 역시 갖고 있었기 때문이다.

필자의 지도교수인 미국 워싱턴 대학(St. Louis 소재)의 Nick Dopuch 선생은 1950년대 후반에 일리노이 대학에서 박사학위를 받았다. 박사과정 당시에 회계를 박사과정까지 가서 공부할 게 뭐가 있냐고 주변에서 비아냥거리곤 하였다고 한다. 사실 회계는 실무적으로 먼저 발달이 되고 학문적으로 뒤늦게 체계를 갖추어 왔기 때문에 근거 없는 놀림은 아니었다. Dopuch 선생은 박사학위 취득 후 시카고 대학에 교수로 가게 되었는데, 그 당시 시카고 대학은 경제학과 재무관리 분야가 매우 강한 것으로 정평이 나 있었다. 그런데 재무관리 분야의 Eugene Fama 교수는 회계정보에 대해 매우 비판적인 시각을 가지고 있었다. 수많은 가정과 추정으로 만들어진 회계이익이 과연 도움이 되겠는가 하는 견해를 갖고 있었던 것이다.

사실 그 당시 회계학이라고 하면 매우 따분한 과목이었고, 학문이라고 하기에는 과학적인 검증방법이 갖추어져 있지 않았다. 1929년 대공황 이후에 이익이 난 기업이 몇 달 안 가서 망하게 되자 미국 정부는 증권법(1933)과 증권거래법(1934)을 제정하여 모든 상장기업이 스스로 작성한 장부에 대해 전문가이면서 제3자인 회계법인에 외부감사를 받도록 하였다. 또한 기업의 회계장부가 제대로 작성될 수 있도록 회계기준이 필요했다. 따라서 회계업계의 실무자들과 회계학자들은 기업의 가치(내재가치, 본질가치)를 제대로 나타낼 수 있는 원칙을 만드느라 정신이 없었다. 그런데 기업의 절대적인 가치가 과연 존재하는지도 모를 뿐만 아니라 있다 하더라도 어떻게 그 금액을 알 수 있겠는가. 그러다 보니 당시 회계학 분야의 연구는 매우 **규범적**(normative)인 접근방법을 취하고 있었다. 즉, 이렇게 또는 저렇게 회계를 처리하는 것이 기업의 가치를 더 잘 반영할 수 있다고 얘기하는 것이다. 문제는 그 누구도 그런 주장을 검증할 방법이 없었던 것이다.

그러던 중 호주에서 온 25살의 Ray Ball과 28살의 Philip Brown은 당시 시카고 대학의 박사과정에 재학 중이었다. 시카고 대학의 특성상 재무관리와 회계의 학문적 영역의 구분이 그리 명확하지 않은 상태에서 그들은 당시 재무관리 분야에서 Fama, Fisher, Jensen 및 Roll(1969)에 의해 개발된 **사건연구**(event study)와 Sharpe와 Lintner 등에 의해 개발된 CAPM 모형을 접할 수 있었다. Ball과 Brown은 이익이 공표되는 시점에 주가가 어떻게 반응하는지를 검정하고자 하였다. 그런데 주가는 무수히 많은 사건과 정보에 의해 끊임없이 움직이기 때문에 과연 회계이익으로 인해 주가가 움직였는지를 가려내기는 쉽지 않다. 그들은 이익공시일을 연구대상의 사건으로 정의하고 이익공시일에 일어난 이익 이외의 무수한 사건은 주가를 상승시키기도 하고 하락시키기도 하기 때문에 주가에 미치는 효과를 평균적으로 '0'이라고 보고(즉 randomize되어서) 무시하였다. 그 다음에 통상적으로 움직이는 주가의 기대치를 CAPM 모형에 의해 추정한 다음 실제 주가와 기대주가의 차이를 회계정보로 인한 주가의 움직

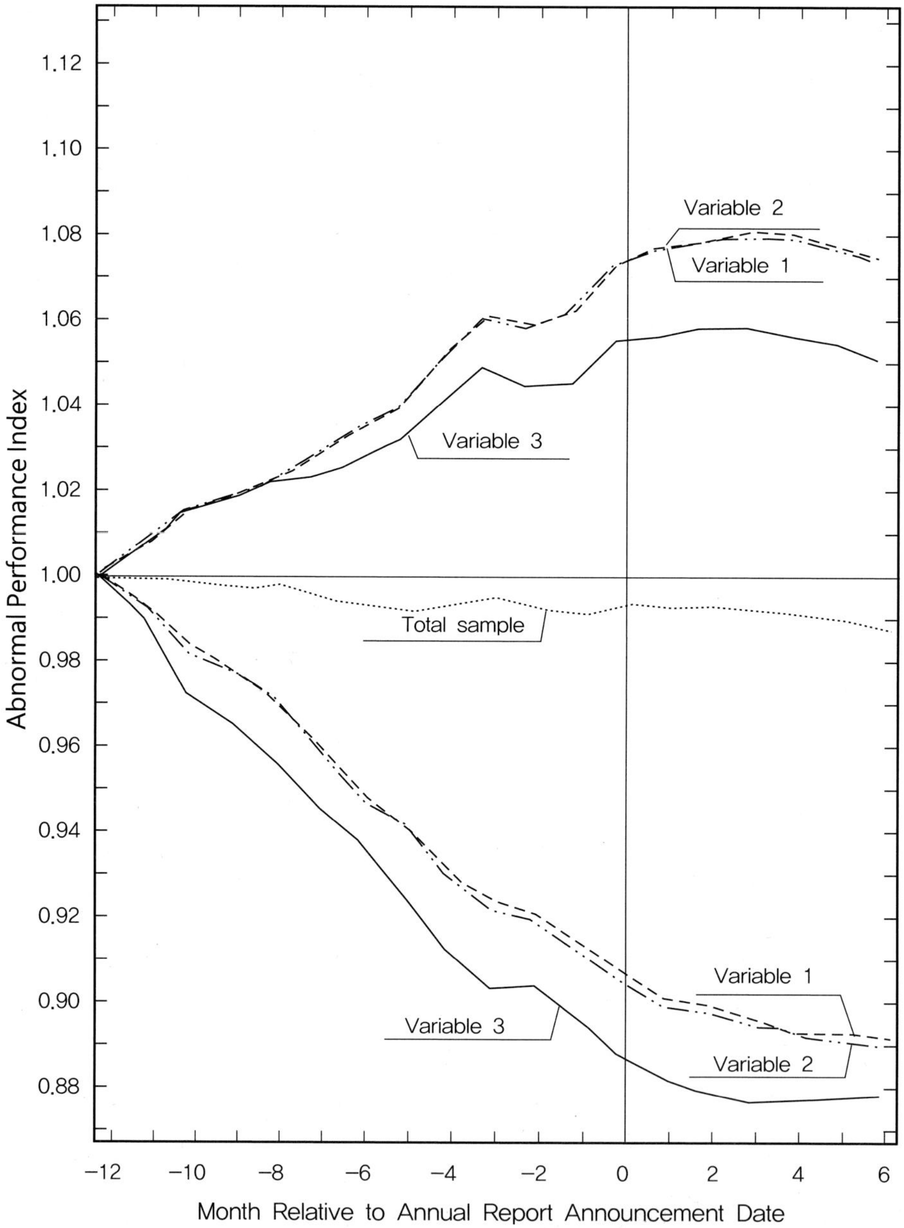

Source : Ball, R. and P. Brown, "An empirical evaluation of accounting income numbers," *Journal of Accounting Research* (Autumn 1968), pp. 159~178, Figure 1(Adapted).

이익공시에 따른 주가반응

임으로 간주하였다.

이들의 연구결과에 의하면 이익이 투자자들이 기대한 것보다 증가하면(호재, good news) 이익 공시시점에 주가는 올라가고, 기대한 것보다 감소하면(악재, bad news) 이익 공시시점에 주가가 떨어지는 것을 발견하였다. 이는 이익이 공시되는 시점에 주식시장에서 투자자들이 이익을 보고 주식을 사고파는 것을 결정한다는 것을 의미한다. 따라서 이익 공시시점에서 시장이 알지 못하는 새로운 정보가 전달되었음을 파악할 수 있다. 특히 그들은 1년 전에 이익이 증가할지 아니면 감소할지 정확하게 알 수 있다면 시장에서 벌 수 있는 정상수익률보다 초과해서(즉, 비정상수익률을) 17%나 더 올릴 수 있음을 보여주었다. 이러한 결과는 주식시장의 투자자들이 주식을 사고팔 때 회계이익을 활용하며, 이익을 잘 예측할 수 있으면 높은 수익률을 올릴 수 있음을 보여주는 것이다.

이 논문이 중요한 이유는 바로 재무관리 분야의 많은 교수들이 '회계라는 것이 별로 도움도 되지 않는데, 그렇게 애써서 만들어서 무엇하나'라는 인식을 불식시켜 주었다는 점이다. 뿐만 아니라 책상에 앉아서 머릿속으로만 생각하는 회계원칙과 기준이 아니라 주식시장에서 시장참여자들이 실제로 회계정보를 활용하여 투자결정을 내리고 있음을 보여주었다는 점이다. 결국 다양한 회계원칙이 허용되고, 수많은 주관적 판단과 추정이 들어감에도 불구하고 회계정보는 '**유용하다**(useful)!'는 것이다. 회계정보가 과연 쓸모가 있는지 회의적인 시각을 보이는 사람들에게 보기 좋게 강펀치를 날린 것이다.

한 가지 흥미로운 점은 이익이 공시된 사건일 훨씬 이전인 1년 전부터 이익이 증가한 그룹의 주가의 초과수익률이 지속적으로 증가하였고, 이익이 감소한 그룹은 주가의 초과수익률이 감소한 것이다. 이는 시장참여자들이 이익정보 이외에 수많은 대체적인 정보를 활용하여 이익공시 이전에 투자결정을 내리고 있어 **정보의 유출**(information leakage)이 있음을 시사한다. 또한 이익공시 이후에도 이익이 감소한 그룹은 계속해서 감소하고, 이익이 증가한 그룹은 계속해서 증가하고 있어 이익이 시장에 공시된 시점에 이익에 담긴 정보가 즉각적으로 주가에 반영되지 않고 있어 **정보의 비효율성**(information inefficiency)이 있음을 나타낸다. 이러한 주가의 움직임을 포착하여 **이익발표 후 표류현상**(post-earnings announcement drift)을 연구하여 **시장의 이상현상**(market anomaly)의 중요한 주제 중 하나가 되었다.

Ball과 Brown의 논문은 당시에 미국회계학회가 발간하는 Accounting Review에서 회계학 논문인지 모르겠다는 이유 때문에 게재불가 판정을 받았다. 당시 시카고 대학에서 발간하는 Journal of Accounting Research의 편집장이었던 Dopuch 교수는 Ball과 Brown의 논문을 제3자에게 심사를 맡기지 않고 편집장의 직권으로 게재를 결정하였다. 이 논문이 바로 회계학연구의 큰 흐름을 바꾼 Ball and Brown의 1968년 논문이다.

이 논문이 회계학연구에 미친 영향은 실로 지대하다고 할 수 있다. 그동안 규범적인 접근방법에 기초한 회계학 분야의 연구가 회계현상을 설명하고 예측하려는 **실증적인**(positive) 접근방법으로 한순간에 물줄기가 바뀌게 되었다. 불완전 시장하에서 기업의 진정한 가치는 존재하지 않는다는 논문이 나오면서 만약 이론적으로 올바른 회계정보를 만들어낼 수 없다면 보다 더 의사결정에 도움이 되는(즉, 유용한) 회계정보를 만들자는 시각이 팽배하기에 이르렀다. 이에 따라 어떤 방법에 따라 산출된 회계정보가 더 유용한 것인지를 검증하는 정보적 접근방법(information approach)이 1990년대 중반 측정적 접근방법(measurement approach)이 도래할 때까지 회계학연구의 주류를 이루었다.

1988년에 1968년 논문의 20주년을 기념하는 심포지엄이 워싱턴 대학에서 열렸는데, 당시 박사과정에 있었던 필자는 운 좋게 이 심포지엄에 참석할 수 있었다. Brown 교수는 자신들이 이 논문을 쓸 수 있었던 것은 3C 덕분이었다고 소회를 밝혔다. 3C란 Computer, CRSP(주가자료) 그리고 Colleague를 의미하였는데, Brown 교수는 그중에서도 연구에 열정적이었던 colleague가 가장 중요했다고 말하였다. 연구를 하고 새로운 것을 추구하는 데 있어서 밤새워가며 토론하고 작업하는 모습이 그려지면서 역시 회계학연구가 오늘날 이렇게까지 발전한 데에는 수많은 학자들의 열정과 노력이 축적되어 있음을 새삼 느끼게 된다.

회계정보는 여전히 유용한가?

Ball과 Brown의 논문은 회계정보가 투자의사결정에 실제 활용되고 있다는 것을 실증적으로 입증함으로써 회계정보의 유용성에 대한 사람들의 인식에 중대한 변화를 가져왔다. 사람들은 회계정보가 보다 정교한 기준에 의해 생산되고, 기업들이 공시하는 회계정보의 양이 늘어나면 이를 토대로 더 나은 의사결정을 할 수 있기 때문에 회계정보가 더 유용해질 것이라고 믿는다. 이러한 믿음 때문에 원래 어려웠던 회계는 최근 들어 더욱더 복잡하고 어렵게 바뀌었고, 기업이 공시하는 회계정보의 양 역시 폭발적으로 늘었다. 또한 예전과 달리 지금은 누구나 인터넷만 연결되면 기업이 공시한 회계정보를 손쉽게 접할 수 있다.

그렇다면 과거에 비하여 회계정보의 유용성이 획기적으로 개선되었을까? 회계학 교수인 바루크 레브와 펭 구는 이 문제에 대한 답을 얻기 위하여 1950년 이후 60년간 미국 상장기업의 회계정보와 주가의 관계를 분석하였다. 분석결과 이익과 순자산이 기업의 주가를 설명하는 정도가 1950년에는 90% 수준이었으나, 최근에는 50%로 절반 가까이 떨어진 것으로 나타났다. 기업의 주가 중 회계정보를 통해 설명되는 부분이 절반 밖에 되지 않는 것이다. 기업의 현재 이익이 미래의 이익을 예측하는 능력 역시 과거에 비해 크게 낮아진 것으로 나타났다. 기업의 과거 실적을 통해 미래를 예측할 수 있을 때 회계정보가 투자정보로서 의미가 있는데, 과거는 과거일 뿐 더 이상 미래를 보는 거울로서 역할을 하지 못하는 것이다. 우리는 지난 60년간 회계기준을 정교화하고 기업공시의 양과 질을 높이고자 끊임없는 혁신과 노력을 거듭해 왔는데, 오히려 회계정보의 유용성은 반토막이 났으니 역설적인 결과가 아닐 수 없다.

그렇다면 Ball과 Brown의 논문이 발표된 1968년 유용했던 회계정보가 오늘날에는 더 이상 필요 없어진 것일까? 바루크 레브와 펭 구는 회계정보의 유용성이 과거에 비하여 저하되었지만, 여전히 회계정보는 자본시장에서 대체 불가능한 유용한 정보라고 주장한다. 삼성전자처럼 규모가 큰 상장기업은 꼭 회계정보가 아니더라도 재무분석가의 분석보고서나 기업설명회 자료를 참고할 수 있지만, 재무분석가나 기관투자자의 관심을 끌지 못하는 대다수 소규모 상장기업이나 비상장기업들은 여전히 재무제표가 투자 및 대여 의사결정에 유일한 참고자료인 경우가 많다.

이러한 의미에서 회계정보는 '여전히' 유용하다. 회계정보의 유용성이 이전보다 낮아진 데에는 회계기준을 제정하는 기구나 감독기관이 투자자 니즈(need)를 제대로 읽지 못하고, 투자자 보호라는 명목하에 지나치게 '믿을' 수 있는 숫자에 함몰된 영향이 크다. S&P 500 기업들이 소유한 물리적 자산(예 : 차량, 건물, 공장, 기계)을 한 번에 원가로 판매하면 시가총액의 몇 %나 회수할 수 있을까? 1985년에는 이 비율이 50% 정도였다. 하지만 지금은 S&P 500 시가총액 28조 달러의 20%도 건지기 어렵다. 나머지 시가총액의 80%는 우리가 보거나 셀 수 없는 것들, 즉 알고리즘이나 브랜드, 고객목록과 같은 무형의 자산에서 창출된다. 일례로 어도비(Adobe Inc.)는 시가총액이 무려 2,370억 달러에 이르지만, 사실상 유형자산의 가치는 무시할 수준이다. 어도비의 시가총액의 대부분은 알고리즘 같은 무형의 자산에서 비롯된다. 그렇다면 어도비의 재무제표에는 무형자산의 가치가 2,370억 달러로 표시되어 있을까? 현행 회계기준은 정확한 평가가 어렵다는 이유로 회사가 내부적으로 창출한 무형의 자산가치를 인정하지 않고 있다. 어도비의 재무제표에 무형자산으로 표시되어 있는 숫자는 어도비가 알고리즘을 개발할 때 지출한 경비로, 알고리즘의 가치를 평가한 금액이 아니다. 어도비가 알고리즘 개발에 지출한 경비는 알고리즘을 통하여 앞으로 벌어들일 이익에 비하면 미미한 수준이다. 그럼에도 불구하고 회계기준에서 어도비가 내부적으로 창출한 알고리즘의 가치를 인정하고 있지 않은 이유는 알고리즘 가치에 대한 평가가 사람마다 다를 수 있기 때문이다. 본래 취지는 투자자 보호를 위하여 투자자가 믿을 수 있는 숫자만 제공하겠다는 것이지만, 무형의 자산에 의해 기업의 미래 생존이 좌우되는 오늘날의 경영환경을 고려했을 때 득(得)보다 실(失)이 많은 원칙적용일 가능성이 높다.

그렇다면 회계정보의 유용성을 높이기 위해서는 어떠한 노력이 필요할까? 회계정보 생산의 측면에서 보면 투자자가 필요로 하는 정보를 생산하고 공시할 수 있게 회계기준의 내용과 공시체계를 수정해 나갈 필요가 있다. 앞의 사례에서 보면 신뢰성이 다소 떨어지더라도 알고리즘의 가치를 평가하여 재무제표에 표시하게 회계기준을 바꾸거나 알고리즘의 가치에 대하여 힌트를 줄 수 있는 정보를 서술식으로 별도 공시하게 의무화하는 방안 등이다.

그러나 더 중요한 것은 회계정보 활용의 측면이다. 기업의 회계정보는 기본적으로 4개의 요약된 규격화된 표(즉, 재무제표)의 형태로 자본시장에 제공된다. 하지만 과거 실적을 요약한 4개의 표만 가지고는 투자자가 기업의 가치를 정확히 파악하는 것이 어렵기 때문에 감독기관은 추가적 정보 제공을 위하여 재무제표 주석기재사항 및 사업보고서 공시항목을 지속적으로 확대해 오고 있다. 특히, 확대된 공시항목들은 재무제표 숫자에서 드러나지 않는 기업의 리스크(risk)와 지속가능성 평가에 도움이 될 수 있는 비재무정보(예를 들면, 지배구조의 건전성을 나타내는 사외이사 비율)에 초점을 맞추고 있다. 이러한 노력의 결과 1998년 36페이지에 불과했던 삼성진자의 재무제표 주석 분량은 2020년에는 116페이지로 증가하였으며, 사업보고서 분량 역시 1998년 178페이지에서 2020년에는 551페이지로 3배 넘게 증가하였다. 이제는 정보 과잉의 상황에서 전통적인 회계정보와 비재무정보를 결합하여 의사결정할 수 있는 투자자의 회계정보 활용능력이 회계정보의 유용성을 결정짓는 보다 중요한 요인일 수 있다. 회계기준과 공시체계를 수정하여 투자자가 필요로 하는 정보를 제공하게 만들어도 그 정보를 투자자가 실제 투자 및 대여 의사결정에 활용하지 않으면 회계정보가 유용성을 가질 수 없기 때문이다.

우리나라의 경우 2010년부터 사업보고서에 경영진의 시각으로 회사의 영업실적, 재무상태 등의 변동요인을 분석하고, 이러한 요인의 향후 발생가능성을 평가하는 '이사의 경영진단 및 분석의견(Management Discussion and Analysis : MD&A)' 기재가 의무화되었다. MD&A의 공시내용을 잘 활용할 경우 기업 내부의 경영자는 알고 있지만, 기업 외부의 투자자는 잘 모르는 미래이익에 영향을 미칠 수 있는 재무적 · 비재무적 사건의 영향을 미래이익 예측에 반영할 수 있으므로 회계정보의 유용성이 향상될 수 있다.

데이터 분석기술의 발전과 회계정보의 유용성

미래이익에 대한 기대는 주식가치의 중요한 결정요인이다. 미래이익에 대한 기대를 형성할 때 투자자는 과거의 재무제표에 의존한다. 재무제표 주석 및 사업보고서에 공시되는 재무적·비재무적 정보의 양이 폭발적으로 증가했음에도 불구하고, 여전히 투자자가 단순히 포괄손익계산서의 제일 마지막 줄에 나오는 순이익 정보만 이용하여 미래이익을 예측하면 회계정보의 유용성은 저하될 수밖에 없다.

최근 주식투자에 대한 관심이 커지면서 '주린이(주식과 어린이의 합성어. 주식입문자)' 탈출을 위한 주식공부 방법을 소개하는 영상이 크게 늘고 있다. 이러한 영상에서 빠지지 않고 등장하는 내용이 바로 'PER(Price Earing Ratio, 주가수익비율)'를 이용한 적정주가 산정방법이다. 기업의 1주당 순이익에 시장평균 주가수익비율을 곱하여 적정주가를 산정하고 이를 실제 주가와 비교하는 방식인데, 수많은 재무제표 정보 중 순이익 정보 하나만 활용하여 기업의 본질가치를 평가하기 때문에 간편하나 정보유실이 많다. 순이익 정보에는 매년 반복하여 되풀이되는 항목뿐 아니라 간헐적으로 발생하는 항목들의 영향(예 : 회사 본사 건물의 처분으로 인한 거액의 처분이익)이 포함되어 있기 때문에 복잡한 기업의 이익도출과정을 무시하고 최종 결과물만 이용하여 미래이익을 예측하면 잘못된 결과를 초래할 가능성이 높다. 또한 순이익에는 신약의 임상시험이나 경쟁업체의 신제품 출시, 계약의 신규 체결이나 파기, 핵심인재의 이탈 등과 같이 기업가치에 중요한 영향을 미치는 비재무적 사항의 영향이 고려되어 있지 않다. 그러므로 주식투자에서 회계정보가 유용성을 가지려면 투자자가 재무적 수치에만 관심을 가질 것이 아니라 재무적 수치와 비재무적 공시(non-financial disclosure)내용을 종합적으로 분석하여 그 결과를 투자 및 대여 의사결정에 활용할 수 있는 데이터 처리능력이 필요하다.

이러한 관점에서 4차 산업혁명을 통한 데이터 처리능력의 향상은 회계정보의 유용성을 높이는 데 중요한 기여를 할 수 있을 것으로 기대된다. 가장 대표적인 것이 바로 머신러닝(machine learning)과 텍스트 분석(textual analysis)기법이다. 머신러닝은 빅데이터(big data)를 분석하고, 가공해서 미래를 예측하는 기술이다. 머신러닝 기술을 이용하여 기업의 재무적·비재무적 공시사항을 분석하면 보다 정확한 미래이익 예측이 가능하기 때문에 회계정보의 유용성이 높아질 수 있다. 머신러닝을 이용한 이익예측의 장점은 크게 두 가지이다. 첫째, 머신러닝 알고리즘은 고차원의 데이터를 효과적으로 처리할 수 있다. 기업의 이익창출은 수많은 사업 거래와 관련된 복잡한 과정이다. 전통적인 이익예측모형이 기업의 복잡한 이익창출과정을 무시한 채 기업 거래가 순자산이나 순이익에 미치는 영향만을 단순히 고려하였다면 머신러닝 알고리즘은 기업의 거래가 재무제표의 세부항목에 미치는 차별적인 영향을 고려하여 정보의 유실을 줄이면서 보다 정확하고 유용한 이익예측이 가능한 장점이 있다. 둘째, 기존의 선형(linear) 모델과 달리 머신러닝 알고리즘은 재무제표 세부항목과 미래이익 간 보다 복잡하고 미묘한 관계를 이익예측에 반영할 수 있다. 의사결정 트리(decision tree) 및 신경망(neural network)을 기반으로 하는 비선형(non-linear) 머신러닝 알고리즘은 비선형관계와 상호작용효과를 모델링하는 데 다소 유연하여 보다 정확한 이익예측이 가능한 장점이 있다.

회계정보와 비재무적 공시사항의 연관관계 분석에 활용할 수 있는 또 다른 데이터 분석 기술로 텍스트 분석기법이 있다. 기술의 발달로 인터넷, SNS 등 사용자가 크게 늘면서 텍스트 데이터 정보도 급격히 증가하고 있다. 회계학 분야의 경우 재무제표 주석과 감사보고서, 사업보고서, 지속가능경영보고서, CEO 메시지, 컨퍼런스 콜(conference call) 회의록, 미디어 보도자료 등 텍스트 자료를 이용한 연구가 점차 확대되고 있다. 텍스트는 추상적인 단어로 구성되어 있으며, 동일한 단어라고 할지라도 전후 문맥에 따라 의미하는 개념이 다를 수 있다. 예를 들어 전통적인 회계정보에 기업의 리스크 요인(risk factor)에 대해 CEO가 사업보고서에 서술식으로 기술한 텍스트 내용을 분석하여 긍정적 어조인지, 부정적 어조인지 파악하고 이를 추가적인 정보 원천으로 사용하면 기업의 미래 상황을 보다 정확히 예측가능하기 때문에 투자 및 대여 의사결정에서 회계정보의 유용성이 증가할 수 있다.

최근 들어 재무제표 주석 및 기업의 리스크 요인에 대한 비재무정보 공시가 늘어남에 따라 텍스트 분석기법 등을 통해 이러한 비재무공시와 전통적인 회계정보를 결합한 내용에 대한 분석(content analyses)이 활발하게 진행되고 있으며, 이를 통해 회계정보의 유용성을 진단하는 데 있어 외연이 확대된 부분이 있다. 향후에는 인터넷과 소셜 미디어(social media) 등 다양한 원천의 정보가 통합된 빅데이터와 머신러닝을 이용한 재무제표분석 등을 통해 회계정보의 유용성은 더욱 증대될 것으로 보인다.

핵심 포인트

회계정보를 산출하는 과정에서 주관적인 추정과 자의적인 판단이 들어감에도 불구하고 시장참여자들은 투자의사결정을 내리는 데 있어 회계정보를 활용한다는 점에서 유용하다.

제 6 장

회계와 회계감사

경호원은 별 필요 없지만 잘 훈련받은 두 명의 회계사는 실제로 도움이 많이 된다.
I have no use for bodyguards, but I have very specific use for two highly trained certified public accountants.
— Elvis Presley

주관식 영어시험을 치른 학생에게 자신의 답안지를 주고 채점을 하라고 하면 공정하게 채점하기가 쉽지 않다. 아마도 그 학생은 자신의 점수를 가급적 후하게 주면서 채점하지 않을까. 회사의 성적표 '재무제표'를 만들 책임은 회사에 있다. 회사가 자신의 성과를 채점해 성적표를 만들면 그 성적표는 신뢰하기가 어려울 것이다. 이에 따라 회사와 아무런 관련이 없으면서도 회계에 대한 전문지식이 있는 제3자가 그 재무제표가 제대로 작성되었는지를 검토하고 이에 대한 의견을 표명하는데, 이것이 바로 회계감사(audit)이다.

회계감사의 기원

부정과 오류(fraud and error)는 그 옛날 바빌로니아와 이집트부터 그리스, 로마제국, 이탈리아 도시국가, 중세시대 그리고 오늘날에 이르기까지 사회적으로 만연한 문제였다. 어느 시대를 막론하고 담당자가 무능하여 장부상의 오류를 범하기도 하였고 부패하여 부정을 저지르기가 다반사였다. 성경에서조차 "피고용인은 도적질을 할 기회가 있으면, 이를 활용할 것(If employees have an opportunity to steal, they may take advantage of it)"이기 때문에 통제장치를 마련하는 게 마땅하다는 논리를 제시하고 있다. 성경은 자산의 공동관리 필요성, 피고용인의 능력과 정직성, 접근성의 제한, 업무의 분장 등에 대해 여기저기에서 언급하고 있다.

고대 이집트에서는 파라오에 대한 책을 기록하는 필경사(scribe)가 왕의 곡식, 금 그리고 많은 자산을 기록하고 관리하였다. 그러나 필경사 중 일부는 기록을 누락하거나 숫자를 줄여서 왕의 재산을 훔치기도 하였다. 이에 따라 두 명의 필경사에게 거래를 독립적으로 기록하도록 하였다. 두 필경사의 합계가 서로 정확히 맞아떨어지면 아무런 문제가 없지만 만약 총액에 차이가 많이 나면 두 필경사는 모두 사형에 처해졌다. 이 때문에 두 필경사는 사력을 다해 모든 숫자를 확인했고, 훔치는 일이 발생하지 않도록 만전을 다해야 했다.

두 명의 필경사를 둔다는 것은 한 사람이 회계정보를 만들어내고 별도의 전문가가 회계정보가 제대로 만들어졌는지를 확인하는 것이기 때문에 회계감사의 시초라고 할 수 있다. 회계정보를 만들어내는 첫 번째 필경사는 회사 내의 회계담당자에 해당하고, 그 정보를 확인하는 두 번째 필경사는 오늘날의 감사인(auditor)에 해당한다고 볼 수 있다. 또한 별도의 필경사를 둔다는 것은 전문적인 업무임을 의미하며, 두 명의 필경사를 뒀다는 것은 독립성이 중요함을 나타낸다. 이와 같이 이미 고대 이집트 시대에 거래를 확인 · 조사 · 대사 · 검증하는 오늘날의 내부통제시스템의 개념이 확립되어 있었다는 것은 실로 놀라지 않을 수 없다. 아테네에서는 아포덱타애라고 하는 관리가 화폐의 수지기록이나 채권 · 채무기록 등 재정의 기록을 행하였으며, 로지스타애라고 하는 회계검시관이 회계서류를 감사하였다. 중국에서는 기원전 11세기부터 3세기에 걸쳐 있었던 주(周) 왕조시대(BC 1046~BC 256)에 회계감사가 공식적인 정부기구로 있었다는 기록이 있다. 영국의 재무부에는 12세기경 회계감사에 대한 기록이 남아 있다. 중세시대 길드조직에서도 이미 외부감사가 이루어졌으며 오늘날의 외부감사와 거의 유사한 형태의 감사보고서는 영국의 Joint Stock Companies가 16세기 말부터 이미 작성해오고 있었다.

미국의 경우 1929년 대공황 이후에 장부상으로 멀쩡한 기업들이 하루아침에 부실한 것으로 드러나 도산하게 되고, 이로 인해 많은 투자자들이 피해를 입게 되자 미국정부는 증권법(1933년)과 증권거래법(1934년)을 제정하여 외부감사를 의무화하기에 이르렀다. 그런데 사실상 꽤 많은 기업들이 이미 외부감사가 의무화되기 이전에 자발적으로 회계감사를 받아왔고, 19세기 말에 GE 같은 회사는 이미 외부감사를 받은 재무제표를

매년 작성해서 발표해오고 있었다.

우리나라에서도 1980년 '주식회사 등의 외부감사에 관한 법률'을 제정하고, 1981년 9월부터 일정규모 이상 기업에 대하여 외부감사를 의무화하였다. 의무적으로 외부감사를 받아야 하는 기업은 상장회사, 상장을 준비 중인 회사, 직전 사업연도 말의 자산, 부채, 종업원 수 또는 매출액 등이 일정규모 이상인 주식회사 및 유한회사이다.

회계에 날개를 달아주는 회계감사

회사규모가 커지면 자신의 돈으로만 충당하기에는 역부족이기 때문에 은행 등의 금융기관으로부터 돈을 빌리기도 하고, 지분(소유권)을 일부 팔아 외부투자자로부터 자본을 유치하기도 한다. 그런데 은행이나 투자자는 회사 내부 사정을 잘 모르기 때문에 돈을 빌려주거나 투자를 해도 되는지 주저할 수가 있다. 이 때문에 회사는 은행과 투자자를 설득하기 위해 회사가 잘 운영되고 있는지 그리고 나중에 이자와 원금을 갚을 능력이 되는지를 파악할 수 있도록 재무제표에 일목요연하게 잘 정리하여 보여주려 한다.

그런데 회사가 제시하는 재무제표는 회사 스스로 만들기 때문에 외부 이해관계자가 보기에는 신뢰성이 떨어진다. 그 이유는 회사가 아무래도 좀 더 회사한테 좋은 쪽으로 회계처리하기 때문이다. 예를 들면, 고객으로부터 받을 돈이 2억원 있는데 그 고객이 어려운 상황에 처해 있어 회사가 돈을 회수할 가능성이 거의 희박하다면(remote) 못 받는 돈 2억원을 손실로 기록해야 한다. 그러나 회사가 성과를 좋게 보이려고 회수가능성이 희박함에도 불구하고 고객으로부터 돈을 받을 수 있다고 낙관적으로 평가해 못 받는 돈 2억원을 손실로 기록하지 않을 수 있다.

이런 상황에서 은행이나 투자자들은 회사가 보여주는 재무제표를 신뢰하지 않고 회사가 낙관적일 수 있음을 감안하여 평가하게 된다. 예를 들어, 이익이 10억원이라고 해도 8억원이나 9억원 정도로만 인정을 할 것이다. 이로 인한 경제적 손실을 한번 구체적으로 생각해 보자. 예를 들어 작년에 보고한 이익이 10억원인 회사가 5년 만기 20억원의 대출을 신청하였다. 은행은 회사가 보고한 이익 10억원은 다소 부풀려졌기 때문에 실제 이익은 9억원 정도일 것으로 낮추어 잡았다. 만약 이익이 10억원 이상인 경우에는 대출금리를 5% 적용하고, 그 이하인 경우에는 7.5%를 적용한다고 간주하자. 그러면 이익이 제대로 인정받지 못함으로써 매년 5천만원씩 5년간 추가로 이자를 내게 된다. 여기에다 이익이 10억원 대신 9억원으로만 인정받아 주식이 한 주당 원래는 5천원이있어야 하는데 4천 7백원에 가격이 형성되었다고 가정하자. 만약 발행된 주식수가 백만주라면 3억원이 저평가되어 있는 것이다. 따라서 연간 이익 중에서 1억원이 제대로 인정받지 못함으로 인해 회사가 입는 손해는 3억 5천만원에 해당한다. 만약 외부의 전문가로부터 회사가 보고한 이익 10억원이 사실과 다르지 않다는 것을 확인받는 데 드는 비용이 3억 5천만원보다 적다면 회사는 외부 전문가의 확인을 받으려 할 것이다. 회사의 재무제표 숫자가 사실과 다르지 않다는 것을 외부 전문가에게 확인받는 작업이 **외부감사**(external audit)이며, 제3자 전문가가 바로 감사인(auditor)이다. 만약 감사인이 이 재무제표의 숫자가 사실과 다르지 않다고 인정해 준다면 은행이나 투자자는 회사가 만든 장부에 대해 굳이 저평가할 필요가 없을 것이다.

재무제표 숫자가 사실과 다르지 않다는 것은 회사가 기업회계기준을 준수했는지 확인함으로써 알 수 있다. 기업회계기준에 따르면 회사가 채권을 회수할 가능성이 희박하다면(remote) 못 받는 돈을 손실로 기록해야 한다. 만약 회사가 채권을 회수할 가능성이 희박한데도 손실을 기록하지 않았다면 이는 기업회계기준을 위반한 것이며, 그만큼 이익이 실제보다 부풀려져 표시된다. 결국 감사인이 회계감사를 통해 확인하는 것은 회사의 재무제표가 기업회계기준에 따라 작성되었는지 여부이며, 그 확인 결과는 **감사보고서**(audited financial statements)에 기재된다. 구체적으로 감사인이 확인한 결과는 감사보고서에 적정, 한정, 부적정, 의견거절 등 네 가지 형태의 의견으로 표시된다. '적정'의견은 회사의 재무제표가 기업회계기준에 따라 작성되었기 때문에 재무제표 숫자를 신뢰할 수 있다는 뜻이다. 그러나 적정의견을 받았다고 해서 그 회사의 미래전망이 밝다는 것을 감사인이 확인시켜 준 것은 아니라는 점에 유의해야 한다. 회사가 수천억원의 적자를 냈더라도 적자 수치가 기업회계기준에 따라 계산된 것이라면 감사의견은 적정이다. '한정'의견은 일부 항목이 기업회계기준을 위반했으나, 다른 항목들은 문제가 없는 경우이다. '부적정'의견은 '한정'의견보다 회사가 회계기준을 위반한 정도가 더 심한 경우로 회사의 재무제표를 신뢰할 수 없을 정도로 엉망인 경우이다. '의견거절'은 회사가 감사인이 요청한 자료를 주지 않아서 재무제표 숫자가 맞는지, 틀린지 확인할 수 없었고 그 결과 감사인이 의견을 주는 것을 거절한 경우이다.

회계감사를 받은 재무제표와 회계감사를 받지 않은 재무제표는 그 신뢰성에 있어서 천양지차이다. 기업의 실상을 제대로 이해하기 위해서는 회사측이 작성한 결산재무제표보다 반드시 외부감사인의 의견이 첨부된 감사보고서를 먼저 살펴야 한다. 특히, 상장회사의 경우 감사의견이 '적정'이 아니라 '한정'이나 '부적정', '의견거절'이면 관리종목으로 선정되거나 상장폐지 대상이 될 수 있으므로 유의해야 한다.

회계감사에도 품질이 있다

감사인을 제3자 전문가라고 하는 문구에서 볼 수 있듯이 감사인은 두 가지 중요한 속성을 지녀야 한다.

첫째는 **독립성**(independence)이다. 즉, 감사인은 회사 또는 외부 이해관계자 누구와도 경제적 이해관계로 얽혀 있어서는 안 된다. 만약 감사인이 회사 CEO와 인척관계에 있다면 회사와 독립적이지 못하다고 할 것이고, 감사인이 회사 주식을 한 주라도 갖고 있다면 회사에 대해 객관적이지 못할 수 있다.

둘째는 **전문성**(expertise)이다. 회사 외부에 있는 사람이 회사 내부에서 일어난 일을 짧은 기간에 파악하기란 쉽지 않은 노릇이다. 따라서 전문적인 지식을 가진 자만이 회사 장부를 제대로 작성했는지 판단할 수 있는 것이다.

감사품질(audit quality)은 회계감사의 산출물인 감사의견에 대한 품질이다. 감사품질이 높으려면 두 가지 요건이 동시에 충족돼야 한다. 첫 번째 요건은 감사인이 재무제표에 부정이나 오류가 포함되어 있는지 아닌지를 판단할 수 있는 전문가적 능력을 갖추고 있어야 한다. 감사인이 바뀐 회계기준을 잘 몰라서 회사의 잘못된 회계처리를 발견하지 못하고 적정의견을 냈다면 감사의견이 잘못됐으므로 감사품질이 낮다. 두 번째 요건은 감사인이 부정이나 오류를 발견했으면 이를 숨기지 않고 외부에 알리는 독립성을 갖추어야 한다. 감사인이 전문가적 능력을 발휘해 회사의 잘못된 회계처리를 발견했지만, 내년도 감사계약을 따내기 위해 이를 묵인하고 적정의견을 냈다면 잘못된 감사의견을 표명한 것이므로 감사품질이 낮다.

이처럼 높은 감사품질은 감사인이 전문성과 독립성을 동시에 갖추었을 때 나타나는 결과물이기 때문에 감사인이 전문성을 키우고 독립성을 제고시킬 수 있게 유도하면 감사품질은 자연스럽게 높아질 것이다. 대부분의 회계법인들은 감사인의 전문성을 높이기 위하여 특정산업에 특화하는 전략을 채택하고 있다. 바이오 기업들이 전부 특정 회계법인에게 회계감사를 받는다면 그 회계법인은 바이오산업 감사에 전문성이 있다고 볼 수 있다. 특정산업에 특화하는 전략은 감사인의 전문성을 높인다는 점에서는 감사품질에 긍정적인 영향을 미치지만, 그 산업에의 경제적 의존도가 높아져 감사인의 독립성을 저해하는 상황이 발생할 수도 있다. 즉, 그 산업에 워낙 투자한 게 많다면 회사의 회계처리가 잘못된 것을 발견해도 이를 지적하기가 쉽지 않다.

감사인의 전문성과 독립성의 충돌은 감사인이 감사받는 회사에 비감사서비스를 제공할 때에도 일어날 수 있다. **비감사서비스**(nonaudit service)란 회계법인이 제공하는 감사 이외의 서비스로 경영 컨설팅, 세무자문 등이 이에 해당한다. 회계법인의 본업은 회계감사지만 Big4 회계법인의 매출 중 3분의 2가량은 비감사서비스에서 발생하며 회계감사 수입은 3분의 1에 불과하다. 감사인이 비감사서비스를 수행하게 되면 그 회사의 사업과 전략을 좀 더 세밀하게 이해할 수 있는 계기가 되기 때문에 추후에 감사를 수행하는 데 도움이 될 것이다. 그러나 한편으로는 비감사서비스로부터 받는 수수료가 만만치 않기 때문에 이를 놓치지 않기 위해 잘못된 회계처리를 발견해도 침묵할 가능성이 있다. 이 때문에 우리나라를 비롯하여 대부분 국가들은 감사인이 감사받는 회사에 제공할 수 있는 서비스와 금지되는 서비스를 구분하고 있다. 예를 들어 감사인이 감사받는 회사의 재무제표를 대신 작성해 주는 서비스를 제공하는 것은 금지되나, 법인세 신고서를 대신 작성해 주는 서비스를 제공하는 것은 허용된다.

감사인의 전문성과 독립성이 충돌하는 또 다른 경우는 바로 감사인의 **계속감사기간**(audit tenure)이다. 한 회계법인이 회사를 오랫동안 감사를 하면 그 회사의 사업을 정확하게 이해하고 이와 관련된 위험도 파악할 수 있기 때문에 감사인의 전문성은 높아진다. 반면에 회사와 감사인 사이에 유착관계가 형성되어 감사받는 회사가 잘못해도 감사인이 이를 지적하기 쉽지 않을 수 있다.

감사품질을 제고하기 위해서는 적정한 감사보수를 받고 감사를 수행하느냐 하는 문제와 적정한 감사시간이 투입되느냐를 살펴보는 것도 중요하다. 감사보수는 회사가 내지만, 회계감사로 인한 혜택은 주로 투자자가 누리기 때문에 회사는 감사품질을 높이는 것보다는 감사보수를 깎는 데 더 큰 관심을 가지게 된다. 감사보수가 지나치게 낮으면 감사인이 원가를 낮추려고 감사투입시간을 줄이거나 저숙련 회계사를 투입하기 때문에 감사품질이 떨어진다. 반면에 감사보수가 지나치게 많을 경우에도 감사품질에 문제가 있을 가능성이 있다. 감사인이 높은 감사보수를 지급하는 고객을 잃지 않기 위해 잘못된 회계처리를 발견하고서도 이를 눈감아 줄 가능성이 있기 때문이다. 따라서 최소한의 감사보수를 받는지 혹은 감사보수가 지나치게 과다하지는 않은지를 살펴봐야 한다.

한편 감사시간은 감사품질을 판단하는 데 있어서 상대적으로 명확한 변수이다. 감사보수는 감사시장의 경쟁구조, 감사인의 가격정책 등의 영향을 받아 감사품질을 나타내는 데 다소 명백하지 않다. 반면에 감사시간은 많이 투입할수록 일정수준 이상의 감사품질을 유지할 수 있다는 점에서 덜 노이지(noisy)한 감사품질의 대용치(proxy)라 할 수 있다. 때로는 감사시간을 적정수준 이상 투입하게 되면 중소형 회계법인이라도 대형 회계법인에 준하는 감사품질을 유지할 수 있을 것이다. 따라서 정보이용자 입장에서는 감사인이 제대로 감사를 했는지 파악하기 위해서 사업보고서에 공시되는 감사시간이 충분한지를 살펴볼 필요가 있다.

대우조선해양 회계부정과 회계개혁

2017년 대우조선해양이 2012년부터 2014년까지 이익을 3조원 이상 부풀리고 이러한 이익 부풀리기로 신용등급이 좋은 것처럼 속여 21조원의 사기대출을 받았으며, 실제로는 막대한 손실이 났지만 이익이 난 것처럼 꾸며 임직원에게 성과급을 지급하는 등 회계부정을 저지른 사실이 드러났다. 대우조선해양이 장기간 회계부정을 저지를 수 있었던 이유 중 하나는 회계감사가 부실했기 때문이다. 정부는 대우조선해양 회계부정 사건의 재발을 막기 위하여 회계개혁을 단행하였는데, 그중 핵심적인 것이 '주기적 감사인 지정제'와 '표준감사시간제'를 도입하여 감사품질을 높이는 것이다.

'주기적 감사인 지정제'는 회사가 6년간 자율적으로 감사인을 선임하면 그 다음 3년간은 정부가 감사인을 지정하는 제도이다. 이전에는 감사받는 회사가 감사인을 자유롭게 선택할 수 있었지만, 지금은 그 기간이 6년으로 제한되며 6년 이후 새로운 감사인은 정부가 정한다는 점이 다르다. 주기적 감사인 지정제는 장기간 감사계약으로 회사와 감사인 간 유착관계가 형성되어 감사인의 독립성이 훼손되는 것을 막을 수 있다는 장점도 있지만, 6년이 지난 후에는 회사에 대한 이해도가 떨어지는 새로운 감사인에게 감사를 받아야 한다는 단점도 있다. 또한 상장회사 감사인의 절반 이상을 정부가 지정해 주기 때문에 감사인이 감사품질을 높여 더 많은 고객을 끌어들이려는 투자나 노력을 게을리할 수 있다는 지적도 있다.

'표준감사시간제'는 감사인이 투입해야 하는 적정한 감사시간을 알려주고 이를 지키지 않으면 제재를 가하는 제도이다. 표준감사시간은 기업규모, 업종, 상장 여부 등 개별 기업의 특성을 고려하여 계산된다. 감사인이 표준감사시간보다 현저히 적은 시간을 투입하면 더 이상 그 회사

감사를 할 수 없으며, 정부가 새로운 감사인을 지정한다. 표준감사시간제 도입은 감사시간을 늘려 감사보수를 높이는 효과가 있다.

회계개혁 이전 우리나라 감사보수는 선진국 감사보수의 30~40%에 불과할 정도로 현저하게 낮은 수준이었다. 회계개혁 이전에는 감사인을 선택할 수 있는 권한을 회사가 쥐고 있었기 때문에 감사인은 적정한 감사보수를 받을 수 없었고, 현저하게 낮은 보수 때문에 적정한 감사시간을 투입할 수 없어 감사품질이 낮았다. 최근 연구에 따르면 상장회사의 감사시간은 2019년과 2020년에 전년 대비 각각 11.9%와 10.73%가 늘어났다.[1] 이에 따라 한국의 전체 주식시장 총액에서 감사보수가 차지하는 비율 역시 2016년에는 미국의 절반 수준이었지만, 꾸준히 상승하여 2020년에는 미국과 거의 유사한 수준까지 쫓아왔다.[2] 대우조선해양의 회계부정 사건이 발단이 된 정부의 회계개혁 조치는 정상적 감사가 불가능할 정도로 낮았던 감사시간과 감사보수를 정상화함으로써 우리나라 회계투명성 제고에 기여한 것으로 평가된다.

핵심 포인트

회계감사는 재무제표가 적정하게 작성되어 있는지 여부를 전문지식과 독립성을 가진 외부의 감사인이 충분한 감사증거를 수집하여 확인하고 감사의견을 표명하는 체계적인 과정이다. 제품에도 품질이 있듯이 회계감사에도 품질이 있으며 감사품질은 감사인의 경제적 유인과 보상, 감사인의 평판과 산업전문성, 감사인의 감사수임기간, 비감사서비스의 제공 여부, 소송위험과 규제위험에 따라 달라진다.

---

1) 한국회계학회 심포지엄 발표자료, "회계개혁제도 평가 및 개선방안," 2023.2.

2) 김우진 외(2022), "회계제도 개혁이 자본시장에 미치는 영향 : 감사인 지정의 효과를 중심으로," 회계 · 세무와 감사 연구 제64권 제3호, 한국공인회계사회, pp. 387~425.

제7장

회계와 기업지배구조

상장기업에서 소유와 경영의 분리가 주인과 대리인 간의 이해의 충돌을 촉발시킨다.
The separation of ownership and control of capital in publicly held companies precipitates conflicts of interest between principals and agents.
— Berle and Means(1932)

주인의 이익을 보호하기 위한 통제장치

지배구조(governance structure)는 인류의 역사와 함께 존재해 왔다고 할 수 있다. 유럽에서는 군주와 귀족 간의 투쟁 속에서 때로는 분권적 성향을 지닌 귀족들이 주도한 시대도 있었으며, 전제군주가 귀족들을 좌지우지한 절대왕정 시대도 있었다. 우리나라도 돌이켜보면 전제군주의 절대권한인 왕권(王權)과 신하들의 권력인 신권(臣權) 사이에서 투쟁이 이어져 왔다. 민주주의 국가가 정립되면서 국가의 주인은 국민으로 귀결되기에 이르렀다.

한편 주식회사에서 회사의 주인은 주식을 갖고 있는 주주로 인식된다. 만약 주주가 한 사람이라면 누가 주인인지 명확할 것이다. 그러나 주주가 두 명, 세 명, 수천 아니 수만 명이 된다고 할 때 이 많은 주주가 주인으로서 권한을 행사할 수 있는지는 명확하지 않다. 예를 들어, 수만 명 되는 주주 중 대부분은 생업에 바빠 그 회사가 어떻게 돌아가는지 신경을 안 쓰고, 지분이 5%도 안 되는 한두 사람이 경영자로서 그 회사를 맡아서 운영할 것이다. 그 경영자가 주인 모두에게 득이 되는 결정을 하면 아무런 문제가 없겠지만, 만약 소수의 경영진이 자신에게만 이득이 되는 행위나 결정을 한다면 어떻게 될까? 예를 들어, 자신의 월급을 지나치게 많이 책정한다든지, 사무실을 지나치게 사치스럽게 꾸민다든지 아니면 개인적인 일에 회사 카드를 쓴다든지 할 수 있을 것이다. 따라서 회사의 운영을 맡고 있는 경영자가 자신의 이익만 추구하지 않고 회사의 주인인 주주의 이익을 대변하고 극대화할 수 있도록 만들어 놓은 일련의 통제장치가 필요하다.

기업의 중요한 목적 중 하나는 주주 부의 극대화이다. 이 목적을 달성하기 위해서 고용된 대리인인 경영자가 주주의 이해와 합치되게 행동하도록 하는 장치가 바로 **기업지배구조**(corporate governance)이다. 지배(governance)란 '항해를 위한 조타(操舵)'라는 뜻의 그리스어에서 유래하였다. 기업지배구조란 기업의 방향 및 목표를 설정하고 경영진을 견제, 감독하는 법적·제도적 장치를 일컫는다.

기업지배구조에 대한 학문적 연구는 이미 1932년 Berle과 Means가 소유와 경영의 분리에 따른 주식회사의 문제점을 지적한 이후 대리이론, 거래비용이론 등에 근거하여 지속적으로 수행되어 왔다. 그러나 정부가 기업지배구조의 중요성을 깊이 인식하게 된 계기는 미국의 엔론사태 등 대규모 회계부정 사건이 사회 전반에 파장을 일으키면서부터라 할 수 있다.

외국인 투자자들은 한국기업 위험의 상당 부분이 취약한 기업지배구조에서 기인한다고 보고 있다. 그들은 한국기업에는 경영자가 주주의 이익에 반하는 행동을 해도 그건 안 된다고 말할 수 있는 견제장치가 부족하다고 여기기 때문에 한국기업의 가치를 상대적으로 낮게 평가한다. 코리아 디스카운트 해결을 위해 정부와 기업의 적극적인 기업지배구조 개선 노력이 요구되는 이유이다.

지배구조를 규율하는 방식

경영통제수단인 지배구조는 크게 이사회에 의한 **내부통제방식**과 자본·금융·상품·노동시장에 의한 외부규율 또는 **시장규율 방식**으로 구분된다. 각종 시장이 비교적 제 역할을 하고 있는 선진국에서는 이사회의 구조 및 기능 등 내부통제방식을 중심으로 기업지배구조 논의가 진행된다.

시장규율방식으로서 가장 강력한 기업지배구조 제재장치는 바로 이해당사자간의 소송이다. 만약에 경영자가 회사의 주인인 주주의 이익을 해치는 행위를 했다면 소송을 제기해서 이에 대한 책임을 물을 수 있을 것이다. 그러나 소송은 시간도 많이 걸릴뿐더러 비용도 많이 들고 그 결과도 불확실하다. 더욱이 소송은 이미 엎질러진 물과 같이 사후적으로 제재하는 사회적으로 가장 비용이 많이 드는 수단이다. 그렇기 때문에 바람직한 기업지배구조는 경영자가 주인의 이익을 해치는 행동을 하지 못하도록 미리 통제하는 장치라 할 수 있다. 기업지배구조가 취약한 회사는 높은 이자를 주고 돈을 빌려야 하고 주가가 제 가격에 형성되지 못하기 때문에 자본시장도 또 다른 형태의 외부규율장치이다. 주주 이익에 반하는 행동을 하는 경영자는 경영자 시장에서 환영받지 못할 것이므로 경영자의 평판도 경영자로 하여금 주주의 이익을 높이도록 하는 요인으로 작용한다. 그 밖에도 경영자가 주주의 이익을 해치는 의사결정을 하면 소액주주가 적대적 인수합병을 통해 경영자를 교체할 수 있으므로 적대적 인수합병의 위협 역시 경영자가 주주가치를 극대화하도록 유도하는 시장규율방식의 제재장치라고 할 수 있다.

한편 최근 들어 기업지배구조의 투명성과 건전성을 높이는 규율장치로서 스튜어드십 코드(stewardship code)에 대한 관심이 높아지고 있다. 스튜어드(steward)라는 영어 단어는 '충직한 집사'라는 뜻으로 서양에서 집사는 큰 저택에서 집안일을 맡아 보는 사람이다. 국민연금 등 기관투자자는 고객이 맡긴 돈을 선량하게 관리해야 할 의무가 있으므로 일종의 집사 역할을 한다고 볼 수 있다. 스튜어드십 코드는 국민연금 등 기관투자자가 집사처럼 기업의 의사결정에 적극 참여하여 경영자가 주주와 기업의 이익을 극대화하도록 유도하는 자율지침이다. 우리나라 3대 연기금인 국민연금, 사학연금, 공무원연금이 모두 스튜어드십 코드를 도입하여 사용 중이다. 총수일가의 갑질 논란으로 사회적 공분을 일으켰던 대한항공의 경우 이 사건으로 주가가 큰 폭으로 하락하자 2대 주주였던 국민연금이 주주총회에서 회장 연임안 표결에 반대해 경영권을 잃게 만들었다.

그러나 경영자인 대리인이 주주의 부를 극대화하도록 조련(discipline)하는 데 있어서 소송, 인수합병 등을 통한 시장규율방식의 경영통제수단보다는 내부통제방식에 의한 건전한 기업지배구조가 훨씬 더 사회적 비용이 적게 든다. 그 첫 번째 장치가 고품질의 외부감사인을 선임하여 회

계정보의 신뢰성을 높이는 것이다. 경영자가 주주의 이익을 위해 열심히 일했는지 볼 수 있는 증거 중 하나가 바로 재무수치이다. 회계수치의 신뢰성이 낮으면 경영자가 주주의 이익을 위해 일했는지 아닌지를 정확히 판단할 수 없으므로 경영자로 하여금 주주의 이익을 위해 일하도록 통제하기 어렵다. 고품질의 **외부감사인**은 전문지식을 가지고 경영자와는 독립적인 입장에서 경영자가 제시한 회계수치를 검증함으로써 경영자가 주주의 이익을 위해 일했는지 정확히 판단할 수 있게 도와준다. 그러나 아무리 외부감사인이 노력을 기울여도 내부정보의 접근에는 한계가 있을 뿐만 아니라 회사에 의해 외부감사인이 선임되고 감사보수가 지급되기 때문에 경영자가 주주의 이익에 반하는 행동을 할 수도 있다.

두 번째 내부통제방식의 기업지배구조는 바로 **내부감사인**(팀)의 효율적인 운영이다. 외부감사가 기업 외부의 제3자, 즉 회계법인이 하는 것이라면 내부감사는 기업 내부의 감사부서나 감사 등이 수행한다. 내부감사인은 회계기록이 공정하고 정확하게 작성되고 있는지를 감사하고, 회사 내부의 각 조직단위의 직무가 확실히 수행되고 있는지를 평가한다. 내부감사인은 전문성도 있고 내부정보에 쉽게 접근할 수 있으므로 공정한 회계정보의 전달을 위해 매우 중요한 역할을 담당한다. 그러나 내부감사인은 경영진의 지휘·감독을 받을 뿐만 아니라 기업으로부터 급여를 지급받는 동시에 고용 상태에 있기 때문에 경영진으로부터의 독립성이 상대적으로 낮다는 문제가 있다.

세 번째 내부통제방식의 기업지배구조는 효과적인 **이사회**(board of directors)의 운영이다. 이사회는 사내이사인 집행임원과 사외이사로 구성된다. 이사회가 경영진을 견제하는 역할을 제대로 수행하기 위해서는 이사의 전문성과 독립성이 높고, 이사회 활동이 활발해야 하며, 다양한 전문가들의 집단으로 구성되어 다양한 가치를 의사결정에 반영할 수 있어야 한다. 만약 이사회의 이사가 회사 대주주의 친인척으로 구성되어 있다면 독립성과 전문성이 낮을 가능성이 높다. 이사회가 제대로 운영되려면 이사들이 회계와 재무 분야에 전문지식이 있어야 하며, 사외이사가 과반수를 넘어야 독립성을 유지할 수 있다. 그러나 아무리 이사회의 구성원이 전문성과 독립성을 갖추었다 하더라도 이사회가 자주 개최되고, 이사회 참여율이 높으면서 의견개진이 자유로울 때 이사회가 경영진을 견제하는 역할을 제대로 수행할 수 있다. 사외이사의 독립성을 높이기 위하여 사외이사의 임기는 6년으로 제한된다.

감사위원회는 조력자이자 감시인

이사회의 하부위원회인 **감사위원회**(audit committee)는 주주의 대리인으로서 다른 대리인인 경영자를 감시하는 역할을 수행한다. 우리나라는 기업의 지배구조를 개선할 목적으로 이사회제도가 개선되는 시점인 1997년에 감사위원회를 도입하였다. 삼권분립의 정부 구도와 맞물려서 보면 경영자(집행임원)는 정부이고, 의결기구인 주주총회는 국회이며, 이사회 및 감사위원회는 감시 역할을 수행하는 사법부로 생각할 수 있다. 감사위원회는 경영진을 감시하는 역할을 한다는 점에서 내부감사인과 그 역할이 비슷하나 감사위원회는 대개 주주총회에서 선임된 사외이사들로 구성되기 때문에 내부감사인보다 독립성이 높다.

감사위원회는 이사의 직무집행을 감사하고 이사가 법령에 위반한 행위를 하거나 그러한 염려가 있을 때 이사회에 보고하는 업무감사 권한이 있다. 또한 회사의 재무제표와 내부회계관리제도 운영실태를 감사하는 회계감사 권한을 가진다. 재무보고의 질과 신뢰성을 확인하는 것은 감사위원회의 가장 중요한 역할이다. 그 밖에도 감사위원회는 외부감사인을 선정하고 보수를 결정하며, 연간 감사계획을 검토하고 감사수행 결과를 평가한다. 감사위원회 위원의 3분의 2 이상은 사외이사이고, 회계 또는 재무 전문가 1인 이상이 반드시 포함되어야 한다. 감사위원회의 사외이사 위원은 **외관상**(in appearance)과 **실질적**(in fact)으로 독립적이어야 한다.

감사위원회가 기업의 조직에서 유기적인 관계를 가지면서 긴밀하게 연관되는 세 개의 객체는 경영진, 외부감사인, 내부감사인이다. 감사위원회는 외부감사인과 기업 간 대화창구로서의 역할을 수행한다. 감사위원회는 외부감사인을 누구로 선임할 것인지 결정하는 단계에서부터 외부감사업무 수행을 감독하고 외부감사 결과를 평가하는 단계까지 기업과 외부감사인의 관계에서 가장 중요한 역할을 담당한다. 외부감사와 관련하여 특히 강조되는 것은 감사위원회와 외부감사인 간 의사소통이다. 감사위원회는 경영진 참석 없이 외부감사인과 수시로 만나 외부감사와 관련된 주요 사항을 논의할 필요가 있다. 감사품질이 높으면 경영자가 기회주의적 행동을 하기 어렵다는 점에서 감사위원회가 외부감사인을 잘 선정하고 감독하고 의사소통하는 것은 경영자가 주주의 이익을 위해 움직이게 하는 데 일조한다. 그러나 외부감사인은 회사에 상주하지는 않기 때문에 역할이 아무래도 제한될 수밖에 없으며, 내부정보에 대한 접근도

"WE DON'T WANT YOU TO VIEW THIS AUDIT COMMITTEE AS BEING IN ANY WAY CONFRONTATIONAL"

내부자보다는 상대적으로 어려울 수밖에 없다. 반면에 내부감사인은 전문성도 있고 내부정보에 대한 접근성도 높으나 기업에 고용되어 있기 때문에 독립성이 상대적으로 낮다는 문제가 있다.

따라서 감사위원회가 경영통제장치로서 효과적이려면 감사위원회가 외부감사인뿐 아니라 내부감사인과도 긴밀한 협조관계를 유지하는 것이 중요하다. 특히 감사위원회 위원이 전원 사외이사이면 독립성은 높을 수 있지만 일상적인 감사를 상시로 수행할 수 없다는 한계가 있으므로 내부감사인의 적극적인 조력이 필요하다. 즉, 내부감사인이 **감사위원회의 눈과 귀**(eyes and ears for the audit committee)가 되어 회계와 관련된 일상적인 감시활동을 수행해야 한다. 외부감사인이 교체를 당하면 계약이 종료되는 반면, 내부감사인은 고용 자체가 중단된다. 따라서 내부감사인이 해고의 두려움 때문에 감사위원회를 지원하여 경영진을 감시하는 역할을 제대로 수행하지 못하는 것을 방지하기 위해서는 내부감사조직의 보고라인과 임명권을 경영진이 아닌 감사위원회가 가지는 것이 중요하다. 최근 조사에 따르면 코스피 200에 편입된 상장회사 중 감사위원회 업무를 지원하는 내부감사부서가 있는 기업은 175개에 달했으나, 이 중 감사위원회가 보고라인과 임명권을 가진 기업은 17개에 불과하였다.[1)]

지배구조 관점에서 본 엔론사태

미국 회계부정의 대명사가 된 엔론사태는 2002년에 주가 폭락과 금융시장의 혼란을 초래하여 경제의 근간을 뒤흔드는 파장을 가져왔다. 엔론은 1990년대 에너지 유통과 중개 사업을 바탕으로 급성장하여 2000년

1) 2022 Audit Committee Outlook, 삼정KPMG ACI, 2022.8.

Fortune지가 발표한 세계 500대 기업에서 16위를 차지하였으며 미국 내에서는 전체 7위의 규모를 자랑하는 초대형 회사였다. 엔론은 세계에서 가장 존경받는 기업 25위에 오르기도 하였고(Fortune지 선정), 영국의 Financial Times는 2000년 최고의 에너지업체로 엔론을 선정하는 등 한때 가장 혁신적이고 창조적인 기업경영의 모범사례가 되기도 하였다. 1991년부터 2000년까지 엔론의 주가상승률은 1,415%로 평균보다 3배 이상 높았으며 1990년대 후반 엔론의 주가는 주당 90달러에 육박할 정도로 투자자들의 관심을 받았다.

그러나 2001년 3/4분기에 엔론은 저조한 실적을 발표하고 계속되는 회계정보 조작 의혹과 미국 증권거래위원회(SEC)의 내부자거래 조사 및 신용평가기관인 무디스의 신용등급 하락 조치가 겹치면서 결국 파산을 신청하게 되었다. 엔론 파산 후 6개월여 만에 Lay 회장이 심장병으로 돌연 사망함에 따라 2006년 10월 23일 미국 휴스턴 지방법원은 엔론의 파산을 초래한 회계부정 및 회사자금 착복 스캔들의 주역인 Skilling에게 24년 4개월의 징역형을 선고하여 모든 것을 부담하게 하였다. Skilling은 사

엔론의 주가추이(2001~2002년)

기, 불법공모, 허위진술 등의 혐의가 적용되었다. 한편 미 연방 검찰은 미국 최대 기업사기 사건으로 규정된 엔론 스캔들로 인한 피해자들의 피해를 보전하기 위해 약 1억 8천만 달러의 징벌적 배상을 선고하였다. 엔론은 **특수관계자 거래**(related-party transactions)를 회사의 손실을 은폐하는 도구로 이용하였다. 엔론은 특수목적법인(Special Purpose Entity : SPE)을 설립하고 부실한 자산을 SPE에 양도한 후, SPE가 엔론이 떠넘긴 부실 자산 때문에 막대한 손실을 입자 지급보증을 해 주었다. 하지만 엔론은 그 내용을 재무제표에 표기하지 않는 부외거래로 처리함으로써 회사의 재무상태를 실제보다 좋게 보이게 만들고 회사의 손실을 은폐하였다. 특히 당시 엔론의 CFO는 자신이 소유하고 있는 회사 또는 파트너십과 엔론의 거래를 발생시켜 엔론의 손실을 은폐하는 등 적극적으로 회세조작을 주도함과 동시에 이러한 거래를 통해 개인적인 이득을 취하였다.

이와 같은 엔론사태가 어떻게 미국과 같이 자본시장이 발달한 나라에서 일어날 수 있었을까? 첫 번째 원인으로 최고경영자에게 주어진 지나친 기대와 권한, 그리고 스톡옵션으로 대변되는 보상체계가 지적된다. 증권시장이 최고경영자에게 지나치게 높은 매출 및 이익 증가율을 강요하고 또한 경영자들이 부여받은 스톡옵션의 가치가 주가에 연동되어 있으므로 경영자는 회계장부를 그럴 듯하게 꾸며 주가를 높이려는 유혹이 클 수밖에 없다. 엔론의 최고경영자인 Lay는 5백만주, Skilling은 80만주가 넘는 스톡옵션을 가지고 있었고, 이 스톡옵션을 아무런 제약 없이 3년 이내에 팔 수 있었다. 스톡옵션은 임직원이 자사 주식을 행사기간 내에 미리 정한 가격으로 살 수 있는 권리로 주가가 오르면 보상규모도 커지기 때문에 잘 활용하면 경영진과 주주의 이해관계를 일치시킬 수 있는 보상체계이다. 하지만 스톡옵션 등 경영진에 대한 지나친 유인보상체계는 경영진이 재임 중 무리한 사업 확장이나 이익 부풀리기 등을 통해 주가를 끌어올려 최대한 성과급을 많이 챙기려는 단기업적주의에 몰두하게 함으로써 기업의 중장기 가치제고 노력을 등한시하는 부작용을 초래할 수 있다.

두 번째 원인은 경영자의 물질만능주의에 찌든 경영윤리의식의 결여이다. 엔론 경영진의 막강한 권한은 이사회를 무력화시키고 감사를 맡은 회계법인조차 잠재웠다.[2] 엔론이 파산하기 두 달 전 경영진 회의에서 Watkins 재무담당 임원은 회사의 회계처리에 중대한 문제가 있음을 밝히고 이를 시정하지 않을 경우 큰 문제가 될 것이라고 경고하였다. 엔론이 파산신청을 하기 직전 당시 회장과 CEO를 비롯한 일부 고위 경영진들은 자신의 주식 전부 또는 일부를 매각하였으며, 특히 Lay 회장과 Skilling 최고경영자는 수천만 달러어치의 주식을 매각하는 등 회사 내부정보를 이용한 부당행위를 하였다.

세 번째 원인은 이사회가 제 기능을 하지 못했다는 점이다. 이사들은 시간, 전문성의 부족으로 회사 사정을 잘 모를 뿐만 아니라 회계에 대한 충분한 전문지식이 부족하여 부외거래와 파생상품 등 복잡한 엔론의 회계처리를 제대로 이해하지 못하였다. 엔론의 감사위원회 위원들은 상대적으로 회계와 재무에 전문성이 있고, 대부분 사외이사로 구성되어 있었지만 방대한 이슈를 다루기에는 회의시간이 충분하지 않았던 것으로 보인다. 예를 들면, 2001년 2월 초에 있었던 회의에서 엔론의 감사위원회는 회사가 회계기준을 잘 준수하고 있는지, 내부통제는 잘 작동하고 있고 앞으로 감사계획은 무엇인지, 관계회사와 거래에 관한 회사의 회계처리와 공시는 적정한지 등에 관해 감사인인 Arthur Andersen으로부터 보고를 받았다. 그런데 이때 걸린 총시간이 85분에 불과하여 감사위원회에서 감사인의 독립성이나 의심이 가는 회계처리에 대해 문제를 삼을 만

2) 실제 자료를 보면 부정을 저지른 인물이 최고경영자인 경우가 전체의 70.8%, CEO 외 다른 고위 경영자인 경우가 19.4%를 차지해 회계부정의 90% 이상이 고위 경영자가 주도한 것으로 나타나고 있다.

큼 심도 있는 논의가 이루어지지 않은 것이 문제였다.

네 번째 원인은 회계부정을 묵인한 회계법인의 책임을 들 수 있다. 엔론의 감사인인 Arthur Andersen 역시 감사를 하는 과정에서 너무 느슨하게 회계기준을 적용한 것에 대해 비난을 면할 수 없다. 특히 Arthur Andersen은 엔론으로부터 감사보수로 2천 5백만 달러를 받은 데다 컨설팅 수수료로 2천 7백만 달러를 받았다. Arthur Andersen 입장에서 엔론은 회계법인의 매출에 중요한 기여를 하는 고객이기 때문에 계속하여 회계감사 및 컨설팅 계약을 따내기 위해 엔론의 부당한 요구에 침묵할 수 밖에 없었다.

다섯 번째 원인은 기관투자자와 재무분석가가 사적인 이해관계로 인해 제 기능을 다하지 못한 것이다. The Economist, Fortune 등이 엔론의 성과에 대해 의문을 제기하면서 엔론의 주가가 과대평가되었을 가능성을 제기했음에도 불구하고 Fidelity 등 기관투자자들의 지분은 2001년 10월까지도 여전히 60%에 이르렀으며, 2001년 12월 엔론이 회계부정을 저질렀다는 뉴스가 나온 후에야 10%까지 줄었다. 이와 같이 펀드매니저들이 엔론의 문제에 대해 신속하게 대응하지 않은 이유는 회계부정에 의해 잘못 판단했을 수도 있고, 재무분석가의 매수추천에 의해 오도된 것으로 보인다.

재무분석가 역시 엔론사태가 일어난 후에 엄청난 비난에 시달려야 했다. 엔론이 파산신청하기 두 달 전에 재무분석가의 추천 정보를 모아서 유포하는 First call은 매수를 추천하였다. 심지어는 2001년 10월에 회계부정의 문제가 불거져 나온 시점에도 Lehman Brothers, UBS Warburg, Merrill Lynch는 여전히 매수 강력추천 또는 매수 추천을 표명하였다. 엔론은 투자중개업무 수수료로 1억 2천 5백만 달러를 지급한 투자은행의 최대 고객 중 하나였기 때문에 투자은행에 소속된 재무분석가들은 엔론의 회계부정 문제에 신속하게 반응할 수 없었던 것으로 보인다.

미국은 엔론사건과 연이어 발생한 월드컴사건 등을 계기로 한층 더 기업지배구조와 내부통제에 대한 감독을 강화하게 되었으며 회계부정 방지와 회계투명성 확보를 위하여 2002년에 **사베인스-옥슬리법**(Sarbanes-Oxley Act : SOX)을 제정하였다. 이 회계개혁법은 외부감사인의 독립성을 제고하고 기업의 재무제표 작성 책임을 강화하였으며, 특히 감사위원회에 의한 회계감독이 회계투명성 확보의 핵심적 장치임을 명백히 표명하였다. SOX 이전에는 미국에서조차 감사위원회의 회계감독 역할과 이를 위한 전문성과 독립성 확보를 명문화한 규정이 없었다. SOX는 경영진 스스로 재무보고에 대한 내부통제제도(우리나라의 내부회계관리제도)를 구축·운영하도록 의무화하고, 감사위원회에 내부통제제도를 감독하는 역할을 부여하였다. 또한 외부감독장치로서 내부통제제도가 유효하게 작동하는지를 외부감사인으로부터 감사받게 하였다. 우리나라도 1997년 외환위기 이후 회계투명성을 확보하기 위한 제도적 장치의 일환으로 1999년 감사위원회를 도입하고, 지속적으로 회계개혁을 수행해 왔다. 또한 내부통제제도의 중요성을 강조한 SOX의 Section 404 규정을 받아들여 내부회계관리제도[3]를 도입·운영함으로써 부정과 회계오류의 발생을 줄여 회계정보의 신뢰성을 높이고자 하고 있다.

뉴욕증권거래소는 상장규정요건에서 이사회의 독립성과 활동성 그리고 전문성 요건을 강화하면서 기업지배구조에 대한 새로운 규범을 제시하였다. 이와 같은 규범들은 엔론사태에서 드러난 지배구조의 총체적 부실에 착안하여 만들어진 것이며, 이러한 규범들이 정착될 경우 기업경영은 더 투명해질 것으로 기대된다. 그러나 아무리 좋은 규범이라 하더라

3) 내부회계관리제도란 회사의 재무제표가 회계기준에 따라 작성·공시되었는지의 여부에 대한 합리적 확신을 제공하기 위해 설계·운영되는 내부통제제도의 일부분으로서 회사의 이사회, 경영진 등 모든 조직구성원들에 의해 지속적으로 실행되는 과정을 의미한다.

도 최고경영진의 **투명경영**에 대한 의지와 철학이 뒷받침되지 않는다면 지배구조조차 무시될 수 있음을 우리는 과거 교훈을 통해 배웠다. 따라서 회사 경영진이 투명한 기업경영을 최우선으로 삼는 것과 성공에 대한 지나친 집착을 버리는 것도 중요한 문제해결의 요소이다.

지배구조의 양호를 판단하는 기준

학술연구와 투자업계 보고서에 따르면 기업지배구조가 좋을수록 상대적으로 높은 주가가 형성된다. 이 때문에 정부차원에서의 제도 개선 노력뿐 아니라 기업도 자발적으로 기업지배구조를 개선하고 이를 투자자들에게 홍보하기 위하여 적극 나서고 있다.

그렇다면 어떤 기준으로 기업지배구조가 우수한지 그렇지 않은지를 판단할 수 있을까? 우리나라는 대기업으로 하여금 기업지배구조 핵심원칙 준수 여부를 '기업지배구조보고서'에 공시하게 함으로써 기업들이 자율적으로 기업지배구조를 개선하도록 유도하고 있다.[4] 기업지배구조보고서의 마지막 장에는 15개 항목의 기업지배구조 핵심지표의 준수 여부가 ○, ×로 표시되어 있어 기업간 기업지배구조의 특징과 기간간 기업지배구조의 개선 여부를 손쉽게 비교할 수 있다.

---

4) 기업지배구조보고서는 2017년 한국거래소 자율공시로 최초 도입되었다. 2019년부터 자산규모 2조원 이상 코스피 상장회사는 의무적으로 기업지배구조보고서를 공시해야 하며, 2022년부터는 자산규모 1조원 이상 코스피 상장회사로 확대되었다.

삼성전자의 기업지배구조보고서 중 기업지배구조 핵심지표 준수 현황(2022년)

구 분	핵심지표	준수 여부		준수 여부 표기에 대한 구체적 근거와 상세 설명	전년도 준수 여부		비 고
		○	×		○	×	
주주	① 주주총회 4주 전에 소집공고 실시	○		주주총회 29일 전 공고 실시	○		
	② 전자투표 실시	○		제51기 정기주주총회부터 시행 중	○		
	③ 주주총회의 집중일 이외 개최	○		주주총회 집중일 이외에 개최	○		
	④ 배당정책 및 배당실시 계획을 연 1회 이상 주주에게 통지	○		주주환원정책 및 향후 계획에 대해 IR설명회, 공시 등을 통해 안내 중	○		
이사회	⑤ 최고경영자 승계정책(비상시 선임정책 포함) 마련 및 운영	○		승계정책을 성문화하여 운영 중이며, 지속적으로 보완·개선 중	○		
	⑥ 내부통제정책 마련 및 운영	○		리스크관리, 준법경영, 내부회계관리, 공시정보관리 등 내부통제정책 마련·운영 중	○		
	⑦ 이사회 의장과 대표이사 분리	○		2018년 3월부터 분리 운영 중	○		
	⑧ 집중투표제 채택		×			×	
	⑨ 기업가치 훼손 또는 주주권익 침해에 책임이 있는 자의 임원 선임을 방지하기 위한 정책 수립 여부	○		성문화된 경영원칙, 이사회에서 정한 임원 선임, 처우, 제재 등에 관한 내부규정을 바탕으로 임원 선임 및 임원직 유지 여부에 대하여 회사 및 주주가치 제고를 위한 제반 사정을 종합 검토하는 프로세스 운영 중	○		
	⑩ 6년 초과 장기재직 사외이사 부존재	○		해당사항 없음	○		
감사 기구	⑪ 내부감사기구에 대한 연 1회 이상 교육 제공	○		2022년 5월, 7월 내부감사기구 교육 실시	○		
	⑫ 내부감사부서(내부감사업무 지원 조직)의 설치		×	감사팀은 경영지원실 소속으로 내부감사 업무 및 감사위원회 지원업무 수행 중		×	
	⑬ 내부감사기구에 회계전문가 존재 여부	○		감사위원회 내 회계전문가(김한조 이사) 존재	○		
	⑭ 내부감사기구가 분기별 1회 이상 경영진 참석 없이 외부감사인과 회의 개최	○		분기별 1회 이상 개최 중	○		
	⑮ 경영 관련 중요정보에 내부감사기구가 접근할 수 있는 절차를 마련하고 있는지 여부	○		감사위원회 규정에서 영업보고요구권 및 업무재산 조사권 등 권한 명시	○		

핵심 포인트

기업지배구조는 기업의 여러 이해관계자들간의 관계를 조정하는 메커니즘으로 기업가치의 극대화를 위해 대리인비용과 거래비용을 조정하는 장치이다. 이 중에서 내부회계관리제도의 구축과 감사위원회의 운영이 회계의 투명성을 제고하여 기업경영의 감시와 규율을 효과적으로 수행할 수 있다.

제8장

회계강국이 경제강국이다

우리는 개방적이고 투명하고자 하기 때문에 투자자는 우리에 대한 신뢰가 있다.

Because we are what we are open and transparent,
investors have confidence in us.

－Senior Minister of Singapore, Lee Kuan Yeow(Strait Times, 1999)

경제규모와 상반되는 회계투명성 평가

필자가 미국에서 박사과정에 있었을 때에 회계세미나에 참가할 때마다 무수히 많은 논문을 읽어야 했다. 그러다 박사과정을 마치고 학회나 심포지엄에서 논문에서만 접하던 소위 '대가(大家)'들을 만나볼 수 있는 기회가 생겼다. 그런데 한 가지 놀라운 사실은 그 잘나가는 교수들 대부분이 호주 출신이라는 점이었다. 또 호주만큼은 아니지만 뉴질랜드, 캐나다, 홍콩, 싱가포르 출신의 교수들도 유독 연구활동을 활발하게 하는 듯하였다. 대체 이들 나라가 갖는 공통점은 무엇일까라고 항상 의아해하곤 했다. 가만히 생각해 보면 대부분 영연방국가였고 영국의 지배를 받았지만 지리적으로 멀리 떨어져 있고, 문화적 다원주의를 인정해 주었던 만큼 영국이 이들 국가를 효율적으로 지배하기 위해서는 회계시스템이 필수적인 것이 학문의 발달에 영향을 미친 게 아닐까 생각해 보았다. 예전에는 인문사회분야에서 우수한 학생들이 경제학과를 선호하던 시절이 있었는데 호주에서는 가장 똑똑한 학생들이 가장 선호하는 학과가 회계학과라는 점이다.

그렇다면 왜 회계학이 가장 선호되는 전공일까라는 생각을 해보면 그만큼 회계의 중요성이 사회 전반에 인식되어 있고, 회계사와 회계담당자가 충분히 인정받는 사회구조이기 때문이었다. 호주의 땅덩어리는 대한민국의 77배에 달하지만 인구는 2천만 명에 불과해 한국의 절반도 안 되는 조그마한(?) 나라이다. 홍콩은 제주도 면적의 2/3에 불과하고 인구는 7백만 명이며, 싱가포르는 제주도 면적의 40%에 인구는 6백만 명에 불과하다. 작지만 강한 호주, 홍콩, 싱가포르의 공통점은 영연방국가라는 점 이외에도 **회계강국**이라는 점이다.

중국은 지난 1978년 등소평의 시장개방정책 이래 매년 평균 8~9%의 경제성장을 지속해 왔다. 등소평의 '검은 고양이든 흰 고양이든 쥐만 잘 잡으면 된다'는 흑묘백묘론(黑猫白猫論) 이후 실용주의 노선에 근거한 중국의 개혁개방정책이 이제 만개하고 있다. 중국이 정부주도 체제하에서 시장주도 체제로 변화하면서 등소평은 공산주의든 자본주의든 돈을 많이 벌 수 있는 체제가 좋은 체제라면서 '부유할 수 있는 사람은 먼저 부유해져라'는 선부론을 주장하였다. 등소평이 싱가포르를 방문했을 때 같은 사천성 출신의 리콴유 총리에게 중국의 개방정책에 대한 조언을 부탁하자, 리콴유 총리는 변호사와 회계사 각각 50만 명을 양성하라는 조언을 했다고 한다. 리콴유는 『내가 걸어온 일류국가의 길』이라는 책에서 "같은 유교사회인 홍콩과 싱가포르가 한국과는 달리 금융대란을 잘 견디는 데에는 협상 결과에 대한 엄격한 구속력, 공개적인 입찰, 공평한 은행대출이 지켜진 것 이외에도 국제기준에 맞는 회계기준이 적용되고 있기 때문"이라고 말하였다.

그렇다면 도대체 회계가 왜 그렇게 중요할까. 우리는 1997년 이익을 내고 멀쩡하던 기업이 줄줄이 부도가 나고 넘어지는 것을 보면서, 회계투명성의 중요성을 절감하게 되었다. 이에 따라 정부주도하에 **회계투명성** 제고를 위한 다양한 노력을 기울여 왔다. 1999년에는 독립 민간기구인 한국회계기준원을 설립하여 회계기준을 제정하도록 관련 법령을 개정하였으며, 내부회계관리제도 및 증권관련 집단소송제도를 도입하였다. 이처럼 선진화된 회계 및 공시제도를 갖추었음에도 불구하고, 해외 국가경쟁력 평가기관들은 우리나라의 회계신인도를 여전히 낮은 수준으로 평가하고 있다.

우리나라의 국가경쟁력은 2022년 기준 총 63개국 중 27위를 기록하였으며, 세계수출 순위는 6위이다. 국내총생산(GDP) 규모도 2022년 기준으로 10위에 올랐으며, 경제전문지 Fortune이 선정한 2022년 글로벌 500대 기업에는 한국기업 16개가 포함되었다. 그런데 안타깝게도 국가경쟁력을 평가하는 스위스 연구기관인 IMD의 2022년 연구보고서에서 한국의 회계투명성은 평가대상 63개 국가 중 53위인 것으로 나타났다. 이와 같은 평가는 한국의 경제규모가 10위인 것을 감안하면 매우 충격적이라 하지 않을 수 없다.

아, 코리아 디스카운트!

코리아 디스카운트(Korea Discount)란 우리나라 기업이 다른 경쟁국가의 기업과 비교하여 수익성이나 자산가치가 동일함에도 불구하고 상대적으로 기업가치가 낮게 평가되는 것을 의미한다. 기업간의 상대적인 주가를 평가하는 지표로 주가수익비율(price to earning ratio : PER)과 자산가치대비주가(price to book value ratio : PBR)가 가장 많이 사용된다. PER는 순이익 1단위가 시장에서 몇 배의 주가로 평가되는지를 나타내는 지표이고, PBR은 주당 장부상 자산 1단위가 시장에서 몇 배의 주가로 평가되는지를 나타내는 지표이다. 한국거래소가 분석한 자료에 따르면 2022년 말 기준 코스피 200의 PER와 PBR은 각각 11.3과 0.9로 선진국(PER 17.9, PBR 2.9)은 물론 신흥국(PER 12.5, PBR 1.6)보다도 낮다. 이는 한국기업의 주가가 다른 경쟁국가의 기업과 비교해 시장에서 저평가되고 있음을 의미한다. 한국기업이 Moody's의 신용등급에서 상위그룹에 속하는 것을 감안할 때 결과적으로 이러한 저평가 원인이 국가신용위험에 있다고 보기는 어렵다. 전문가들은 우리나라 기업의 주가가 저평가되는 이유로 한국기업의 낮은 회계신인도를 꼽고 있다.

이처럼 낮은 회계신인도는 코리아 디스카운트의 주요한 원인이자, 우리나라 금융시장의 국제경쟁력을 저해하는 요인이다. 회계투명성이 낮으면 기업가치를 평가할 때 높은 할인율이 적용되기 때문에 동일한 미래 현금흐름에 대해서 더 낮은 가치로 평가될 수밖에 없다. 만약 삼성전자가 영업실적이 비슷한 대만의 경쟁기업의 가치만큼 인정받는다면 삼성전자의 주가는 1.74배 더 오를 수 있다.[1] 회계가 투명하지 않으면 아무리 물건을 잘 만들어도 제값을 받을 수 없으며, 돈을 빌려도 비싸게 빌리게 된다.

홍콩, 싱가포르, 네덜란드, 호주 등은 작지만 강한 나라이다. 이들 국가의 경쟁력은 투명한 회계에서 나온다. 회계는 단순한 지원기능에 그치는 것이 아니라 한정된 자원을 투명하고 공평하게 배분될 수 있게 한다. 투명성은 의사결정이 효율적으로 이루어지게 하는 경제의 기본 인프라이다. 공평한 분배는 독일의 철학자 Kant가 말하는 이성과 도리에 근거한 정의로움이다. 기업과 공공부문 모두 지속가능한 경쟁력을 갖추고,

1) 2022년 말 기준 삼성전자의 PER는 6.86에 불과한 데 반해 대만기업 TSMC의 PER는 11.94로 삼성전자의 PER의 1.74배 수준이다.

공정사회를 이루며 사회적 갈등을 합리적으로 풀려 한다면 회계가 투명해져야 한다. 회계강국이 경제강국이다.

IFRS! 주사위는 던져졌다

한국은 회계투명성의 중요성을 인식하여 2011년 국제회계기준(International Financial Reporting Standards : IFRS)[2]을 전면 도입하였다. 1997년 말 금융위기를 겪으며 IMF(국제통화기금)와 IBRD(국제부흥은행)는 우리나라에 자금을 빌려주는 대신 금융개혁을 요구했는데, 그중 하나가 바로 IFRS 도입이었다. IFRS 도입 전 우리나라는 자체적으로 만든 회계기준을 사용해 왔다. IMF와 IBRD는 우리가 만든 회계기준이 기업들의 재무상태와 영업실적을 투명하게 보여주지 못해 기업의 부실에 시의적절하게 대처하지 못했고, 그 결과 금융위기가 발생했다고 진단하였다.

IFRS 도입으로 가장 크게 달라진 점은 개별재무제표 대신 연결재무제표가 쓰이게 되었다는 점이다. 연결재무제표는 지배회사와 종속회사가 마치 하나의 경제실체(회사)인 것처럼 보고 작성한 재무제표이다. 예를 들어 2022년 말 현재 삼성전자가 지배하고 있는 종속회사는 총 232개사이다. 연결재무제표는 삼성전자와 삼성전자가 지배하는 232개 종속회사가 합쳐져 하나의 회사가 되었다고 가정했을 때 그 가상의 회사의 재무제표를 만든 것이다. 삼성전자와 232개 종속회사는 법적으로는 독립된 별개의 회사이지만, 연결재무제표를 작성할 때에는 233개 사업부가 존재하는 하나의 회사로 간주된다. 만약 지배회사와 종속회사 간에 내부거래가 있었다면 연결재무제표의 관점에서 이는 회사간 거래가 아닌 부서간

2) 기업의 회계처리와 재무제표에 대한 국제적 통일성을 높이기 위해 국제회계기준위원회(IASB)에서 마련해 공표하는 회계기준이다.

거래에 불과하기 때문에 제거해야 한다. 지배회사와 종속회사의 당기순이익의 합계가 10억원인데 이 중 지배회사가 종속회사에 토지를 매각하고 얻은 이익 3억원이 있다면 3억원을 제외한 7억원이 연결재무제표에 당기순이익으로 표시된다. 따라서 지배회사가 종속회사와의 내부거래를 통해 매출이 늘었거나 상당한 이익이 인식되어 있다면 장부에서 제거되기 때문에 경영실적이 나빠질 수 있다. 또한 지배회사가 우량한 종속회사를 많이 보유하고 있다면 연결재무제표를 작성함으로써 긍정적인 효과를 볼 수 있지만, 부실한 해외법인을 소유한 기업이면 부채비율이 높아진다. 기업들의 진짜 실력이 가려지게 되는 셈이다.

IFRS가 도입되면서 달라진 또 하나는 자산 및 부채의 '**공정가치**' 평가가 확대되었다는 점이다. 토지 · 건물 등 유형자산은 물론 무형자산, 금융상품, 투자부동산 등이 모두 공정가치 평가대상에 포함되었다. 우량자산을 가진 기업들에 유리한 조건이다. 그러나 공정가치 평가 대상 자산에 대한 활성시장이 없는 경우에는 평가기법이 완벽하지 않기 때문에 공정가치 측정상 문제가 발생할 수 있다. 활성시장의 대표적인 예는 한국거래소이다. 상장주식은 한국거래소에서 공시되는 가격이 있으므로 이 가격을 공정가치로 사용하면 되지만 비상장주식은 활성시장이 없으므로 정확한 공정가치를 알기 어렵다. 공정가치 측정과정에서 주관적 판단이 개입되면 이익조정 가능성이 높아진다.

IFRS 도입으로 세 번째로 달라진 점은 회계기준이 **규정중심**(rule-based)에서 벗어나 **원칙중심**(principle-based)으로 바뀌면서 기업의 회계담당자와 외부감사인의 **전문가적 판단**(professional judgment)이 더욱 중요하게 되었다는 점이다. 규정중심 회계는 회계처리를 어떻게 할지 일일이 열거하는 방식인 반면 원칙중심 회계는 회계처리의 큰 원칙만 제시하고 회사에 재량권을 부여한다. 개별 기업이 처한 상황이 다르므로 기업 스스로 자신의 상황을 가장 잘 반영하는 방식으로 회계처리하라는 취지이다. 1997년의 유동성위기와 2008년의 금융위기를 겪으면서 일부 기업들이 사전에 예측하지 못한 거래를 만들어 엄격한 회계기준을 피해감으로써 규정중심의 접근방식을 무력화시킨 것을 보아왔다. 예전 기준대로라면 회계처리에 대한 세세한 규정을 모두 지켜야 했지만 IFRS하에서는 기업 스스로 적정한 회계처리방법을 선택할 수 있다. 재무제표 역시 최소한의 계정과목만 제시하는 양식이고, 세부순서나 형식 등에는 표준양식이 없다.

IFRS가 국내에 도입된 지 10여년이 지났지만, IFRS 도입이 회계투명성 개선과 코리아 디스카운트 해결에 실질적 효과가 있었는지에 대해서는 여전히 논란이 적지 않다. IMD 보고서에 따르면 우리나라의 회계투명성 순위는 2017년 63위, 2018년 62위, 2019년 61위로 IFRS 도입 이후에도 여전히 최하위권을 벗어나지 못하고 있다. 2018년 주기적 감사인 지정제를 비롯한 신외감법 시행 후 2020년 46위, 2021년 37위로 순위가 급등하기도 했으나, 2022년 다시 53위로 추락했다. IFRS 도입에도 불구하고 여전히 회계신인도가 낮은 것은 제도의 후진성보다는 '운영의 불완전성'에서 그 원인을 찾아야 할 것이다. 아무리 좋은 제도라 하더라도 이를 운영하는 과정에서 제대로 지켜지지 않는다면 제도가 갖는 장점을 충분히 누릴 수 없기 때문이다.

전술한 바와 같이 IFRS는 영국 주도로 만들어진 원칙중심의 회계기준이다. IFRS 도입은 단순히 하나의 회계기준이 바뀌는 것이 아니라 **성문법**(code-law) 국가가 **관습법**(common-law) 기준을 받아들인 것으로 볼 수 있기 때문에 기업을 둘러싼 총체적 환경의 변화가 이루어진 것이다. 즉, 한국은 성문법 국가에서 지난 30년간 규정에 익숙해져 있었는데 하루아침에 원칙중심으로 바뀐 것이다.

원칙중심 회계의 적용과 관련해 가장 큰 화두가 되었던 사건이 바로 삼성바이오로직스(이하 "삼바") 분식회계이다. 삼바는 2012년 미국의 세계적인 제약회사 바이오젠과 함께 한국에 삼성바이오에피스(이하 "에피스")라는 합작회사를 설립하였다. 설립 당시 삼바와 바이오젠의 출자비율은 85 : 15였고, 바이오젠은 삼바가 소유한 에피스 주식을 살 수 있는 콜옵션을 가졌다. 만약 바이오젠이 콜옵션을 행사해 삼바가 가진 에피스 주식을 사들이면 삼바와 바이오젠의 출자비율은 85 : 15에서 대략 50 : 50으로 바뀐다. 설립 후 몇 년 동안 에피스는 계속 손실을 기록했다. 이 때문에 삼바는 바이오젠이 콜옵션을 행사할 확률이 매우 낮다고 판단해 에피스를 삼바가 단독지배하는 삼바의 종속회사로 분류하였다.

그런데 2015년부터 에피스가 개발 중이던 신약들이 해외에서 승인이 나기 시작했다. 삼바는 에피스의 기업가치평가를 외부 전문기관에 의뢰했고, 산출된 가치를 근거로 바이오젠이 콜옵션을 행사할 가능성이 높다고 판단하였다. 바이오젠이 콜옵션을 행사할 경우 삼바와 바이오젠의 출자비율은 대략 50 : 50으로 바뀌므로 삼바는 2015년부터 에피스를 삼바가 단독지배하는 '종속기업'에서 삼바와 바이오젠이 공동지배하는 '공동기업'으로 분류를 변경하였다. IFRS에 따르면 종속기업에서 공동기업으로 분류를 변경하면 장부가액이 아닌 공정가치로 평가할 수 있으므로 4조 5천억원의 평가이익을 인식할 수 있다. 그 결과 삼바는 2015년 2천억원의 영업손실에도 불구하고 에피스 주식의 공정가치 평가를 통해 1조 9천억원의 당기순이익을 보고한다. 회계기준 변경 하나로 적자기업에서 엄청난 흑자기업으로 바뀐 것이다. 이에 대해 감독당국은 2012년부터 에피스는 삼바와 바이오젠이 공동으로 지배하는 회사이기 때문에 2015년에 4조 5천억원의 평가이익을 회계처리한 것은 틀렸다며, 삼바를 고의분식 혐의로 검찰에 고발하였다.

삼바 회계처리에서 쟁점은 두 가지이다. 삼바가 2015년에 에피스를 단독지배하는 회사에서 공동지배하는 회사로 판단을 바꾼 것이 IFRS에서 말하는 원칙에 부합하느냐는 것과 활성시장이 존재하지 않는 에피스 주식에 대한 공정가치 평가가 적정한가이다. 삼바와 감독기관 중 누구의 주장이 맞는지는 고도의 전문적인 판단이 필요한 사안이며, 현재까지 소송이 진행 중에 있기 때문에 그 결과는 법원의 판단에 맡긴다. 주목할 점은 원칙중심 회계하에서는 기업이 회계처리에 상당한 재량권을 가질 수밖에 없는데, 회사의 회계 판단이 잘못되었다고 판정 나면 그 피해가 고스란히 투자자에게 돌아간다는 것이다. 삼바의 경우 2018년 10월, 고의 분식회계 혐의로 상장폐지 위기에 처하며 한 달가량 거래가 중지되었으며 주가가 절반 가까이 폭락하였다. IFRS는 원칙만 있을 뿐 정답이 주어지지 않기 때문에 해석하는 사람에 따라 정답이 다를 수 있다. 회사가 정답이라 생각했고 외부감사인 역시 이를 정답으로 확인해 주었는데 감독당국이 이를 오답으로 보아 처벌하게 되면 회사와 외부감사인은 자신이 쓴 답이 맞는지 자신할 수 없어 불안하고, 투자자 역시 회사가 제시한 재무제표를 믿기 어려울 것이다. 원칙중심의 회계기준이 정착되려면 관련된 모든 경제주체들의 인식이 바뀌어야 한다.

원칙중심의 회계기준은 구체적인 회계처리방법이 제시되지 않는 경우가 허다하다. 회사의 회계담당자는 회계기준의 의도를 정확히 파악하여 세부적인 실무지침을 스스로 정립해 나가야 하기 때문에 높은 수준의 회계전문성을 갖추어야 한다. 감사인도 건전한 상식과 전문가적인 판단에 기초하여 원칙에 대한 회사의 해석이 적절한지 소신껏 감사를 수행해야 한다. 회계담당자와 감사인은 공정가치 평가를 위해 가치평가방법과 측정방법에 대한 전문적 지식을 갖추고 있어야 한다. 원칙중심의 회계기준에서는 모든 상황을 규정해놓지 않았기 때문에 전문가의 합리적 판단이 요구된다. 감독기관은 권위적인 해석보다는 전문가의 건전한 판단을 존중해야 할 것이다. 한편 원칙중심하의 IFRS에서는 회계원칙의 예외적 적용이 거의 허용되지 않아 보고이익의 변동성이 확대될 것으로 보이기 때문에 시장에서는 이를 감안하여 회계정보를 활용해야 한다. 또한 회계기준 제정이 IASB에서 이루어지기 때문에 이를 받아들이기만 할 경우 우리나라 경영환경을 제대로 반영하지 못할 수 있다. 따라서 IFRS를 도입하기로 한 이상 IFRS 제정에 적극 참여해야 한다. 그 이유는 IFRS라고 해서 완벽한 회계기준이 아니며 IASB에서 미처 고려하지 못한 기업의 회계환경이 있을 수 있기 때문이다.

자본시장에서의 기본은 투자자 보호장치, 법률집행의 강도, 기업의 경제적 유인이 제대로 작동되어야 하며, 이를 뒷받침해 주는 것이 바로 회계투명성이라 할 수 있다. 한국은 경제규모에 있어서 세계 10위에 걸맞게 관련 법규와 제도를 마련하였음에도 불구하고 국가신인도나 회계투명성에 있어서는 여전히 높은 평가를 받지 못하고 있다. IFRS의 도입으로 제도적으로는 이제 손색이 없을 정도가 되었다. 그러나 더욱 중요한 것은 회계의 전문성과 독립성을 확보하고 그들의 전문가적 판단을 존중하고 원칙을 중시하는 구조가 정착되어야 비로소 회계투명성이 확보되고 주가가 적정하게 형성될 수 있다. 회계는 시장의 신뢰도와 국가신인도를 높임으로써 가치를 제대로 평가받게 하고 자원이 효율적으로 배분되게 하여 경제 전반의 근간을 이루는 인프라(infra)임을 다시 한 번 되새길 필요가 있다.

핵심 포인트

회계는 단순한 지원기능에 그치는 것이 아니라 한정된 자원을 투명하고 공평하게 배분될 수 있게 하는 경제의 기본 인프라이다.

제 Ⅱ 편

재무제표와 회계정보

제 9 장

회계정보와 의사결정

훌륭한 의사결정은 어느 직급에서든 중요한 기량이다.
Making good decisions is a crucial skill at every level.
—Management consultant, Peter Drucker

한동안 감성경영이 화두로 떠오르기도 하였다. 조직의 목표를 달성하기 위해서는 상호이익을 추구하고 인간의 따스한 가슴을 자극하는 감성엔진을 개발하며 감성역량을 배양할 필요가 있다는 것이다. 조직의 리더들은 조직 내 감성에너지를 모으는 팀워크를 구축하여 감성마인드에 의한 감성리더십으로 승화시킴으로써 장기적이고 지속적인 조직성과의 향상으로 연계시켜야 한다는 것이다. 우뇌를 통한 예술 감성적 감정이입, 창의적으로 큰 그림을 볼 수 있다는 시각이다.

그러나 이러한 감성적인 코드가 강조된다고 해서 객관적이고 과학적이며 체계적인 방법이 결코 덜 강조되어서는 안 될 것이다. 우뇌의 감성적인 부분도 좌뇌의 이성적인 판단이 전제될 때 의미가 있다. 따라서 감성경영이 이성경영을 대체하는 것이 아니라 서로 보완적인 의미가 큰 것으로 받아들여야 할 것이다. 즉, 감성경영이 효과를 보려면 이성과 계량적인 의사결정 및 기술적 역량의 강조가 뒷받침되어야 한다. 미국출신의 색소폰 연주자 Kenny G는 시애틀의 워싱턴 대학에서 회계학을 전공하여 우등으로 졸업하였다. 그가 음악을 전공하지 않고도 세계적으로 대중적인 성공을 거둘 수 있는 비결에는 어려서부터 밴드활동을 하며 노력을 한 것도 있겠지만 부드럽고 낭만적인 선율 속에 정확한 연주기법이 받쳐주었고 그것은 바로 회계에서 꼼꼼히 따져보는 관점과 조화를 이루었기 때문이 아닐까 추측해 본다.

기업경영과 관련된 의사결정은 최대한 객관적이고 과학적인 정보에 근거해야 한다. 미국의 사업가인 Watson은 의사결정이 성공적이려면 90%의 정보와 10%의 직감으로 이루어져야 한다고 말했다. 즉, 반드시 충분한 정보를 확보하여 그 정보에 근거하여 의사결정을 내려야 한다는 것이다. 뜨거운 가슴과 차가운 머리가 조화를 이루어야 한다. 경영자는 정보의 망망대해에서 즉각적이고 정확하게 유용한 정보를 획득해서 정확한 의사결정을 내려야 성공할 수 있다. 정보는 의사결정의 기초이며, 의사결정은 정보의 결정체이다.

최대한 객관적으로 따져본다

세네카는 '인간은 이성적인 동물이다'라고 하였다. 과연 그런가. 예를 들어, 버스를 30분 기다려도 오지 않으면 간혹 30분 기다린 것이 아까워서 끝까지 버티고 기다리는 경우가 있다. 중요한 것은 내가 얼마나 기다렸느냐 하는 것이 아니라 약속시간에 늦지 않게 목적지에 도착하는 것이다. 주머니에 돈이 있다면 택시를 타는 것이 합리적인 결정이다. 이와 같이 과거에 이미 발생한 원가로서 어떻게 해볼 수 없는 원가를 매몰원가(sunk cost)라고 한다. 의사결정을 할 때에 이 매몰원가를 배제해야 한다고들 하나 우리는 실제로 그러지 못하고 있다.

우리는 사람을 판단할 때 객관적이지 못한 경향이 있다. 미국 하버드 대학 출신의 사람을 만났다고 하자. 우리는 설령 그 사람이 어처구니없이 다른 사람에게 폭행을 가했다고 한다면 뭔가 그럴 만한 이유가 있을 것이라고 이해하려 든다. 반면에 폭행을 가한 사람에 대해 얘기를 들었다고 하자. 그리고 그 사람이 나중에 하버드 대학 출신이라는 알게 되면, 오히려 하버드 대학을 정말 나온 건지 의심하는 경향이 있다. 이와 같이 자신의 판단이나 시각을 일단 고정하면 잘 바꾸지 않으려는 경향을 시각고정(anchoring)이라고 한다. 이는 우리가 사물을 객관적으로 바라보고, 사람을 편견 없이 평가하는 것이 결코 쉽지 않음을 잘 보여준다.

대학에서 학생을 가르치고 있는 필자도 학생에 대한 선입견으로 인해 잘못 판단하는 우를 범하기도 한다. 중간시험에서 90점을 받은 한 학생이 기말시험에서 50점을 받았다 하면 뭔가 집안에 우환이 있거나 어디가 아프기 때문일 것이라고 생각한다. 왜냐하면 그 학생은 중간시험에서 90점이나 받은 똑똑한 학생이기 때문이다. 만약 한 학생이 거꾸로 중간시험에서 50점을 받고 기말시험에서 90점을 받았다면 기말시험에서 감독을 제대로 하지 못한 게 아닌가 하는 생각이 든다. 공부를 못하는 학생이 갑자기 40점이나 더 받았다는 것은 매우 이상하기 때문이다. 그러나 가만히 생각해 보면 공부를 열심히 하면 시험을 잘 보는 것이고, 사정이 있어 공부를 하지 못하면 시험을 잘 보기가 어려운 것이다. 이러한 간단한 사실을 간과하고 우리는 학생에 대한 선입견을 갖게 된다. 이처럼 우리는 수많은 의사결정과 판단을 할 때 우리의 선입견을 미처 깨닫지 못하는 경우가 허다하다.

과거의 전략, 기술, 제품 등이 어느 정도의 성과를 거두면 이를 바꾸려고 하지 않는 것도 일종의 고정화된 시각이다. Ford는 자동차색을 흑색으로만 고집하다 GM에 선두자리를 내주게 되었으며, IBM은 PC를 제일 먼저 개발했지만 높은 수익성을 안겨주는 대형컴퓨터에 도취되어 PC를 상품화하는 데는 소홀하였다. 메모용지를 돈 주고 살 사람은 아무도 없다는 비판에도 불구하고 3M은 '포스트 잇'이라는 접착식 메모지를 개발하였다. 1884년 미국인 워터맨은 만년필의 뚜껑을 돌려야만 열고 닫을 수 있는 것이 매우 불편하다는 점에 착안하여 돌리지 않고도 열고 닫을 수 있는 만년필을 개발하였다. 핼리혜성의 발견자는 일생 동안 무수히 많은 것들을 발견하였는데, 그는 '나는 끊임없이 그것들을 생각했을 뿐이다'라고 말하였다.

의사결정은 결국 사람이 하는 것이다. 그러나 위의 예에서 보듯이 사람의 인지나 판단이 항상 합리적으로만 이루어지는 것은 아니다. 최종적인 결정은 경륜에서 오는 통찰력과 직감에 의해 종합적으로 내려야 하겠지만 그 전까지는 주관적인 판단을 가급적 배제하고 과학적이고 합리적인 방법에 근거하여 객관적인 정보를 활용할 필요가 있다. 그 객관적이고 계량적인 정보로는 기업의 재무제표와 같은 회계자료(accounting data), 주가, 거래량과 같은 시장자료(market data), 경제지표, 경제시책, 기업의 투자계획 등과 같은 통계자료(statistical data)가 있다.

『머니볼(moneyball)』은 미국 프로야구 메이저리그 30개 구단 중 가장 가난한 구단 '오클랜드 애슬레틱스'가 4년 연속 포스트시즌 진출이라는 기적을 일으킨 성공 신화를 담은 책이다. 1989년 마지막 우승 이후 열악한 구단 재정상태 등의 이유로 그나마 실력 있는 선수들을 다른 구단에 뺏기기 일쑤여서 형편없는 팀으로 전락하고 만 오클랜드 애슬레틱스. 하지만 천재 단장 빌리 빈이 취임한 후에 하버드 대학에서 경제학을 전공한 피터를 영입하여 기존의 선수 선발방식과는 전혀 다른 파격적인 '머니볼' 이론에 따라 새로운 도전을 시작하였다.

그들은 발이 빠른 선수에게 매겨지는 시장가격, 평균적인 메이저리그 선수와 마이너리그 트리플A 선수 사이에 존재하는 역량의 차이 등

머니볼
경기 데이터에만 의존해 사생활 문란, 잦은 부상, 최고령 등의 이유로 외면받던 선수들을 영입해 '머니볼 이론'에 따라 기적을 이룬 감동의 영화

모든 것을 체계적이고 과학적으로 재검토하였다. 또한 경기 데이터에만 의존해 사생활 문란, 잦은 부상, 최고령 등의 이유로 다른 구단에서 외면받던 선수들을 팀에 합류시켰다. 그렇게 해서 그들은 저평가된 선수를 헐값에 사들이고 선수들에게 진정한 가치를 펼쳐 보일 수 있도록 기회를 제공하였다. 이들의 사례는 비과학적인 문화가 과학적 방식에 어떻게 대응하는지에 관한 예를 보여주는 것으로, 철저하게 경기기록과 자료에 의해 스포츠 분야의 의사결정을 함으로써 성공할 수 있음을 보여준 것이다.

회계의 힘

회계자료 또한 경영분야에서 과학적이고 체계적인 의사결정을 내릴 수 있도록 함으로써 한정된 자원을 효율적으로 활용하여 경영상의 목적을 효과적으로 달성할 수 있게 해준다. 회계자료는 회사에만 해당되는 것이 아니다. 우리도 회계정보를 만들어내고 이를 일상생활에 얼마든지 활용할 수 있다. 철학자 쇼펜하우어는 평생을 독신으로 살았다. 늘 아침 7시에 일어나 샤워를 한 다음 간단히 아침을 먹고 집필을 했다. 집필 이외에 그는 자신을 위해 맛있는 점심을 사먹고 가끔씩 오페라나 콘서트에 가곤 하였다. 그런데 쇼펜하우어는 점심을 싸게 먹을 수 있는 곳을 항상 일아놨고, 음악회 표는 늘 싼 좌석을 예약했으며, 하루도 거르지 않고 가계부를 적었다. 사실 쇼펜하우어는 상당한 유산을 물려받았기 때문에 돈을 아껴 쓰려 한 것은 단순히 구두쇠이거나 가난해서가 아니었다. 그는 철저하게 합리적인 의사결정을 내리고 싶었기 때문이었다.

가계부의 역사는 이탈리아가 고도성장하고 부자가 늘어나던 르네상스 시대에 시작되었다. 그때 부자들은 정확한 가계부를 기록해 나갔다. 그래야 더욱 돈을 벌 수 있고, 재산관리도 잘할 수 있다고 믿었다. 유럽인에게 가계부는 경제의 기본이었다. 우리나라에서는 가계부 쓰는 것을 쫀쫀한 것으로 치부해 버리는 경향이 있다. 그러나 많이 버는 것도 좋지만 번 돈을 잘 쓰는 것도 그에 못지않게 중요한 것이다. 어디에 돈을 썼는지 며칠만 지나면 기억나지 않지만 가계부에 써놓은 기록은 어떤 명목으로 얼마를 썼는지를 정확하게 알려주기 때문에 희미한 기억보다는 장부에 남아 있는 기록이 확실한 것이다.

마찬가지로 회사를 경영하는 경영인으로서, 관리자로서 그리고 개인 투자자로서 경영을 이해하기 위해서는 차가워 보이는 숫자를 알아야 한다. 사업에서의 성공은 결국에는 숫자로 반영되기 때문이다. 또한 결정을 내릴 때에도 판단의 근거를 제시해 주고, 잘하고 있는지를 평가해 주기도 한다. 회계와 재무제표는 숫자를 통해 기업과 관련된 사람들과 커뮤니케이션하는 수단이다. 재무제표를 읽을 줄 모르면 사업이 어떻게 돌아가는지를 모르는 것과 같다. 인생의 生자는 牛(소 우)자와 一(한 일)자로 만들어졌는데, 소가 통나무 다리를 건너듯이 조심조심 살라는 뜻이다. 회사가 경쟁력이 있고 번성하려면 결국 조심조심 하나하나 따져보며 의사결정을 해나가야 하는 것이다.

운동경기에서 이겼는지 졌는지는 점수만 보면 금방 알 수 있다. 이와 같이 점수가 모든 걸 말해주기 때문에 선수들은 점수를 내기 위해 어떻게 해야 하는지를 명확히 알고 있고 그러기 위해 최선을 다한다. 사업에서는 운동경기에서의 점수 같은 게 없을까? 직원들도 그 점수를 볼 수는 없을까? 자신이 하고 있는 일들이 실제로 점수를 내는 데 얼마나 기여하고 있는지를 알 수 있다면 지금보다 더 열심히 할 수도 있고, 일하던 방식을 바꿀 수도 있을 것이다. 기업의 재무제표와 보조장부는 직원들이 자신들이 어떻게 하고 있는지를 알게 하는 데 도움을 주는 점수표이다. 재무제표는 회사에서 발생하는 무수히 많은 거래를 장부에 기록하고, 이 장부를 토대로 일목요연하게 결산을 하여 만든다. 1년에 한 번 작성하던 재무제표가 오늘날에는 컴퓨터의 발달로 석 달 또는 한 달에 한 번, 심지어는 하루에 한 번 결산이 이루어져 평가되고 있다. 매일 점심때면 전날 결과

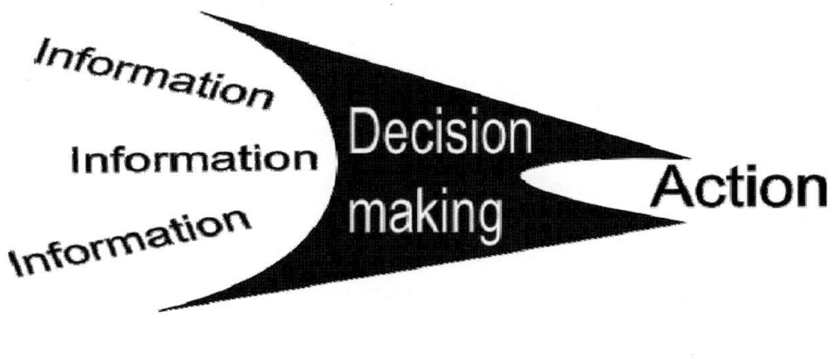

에 대한 지표가 일목요연하게 정리되어 어디서 이익이 나고, 비용이 많이 드는지를 한눈에 볼 수 있다.

회사가 1년 내내 어떻게 돌아가는지를 외부사람들이 알기는 쉽지 않다. 무수히 많은 결정이 내려지며, 무수히 많은 거래가 빈번하게 일어나고 있다. 회계는 회사에서 일어난 그동안의 무수한 사건과 거래를 체계적이고 합리적인 원칙에 의해 숫자로 표시해내고, 주주, 채권자, 거래처 등 회사에 관련된 다양한 이해관계자는 그 숫자를 통해 그 회사에서 어떠한 일이 일어났는지를 유추해낸다. 회계의 힘은 지난 1년, 아니 지난 몇 개월 동안 회사가 어떻게 자금을 조달해서 어떤 투자결정을 내렸으며, 그래서 장사는 잘됐는지 이익은 냈는지를 한눈에 볼 수 있게 해준다. 더욱이 회사의 과거에 대한 정보뿐만 아니라 회사 제품의 향후 시장선망이라든지, 주요 제품의 매출비중, 재무위험 등을 파악할 수 있게 해준다.

의사결정을 위한 재무회계와 관리회계 정보

회계시스템은 회사에 대한 재무정보를 수집해서 처리한 다음 회사의 이해관계자가 더 나은 의사결정을 할 수 있도록 보고하는 시스템이다. 회계는 정보이용자에 따라 내부이용자를 위한 관리회계(managerial accounting)와 외부이용자를 위한 재무회계(financial accounting)로 분류된다.

관리회계는 내부이용자를 위한 관리적 의사결정을 위한 회계로서 회계실체의 영업활동 계획과 통제 또는 장기영업계획이나 주요 경영의사결정을 행하기 위해 필요한 정보를 제공한다. 경쟁이 치열한 경영환경에서 원가경쟁력을 가늠할 수 있는 원가정보는 생산성을 제고하기 위한 조치나 가격결정과 제품믹스를 위한 판단 등에 매우 중요하다. 그 밖에도 제품의 생산계획과 같은 업무활동과 관련된 일상적인 의사결정과, 특별주문의 수락 여부, 부품의 자가제조・외부구입 여부 등 특수한 의사결정이 있다. 경영자는 계획 및 통제 등의 경영관리 업무를 수행하는 과정에서 끊임없이 여러 가지 의사결정에 직면하게 되는데, 어떠한 의사결정이든 이익을 극대화하는 방향으로 결정해야 한다. 경영자는 내부에서 기업의 활동을 지휘・감독하고 회계담당자와 직접 접촉・지시할 수 있기 때문에 관리회계에서의 정보는 경영자의 정보요구(informational needs)에 따라 작성된다.

외부이용자를 위한 회계를 **재무회계**라고 하는 이유는 투자자들로부터 재무적 자원을 조달하기 위한 목적을 가진 회계이기 때문이다. 재무회계에서 외부이용자는 매우 다양하기 때문에 그들의 정보요구를 모두 충족시킬 수는 없다. 예를 들어, 투자자는 주식의 가치상승에 따른 시세차익에 필요한 정보를 요구할 것이고, 채권자는 원금과 이자를 상환할 수 있는 능력을 가늠할 수 있는 정보를 요구할 것이다. 따라서 그들의 정보요구 중 공통적인 것을 충족시켜 주려고 한다는 점에서 외부이용자를 위한 회계를 **일반목적을 위한 회계**(accounting for general purposes)라고도 부른다.

재무회계는 정보이용자 중에서 가장 중요한 투자자와 채권자에 초점을 맞춘다. 이들은 투자를 할지, 돈을 빌려줄지를 결정하는 데 있어 회계정보를 활용한다. 이 회계정보는 다음 장부터 소개할 재무제표에 담겨 있다. 회계정보를 활용한 의사결정자로서 유념해야 할 질문은 다음과 같다. 첫째, 각각의 재무제표는 어떤 형태의 정보를 전달하며, 어디에서 찾을 수 있고 각 재무제표의 항목들이 의미하는 바는 무엇인가? 둘째, 재무제표 안에서 각각의 항목들은 어떻게 서로 연결되어 있는가? 셋째, 각각의 항목들이 경영자와 주주 및 투자자, 채권자에게 왜 중요한가?

돈을 많이 버는 방법은 물건을 많이 팔든가, 아니면 비용을 절감하든가 두 가지이다. 물건의 품질이 좋다면 가격을 높게 책정하더라도 소비자들은 여전히 구매를 할 것이고, 그러면 이익을 극대화할 수도 있다. 그러나 품질을 차별화하기 어려운 경우에는 가격이 비슷할 것이고, 결국 비용을 줄이는 수밖에 없다. 이를 위해서는 정확하게 원가를 추정해야 가격경쟁력이 있는지 여부를 판단할 수 있다. 또한 비용을 혁신적으로 절감하기 위해서는 설비투자를 할 것인지, 그러기 위해 자금조달을 은행 차입으로 할 것인지 주식발행으로 할 것인지 등을 결정해야 한다. 그 밖에도 산업의 규제, 경쟁구조, 기술의 발전속도 등 여러 제약요소들이 산재해 있다.

재무제표란 기업이 지난 1년 동안 영업활동을 하면서 발생한 일들을 적어 놓은 장부로, 회사상태를 보여주는 일종의 건강진단서라고 할 수 있다. 재무제표는 크게 새무상태표, 포괄손익계산서, 현금흐름표 등으로 구성된다. 재무상태표(Statement of financial position)는 일정시점의 기업의 자산과 부채 및 자본 상태를 일목요연하게 표시하여 기업의 재무상태를 보여주는 보고서를 의미한다. 포괄손익계산서(Statement of comprehensive Income)는 일정기간 동안 영업활동을 통해 얼마의 이익 또는 손실을 보았는가를 보여주는 보고서이다. 포괄손익계산서는 한 해 동안 얼마를 팔아서 얼마를 벌었다는 내용을 정리한 가계부와 같다. 현금흐름표는 기업의 손익과 별도로 자금이 어떻게 흐르고 있고 현금을 확보하는 데 문제가 없는지에 대한 정보를 제공해 주는 재무제표이다. 제Ⅱ편 제11장부터 제13장에 걸쳐 포괄손익계산서, 재무상태표, 현금흐름표의 유용성에 대해 논의하기로 한다.

핵심 포인트

기업을 둘러싼 다양한 이해관계자는 재무제표에 담긴 회계정보에 기초하여 그동안의 성과와 재무상태를 파악함으로써 가급적 객관적이고 체계적으로 그 기업의 미래를 전망하여 의사결정을 내릴 수 있다.

제 10 장

복식부기와 발생주의

복식부기는 인간의 지혜가 창조한 가장 위대한 발명품 중의 하나이다.
사려 깊은 기업가라면 누구나 자기의 사업에 복식부기를 채택해야 한다.
Double-entry bookkeeping is the finest of the inventions in human mind ;
every prudent master should introduce it into his economy.
— Johann Wolfgang von Goethe

사개송도치부법과 복식부기

고려가 망한 뒤 이성계, 이방원의 조선에 호락호락 고개 숙일 수 없었던 고려 유신들은 개성(송도) 부근의 산골에서 세상을 등지고 살았다. 조선이 개국하면서 개성사람들은 그들 자신만의 망국 경제권을 만들어 나갔다. 원래 고려는 예성강 하류 벽란도에서 개성 성 안에 이르기까지 비 오는 날에도 즐비한 가게들의 처마 아래로 비를 맞지 않고 왕래할 만큼 상업이 번창하였다. 송나라 장사꾼은 물론이고 대륙 오지의 실크로드(silk road) 장사꾼이나 페르시아 상인들까지 정착하는 국제무역의 기지였다. 먹고살기 위해 타지를 떠돌며 장사를 시작한 개성사람들은 대단한 상업적 수완을 발휘해서 장사 잘하는 사람의 대명사인 '개성상인'이라는 호칭도 얻었다. 일제 강점기에도 개성상인은 전국에 알려진 상업의 모범이었고 그곳의 송도상업학교는 고려 이래의 개성실업을 익히는 명문이었다.

그런데 개성상인과 회계는 매우 중요한 의미를 갖는다. 고려의 상업을 계승한 개성사람들은 일찍이 옛 음양사상이 반영된 사개치부법(四介治簿法 또는 사개송도치부법)을 발명해 낼 수 있었다. 사개(四介)는 원래 건축에서 '네 모퉁이가 서로 물려서 밀접하게 관련되어 있는 상태'를 나타내는 말로, 주는 자, 받는 자, 주는 것, 받는 것의 네 가지 거래요소를 의미한다. 따라서 사개치부법은 네 가지가 긴밀하게 관련되어 있는 치부법을 뜻한다. 사개치부법의 장부에는 오늘날 서양 부기의 분개장과 총계정원장에 해당되는 일기와 장책(帳册)이 있고, 기타 각종 보조부가 있다. 거래가 발생하면 먼저 일기에 기입하고, 그 다음 장책에 거래처마다 따로 옮겨 쓴다. 일기의 기록은 문장으로써 서술적으로 하되, 주는 사림과 받는 사람을 주어로 하고, 주는 것과 받는 것을 술어로 하여 동사와 목적어를 쓴다. 모든 거래를 사람과 사람과의 주고받는 것으로 기록하고, 그 사람의 이름이

『사개송도치부법』 완역본

1916년에 금강어부 현병주 선생은 12세기경 개성상인들이 사용한 송도부기, '사개송도치부법'을 저술하였다.

나 상호를 쓰지만, 경우에 따라서는 그 일을 맡은 사람과의 거래로 간주하여 질(秩)을 사물 뒤에 붙여 기록한다. 이러한 기록방식은 거래의 양 측면, 즉 주고받는 양 측면을 함께 기록하므로 현금의 증감 이외에도 자산, 부채, 자본, 수익 및 비용 등 재정상태와 경영성과를 모두 기록할 수 있는 장부기록 방법인 복식부기(double-entry bookkeeping)의 형태를 띠고 있다.

개성시대의 사개치부법이 복식부기로 인정될 수 있는지 여부는 회계학계에서도 중요하게 떠오르는 쟁점 중의 하나였다. City State of Genoa의 Treasurer였던 Massari가 출간한 책에서 복식부기에 대해 최초로 기록하였고, 루카 파치올리(Luca Pacioli)가 1494년에 복식부기의 원리를 처음으로 문서에 체계적으로 기술한 것으로 알려져 있다. 한편 사개치부법, 즉 개성부기는 고려 전성시대에 왕실·귀족, 그리고 그들을 배경으로 한 부상들의 상업과 고리대금 활동을 기반으로 발생하였으며, 그 시기는 대략 11～13세기 초반으로 볼 수 있다. 여기에 소설 『베니스의 개성상인』에서의 상상력을 더하면, 어쩌면 고려시대의 개성상인들이 실크로드를 타고 이탈리아로 가서 사개치부법을 전파한 것이 아닐까 하는 생각이 들기도 한다. 17세기 유명한 화가인 루벤스(1577～1640)의 작품 중 〈한복 입은 남자〉가 1983년 영국 크리스티 경매장에서 최고가로 낙찰되면서 큰 주목을 받았다. 이는 그 시대에 이탈리아에 한국인이 살았다는 것을 알려주며, 유명화가에게 초상화를 의뢰할 정도면 엄청난 재력이 있었을 것이란 추측이 이어지기도 한다. 그러므로 우리나라의 사개치부법은 13, 14세기에 이탈리아에서 발생했다는 서양 복식부기보다 약 100년 이상 앞선다고 할 수 있고, 세계 복식부기의 역사에서 그 효시는 서양의 이탈리아가 아니라 우리나라라고 할 수 있다.[1] 따라서 관건은 사개치부법이 복식부

1) 고려대 조익순 명예교수는 정년퇴임 후에도 사개송도치부법에 대한 연구를 활발히 수행해 왔다. 그는 북한의 조선상업사 연구자인 홍희유의 자료에 기초하여 송상(松商)들은 상업을 영위하면서 차변과 대변을 구분하는 복식부기를 이용하여 그들의 상

기로 인정될 수 있는지 여부이다.

서양 부기에서는 현재의 거래를 장래의 채권과 채무로 표현한 데 비하여, 사개치부법에서는 현재의 거래를 현재 주고받은 사실로 기록함으로써 기록이 쉽고, 그것이 동시에 장래의 채권과 채무를 표시할 수 있으므로 서양의 것보다 우수하다고 할 수 있다. 그러나 기장방법이 계정 중심이 아닌 거래일자 중심이었다는 점에서 사개치부법이 서양의 복식부기와 근본 원리에 비추어볼 때 오늘날 복식부기의 초기 형태라고 볼 수 있다. 따라서 사개치부법이 오늘날 기준의 복식부기로 인정되기 위해서는 보다 체계적이고 과학적인 고증작업이 필요하다.

그런데 사개치부법은 개성상인들 사이에 비밀로 전수되고 일반에 공개되지 않은 데다 그 기원에 대하여 증거가 될 만한 장부나 자료가 발견되지 않아 정확하게 고증할 수는 없다. 안타깝게도 사개치부법에 대한 자료가 북한에 있거나 일부 연구도 일본학자들에 의해 이루어진 것이 대부분이어서 향후 회계학자들의 관심이 필요하다. 사개치부법으로 기록된 장부로는 1899년부터 1906년까지의 대한천일은행(大韓天一銀行)의 장부가 한국상업은행 본점 도서실에 보관되어 있으나, 북한과 일본에는 그보다 오래된 장부가 있다고 알려져 있다. 아무튼 1920년대까지 사용되어 존속한 것으로 보이는 사개치부법은 우리나라가 세계에 자랑할 수 있는 또 하나의 문화유산이다.

복식부기

일반 가정의 가계부는 돈의 흐름만을 기록하는데, 가정에서는 들어온 돈

업활동의 성과를 기록·관리하였다고 기술하고 있다. 그러나 기장방법이 계정 중심이 아닌 거래일자 중심이었다는 점에서 복식부기의 초기 형태라고 설명하고 있다.

과 사용한 돈, 그리고 남아 있는 돈의 액수만 파악하면 되기 때문이다. 이렇게 일부 중요한 재산의 흐름만을 기록하고 정리하는 경우에 보통 **단식부기**(single-entry bookkeeping)가 사용된다. 단식부기는 개개 재산의 변동만을 단독으로 기록·계산하는 것으로 상식적으로 기장(記帳)하는 장부 기록방법이다. 그러나 사업을 할 경우에는 돈뿐만 아니라 모든 재산의 흐름을 정확히 기록해 둘 필요가 있다. 예를 들어, 돈을 지불하고 상품을 샀다면 돈이라는 재산이 감소하는 대신에 상품이라는 재산이 늘어난 것이다.

돈을 지불한다는 원인과 상품이 늘어났다는 결과에서 보는 바와 같이 모든 **거래**에는 **원인**과 **결과**가 있으며 이 두 가지 면을 동시에 기록하는 것이 복식부기의 방법이다. 이 방법은 모든 거래가 상대방 혹은 여러 사람과 연관되어 있어 단식부기보다 더 진보된 방법이라고 할 수 있다. 이처럼 복식부기는 기업의 복잡한 거래를 거래의 원인과 배경, 결과 및 현상, 혹은 내부와 외부 두 가지 개념으로 나타내어 기록하는 방법이다. 즉, 복식부기에서는 동전의 앞면과 뒷면처럼 거래도 원인과 결과의 두 가지 측면을 함께 기록한다.

중세봉건사회에서는 영주의 보유토지와 종민이 영주에게 바치는 공납품이나 지대의 관리가 영주의 회계로서 중요시되었다. 그들이 쓴 주요 장부는 토지대장이었다. 고대와 중세 전기 회계의 공통된 특징은 현물경제가 지배적이어서 상품의 출납에 관한 수량의 기록 정도였으며, 금전의 출납기록에 불과하였다. 자본금의 개념은 없었고 대리인 부기의 영역을 벗어나지 못했다.

중세 후기에는 유럽의 상업사회가 발달하면서 회계는 주로 이탈리아, 독일, 스페인, 포르투갈, 네덜란드, 폴란드, 영국 등지에서 경제 내지 상업의 발달에 따라 발전해 왔다. 현대 회계의 뿌리인 복식부기는 지중해 무역의 융성과 더불어 이탈리아에서 발달하였으며, 계정과목이나 대

차기입의 방법은 문예부흥의 중심지인 피렌체, 제노바, 베네치아 등의 도시국가에서 발달하였다. 현존하는 최고의 회계장부가 피렌체의 은행부기였음을 보아도 이를 짐작하게 된다. 최초로 완성된 복식부기 시스템은 1340년경 이탈리아 제노바 중세상인의 기록에 나타나 있다. 복식부기가 표의 양식으로 기록된 제노바부기는 원시적이었지만 복식부기의 발상으로 알려져 있어 복식부기는 14세기에 처음 생성된 것으로 생각된다.

세계 최초로 복식부기의 원리를 설명한 해설서는 1494년에 출판된 베네치아의 수사이자 교육자이며 여행가인 파치올리의 『산술 · 기하 · 비례 및 비율 요론(Summa de Arithmetica, Geometria, Proportioni et Proportionalita)』이다. 이 책은 당시의 산술 · 대수(代數) · 삼각법(三角法)에 관한 모든 지식을 집대성한 것으로서 가장 광범위한 수학서로 일컬어지는데, 그 당시

야코포 데 바르바리의 〈루카 파치올리의 초상〉(1495년). 이탈리아 나폴리 국립 미술관 소장

베네치아에서 행해지고 있던 복식부기법을 집성하고 체계화하여 일반에게 소개한 최초의 저서였다. 파치올리가 설명한 복식부기의 구조에서 상업장부는 일기장・분개장 및 원장의 3종이었고, 장부조직은 분개장 및 원장이 한 책으로 되었으나 그것은 아직 발달하지 않았던 원형대로였다.

일기장에는 매일의 영업거래를 빠짐없이 “누가 무엇을 언제 어디서”의 형식으로 분개장에 기록하고, 분개에 따라 원장의 각 계정계좌에 전기하였다. 마감으로는 손익계정 및 잔액계정이 사용되었으나 그 당시는 정기적인 결산을 행하지 못했으며 장부마감도 실지재고조사에 의하지 않았다. 그러나 점차적으로 일기장과 분개장은 원서장부로 한 책에 합친 대신 여러 가지 보조부가 작성되었으며, 수시로 작성되는 개별손익계산을 버리고 정기적 결산기에 재고조사를 통한 기간손익계산을 하였으며, 이때부터 발생주의회계의 보급과 재무제표에 의한 보고수단이 발달하기 시작하면서 점차 현대적 복식부기로 발달하였다.

현금주의와 발생주의

유럽의 탐험가들에게 있어 향료, 비단, 보석 등을 얻기 위해 인도로 가는 길은 터키제국이 장악하고 있어 매우 위험하고 험난하기 그지없었다. 이에 따라 다른 길을 모색하게 되었고, 아프리카 남단으로 가기도 하다가 결국 서쪽으로 가면 인도를 만날 것이라는 믿음으로 많은 탐험가의 항해는 시작되었다. 그러다 보니 유럽을 떠나 항해에서 돌아올 때까지 때로는 1년 넘게 소요되기도 하여 투자자에게 결산하는 주기도 더욱 길어질 수밖에 없었다. 이에 따라 회계에서 흔히 얘기하는 회사의 **회계순환주기**(accounting cycle)가 1년 또는 사업운영주기 중 긴 기간에 따라 정기적으로 영업성과와 재무상태를 보고하는 것으로 되어 있다. 그러나 투자자 및 채권자와 같은 회사의 이해관계자들은 회사에 대한 보다 신속한 정보를 원하고 있어 1년, 6개월, 3개월, 심지어는 수시로 영업성과를 보고하지 않을 수 없게 된다. 그러다 보니 거래가 완전히 종결되어 있지 않더라도 어느 시점을 기준으로 끊어서 회계처리를 하지 않을 수 없게 되었고, 이에 따라 도입된 기준이 바로 **발생주의회계**(accrual-basis accounting)이다.

발생주의회계는 현금이 들어오지 않더라도 수익의 인식기준이 충족되면 수익을 인식하고, 현금이 나가지 않아도 비용의 인식기준이 충족되면 비용을 인식하는 회계기록방법이다. 수익을 인식하기 위해서 이행해야 하는 의무를 다하고, 그로 인해 권리를 확보했으면 수익인식기준이 충족된 것으로 본다. 예를 들어, 한 기획사가 콘서트를 기획해서 표를 사전에 예매하였다면 설령 현금이 들어왔어도 수익으로 인식할 수 없다. 콘서트가 아무런 문제없이 끝나면 그제야 수익으로 인식해야 하는 것이다. 이와 반대로 현금이 아직 들어오지는 않았지만 고객에게 이행해야 하는 의무를 다했다고 하자. 이런 경우 그 고객으로부터 현금을 회수하는 데 커다란 문제가 없다면 서비스를 제공하는 시점에 수익으로 인식할 수 있다. 이와 같이 현금이 들어오건 들어오지 않건 상관없이 수익을 인식하기 위한 의무를 이행하고 그로 인한 권리가 확보되면 수익을 인식한다.

반면에 **현금주의회계**(cash-basis accounting)는 현금이 들어올 때 수입을 인식하고, 현금이 나갈 때 지출을 기록하는 방식이다. 따라서 아무리 오랫동안 거래를 해온 거래처에 물건을 전달했고, 거래처로부터 돈을 받을 게 틀림없는데도 불구하고 돈이 아직 안 들어왔으면 수입으로 잡지 못한다. 마찬가지로 이미 수익을 창출하기 위해서 자원을 사용하였음에도 불구하고 돈을 지급하지 않았다면 지출로 잡지 않는다. 이러한 현금주의회계방식은 예산을 기록하는 데 용이하고 사용이 간편하다는 장점이 있다. 그러나 자본적 자산의 감가상각비나 자본에 대한 이자를 고려하지 않으므로, 경영성과 등을 파악하기가 곤란하며 회계책임이나 통제가 용이하지 못하다는 단점이 있다.

2022년 기준 연금 등의 잠재 부채까지 감안한 우리나라의 실질 빚이 2,300조원을 넘어선 것으로 보도되었다. 전년보다 약 6%(130.9조원)나 급증한 규모로 수명 연장에 따른 연금 지급 부담 등이 커지면서 나랏빚 증가세가 더 가팔라질 수 있다는 전망이 나왔다. 2023년 4월 4일 정부는 청와대에서 국무회의를 열어 발생주의방식으로 작성한 '2022 회계연도 국가결산'을 심의 · 의결했다.

자산은 2,836.3조원, 부채는 2,326.2조원으로 자산은 전년보다 29.8조원 감소한 데 반해 부채는 130.9조원이나 불어났다. 주된 요인은 공무원과 군인 등에게 정부가 평생 지급해야 할 연금인 연금충당부채가 41.7조원 증가한 것이다. 연금충당부채란 현재 수급자 및 미래 수급자에게 지급해야 할 연금액을 할인율과 사망률 등을 따져 현재가치로 환산한 빚을 뜻한다. 공무원 · 군인연금충당부채는 2022년 1,181.3조원으로 2022년 기준으로 국가부채의 50.8% 비중을 차지했다. 현금주의회계에서는 실질적인 빚인 미래부채가 잡히지 않아 민간기업에서는 주로 발생주의회계를

나랏빚 추이(단위 : 원)

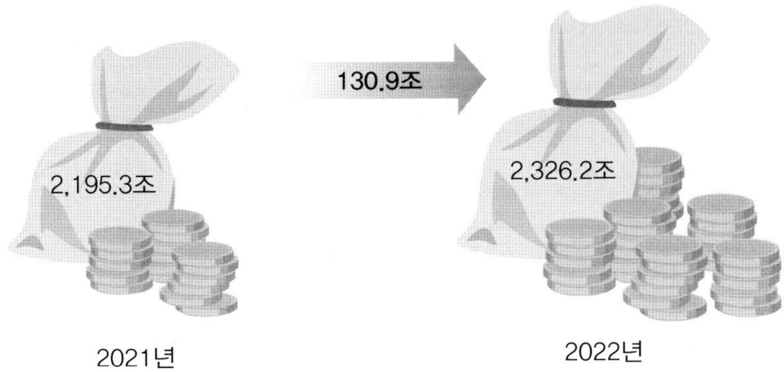

※미래의 빚도 반영하는 발생주의회계 기준
자료 : 기획재정부

쓰고 있으며, 대한민국 정부도 나랏빚을 정확히 파악하기 위해 2012년도부터 발생주의회계를 도입하였다.

2022년 우리나라의 국가채무는 1,067.7조원이었다. 그런데 재무제표상 국가부채는 국가채무의 두 배 이상인 2,326.2조원이었다. 이와 같이 큰 차이가 발생하는 이유는 국가채무는 현금주의를, 재무제표상 국가부채는 발생주의를 적용하기 때문이다. 국가부채는 현금주의 국가채무뿐만 아니라 다양한 발생주의 부채를 인식하게 되는데, 후자에 속하는 대표적인 항목이 공무원·군인연금충당부채이다.

발생주의회계에서 비용은 **수익과 비용 대응의 원칙**에 입각해서 효익이 소멸될(benefit expired) 때 인식된다. 수익과 비용 대응의 원칙이란 수익이 인식되면 그 수익과 직집적으로 관련된 비용은 그 수익이 인식되는 회계기간에 같이 인식되어야 한다는 원칙이다. 예를 들어, 한 소매업에서 10,000원에 물건(재고자산)을 사서, 15,000원에 팔았다고 하자. 그러면 수익을 15,000원에 인식하고, 그 물건을 사는 데 들었던 10,000원을 비용(매출원가)으로 인식하지 않으면 비용이 과소계상되고, 따라서 이익이 과대계상된다. 더욱이 그 샀던 물건은 이제 팔렸으니 그 물건을 장부에서 털어내야 할 것이다.

자산은 미래에 효익을 가져다주는 경제적 자원이다. 자산은 현금과 토지, 건물 등의 재산과 같은 개념보다 더 포괄적인 개념이다. 예를 들어, 매출채권은 고객으로부터 돈을 받을 권리이다. 지금 현재는 권리에 불과하지만 추후에 현금이 들어올 것으로 예상되기 때문에 효익을 가져다주는 경제적 자원으로 자산으로 분류한다. 만약 이러한 효익이 소멸되면 자산은 비용으로 대체되어야 한다. 사람은 세상에 태어나서 많은 일들을 하지만 결국 흙으로 돌아가듯이 자산도 수익을 창출하기 위해 많은 효익을 주지만 그 효익이 소멸되면 결국 비용으로 대체된다. 그래서 자산을 **소멸되지 않은 원가**(unexpired cost)라 하고, 비용을 **소멸된 원가**

(expired cost)라고도 한다. 발생주의는 현금유입에 관계없이 수익을 인식하기 위해 충족해야 하는 조건을 만족시키면 수익을 인식하고, 반대로 충족하지 못하면 수익을 인식하지 않는 회계원칙이다. 또한 수익을 창출하기 위해 경제적 자원이 사용됨에 따라 비용은 수익이 인식되는 기간에 인식되도록 하는 회계원칙이다. 발생주의는 기간손익을 가급적 정확하게 산출하는 데 도움을 주며, 특히 미래에 지불해야 하는 자금에 대한 정보를 제공하는 데 유용하다. 그러나 발생주의는 현금주의에 비해 다소 복잡할 뿐만 아니라 원가배분과 회계처리가 임의적으로 이루어질 수 있어서 이익을 조정할 수 있는 여지를 준다는 것이 단점으로 작용한다.

그럼에도 불구하고 발생주의에 의한 순이익과 현금흐름의 주가설명력을 비교한 대부분의 연구에서 순이익의 주가설명력이 더욱 크게 나타난다. 주가가 기업의 가치 또는 성과를 적절하게 반영한다고 할 때, 이러한 결과는 발생주의에 기초한 회계원칙이 현금주의에 의한 회계원칙보다 더욱 유용하다는 결과를 나타낸다고 할 수 있다. 순이익과 현금흐름의 차이는 발생액이므로 발생액은 현금흐름이 가지지 못하는 추가적인 주가설명력이 있는 것으로 해석할 수 있다. 이러한 결과에 대해 Dechow 교수는 발생액(특히 유동발생액)은 현금흐름이 나타내지 못하는 경영성과의 시차와 대응의 문제(timing and matching difference)를 완화시켜 주기 때문이라고 해석하고 있다.

핵심 포인트

복식부기는 거래의 주고받는 양 측면을 함께 기록하여 자산, 부채, 자본, 수익 및 비용 등 재정상태와 경영성과를 모두 기록하는 장부기록 방법이다. 발생주의는 현금의 유입(출)에 관계없이 당해 거래나 사건이 일어난 기간에 수익(비용)의 인식기준을 충족하면 수익(비용)을 인식하는 회계과정이다.

제 11 장

얼마 벌고 얼마 썼나 - 포괄손익계산서

이익을 내려면 고객을 기쁘게 할 줄 알아야 한다.
If you mean to profit, learn to please.
—Winston Churchill

모차르트가 손익을 따졌더라면…

오스트리아의 빈에 있는 쇤브룬 궁전에 들어서면 몇 백 년 전 화려했던 빈의 역사를 느낄 수 있다. 푸른색 난간의 계단 끝에 있는 육중한 문으로 들어가면, 궁전 오른쪽의 프란츠 요제프 황제와 그의 부인 엘리자베스 황후의 방을 대하게 된다. 그 방들은 19세기 스타일의 장식들로 꾸며져 있으며 건물 중앙에 있는 화려한 방들을 통해서 계속 이어진다. 쇤브룬 궁전은 대제국의 저택과 축제의 장소로서뿐만 아니라 다양하고 새로운 문화와 양식을 추구한 훌륭한 예술가들과 장인들이 창조해낸 거대한 아름다움의 집합체이다.

이 방에 걸려 있는 그림들은 황실의 매우 중요한 사건들을 보여주고 있다. 1760년 마리아 테레지아의 아들 요제프와 프랑스 부르봉가 공주의 결혼식, 부르봉의 공주 이사벨라의 빈 입성 장면, 오그스틴 교회에서 열린 결혼식과 리터홀에서 열린 결혼식 후의 저녁식사 장면, 유럽의 퍼스트레이디를 나타내는 마리아 테레지아의 초상화가 걸려 있다. 벽에 걸려 있는 그림들 속에는 마리아 테레지아와 객석에 앉아 있는 꼬마 모차르트가 묘사되어 있는데 투명유리로 표시되어 있어 대번에 알아볼 수 있다.

모차르트! 그는 잘츠부르크에서 태어나 어려서부터 재능을 보여 4세 때 건반 지도를 받고 5세 때 소곡(小曲)을 작곡하였다. 모차르트는 빈에 머무는 동안 교향곡과 현악4중주곡을 작곡하여 고전파시대의 전형적인 스타일을 확립하였으며, 《피가로의 결혼》(1786), 《돈 조반니》(1787) 등 오페라 걸작들을 작곡하였다. 특히 모차르트가 궁정실내작곡가의 칭호를 받으며 1790년에 작곡한 이른바 3대교향곡 《제39번 E장조》, 《제40번 G단조》, 《제41번 C장조 : 주피터교향곡》은 괄목할 만하다. 1791년 9월에는 징그슈필의 대작 《마적(魔笛)》을 완성하여 성공을 거두었으나, 《레퀴엠》을

볼프강 아마데우스 모차르트 (1756~1791)

오스트리아의 천재 작곡가. 35세의 짧은 생애 동안 피아노 협주곡, 교향곡, 소나타, 오페라 등 1,000여개가 넘는 작품을 작곡하였다.

미완성인 채 남겨 두고 12월 5일 빈에서 36세도 채 되지 않은 짧은 생애를 마감하였다. 그의 공적은 하이든과 함께 빈고전파의 양식을 확립한 데 있으며, 그를 앞섰던 이른바 전고전파(前古典派)의 여러 양식을 한 몸에 흡수하여 개성적인 예술을 이룩하였다.

잘 이해가 되지 않는 부분은 모차르트가 작곡과 연주로 명성을 날리고 있었음에도 불구하고 가난에서 벗어날 수 없었다는 점이다. 궁중 장부 기록에 의하면 모차르트가 죽기 전 10년 동안 받은 연봉은 10,000～20,000플로린(florins)으로 현재의 가치로 따지면 450,000～900,000유로(euros)에 해당된다. 이렇게 엄청나게 많은 돈을 받았는데도 모차르트는 왜 항상 가난에 쪼들렸고, 이를 면하기 위해 곡을 쓰지 않으면 안 되었을까? 왜 모차르트의 부인인 콘스단체는 수지를 맞추기 어렵다고 항상 탄식을 했을까? 모차르트가 죽었을 때 부채는 30,000플로린(약 1,350,000유로)이나 되었다. 모차르트는 그렇게 많은 수입이 있었는데도 불구하고 가난에 허덕였고, 자신 이름으로 집을 소유한 적도 없으며, 심지어는 부인과 살고 있던 집에서 월세를 내지 않고 도망을 친 적도 있다.

회계적인 관점에서 보면(또는 상식적으로도), 모차르트가 이와 같이 빚더미에 시달린 것은 들어온 수입보다 더 많이 지출했기 때문이다. 모차르트는 오랫동안 자신의 정신적 지주였던 아버지와 불화가 생기면서 낭비벽과 사생활 문란 등으로 빚더미에 시달리게 되었다. 아마도 그는 다른 차원에서 사는 사람이었기에 수입과 지출을 맞추는 것에는 아무런 개념이 없었던 것으로 보인다. 누군가 옆에서 조금만 조언을 해주고 관리를 해주었다면 그렇게까지 빈곤한 삶은 살지 않았을 텐데 하는 아쉬움이 생긴다. 그러나 한편으로는 그렇게 빚에 쪼들려 돈을 위해서 기한에 쫓기며 작곡을 했기 때문에 짧은 일생 동안 수많은 업적을 남길 수 있지 않았을까 하는 생각이 든다.

중국의 묵자는 겸애(兼愛), 비공(非攻)을 주장한 사상가로 절약과 검소함을 실천하면서 쓸데없는 비용을 지출하지 않는 것은 성왕의 도(道)로서 천하에 큰 이익을 준다(去無用之費 聖王之道 天下之大利也)고 주장하였다. 이러한 시각은 개인의 이익이 동시에 나라의 이익도 되고 인류의 이익과도 합치된다고 본 점에서 매우 현대적인 사상이라고 보인다. 공자도 비용을 절약해야 하며, 재정규모를 부당하게 늘려 인민에게 부담을 강요해서는 안 된다고 하였다. 고금의 예를 들 것도 없이 재정의 무원칙한 확충은 나라를 멸망시키는 근본 원인이었다. 절약해서 검소한 생활을 해야 하는 것은 개인이나 가정이나 마찬가지일 것이다. 한 번 생활비를 늘려 놓으면 줄이기가 쉽지 않다. 평소부터 쓸데없는 지출을 없애고 갑작스런 지출에 대비하는 것이 진지한 생활자세일 것이다.

회사에서는 수익에서 지출을 차감한 손익을 한눈에 알아보게 하는 포괄손익계산서를 작성한다.

포괄손익계산서의 구성

포괄손익계산서는 일정기간 동안 기업의 성과를 나타내는 재무제표이다. 예를 들어, 지난 1년 동안 얼마나 벌었는지(수익)에서 그렇게 벌기 위해 얼마나 썼는지(비용)를 차감하고 나면 남는 게 이익이다. 만약 수익보다 비용이 크면 손실 또는 적자가 나는 것이다. 포괄손익계산서는 수익의 추이를 보면서 회사가 계속해서 성장하고 있는지를 파악할 수 있다. 또한 그 수익을 내기 위해 어느 정도까지 비용으로 쓸 수 있는지 그 범위를 알려준다. 그리고 이익을 내고 있는지, 이익을 낸다면 어디에서 이익이 나는지를 알 수 있게 해준다. 더 나아가서 회사의 수익과 비용 구조는 어느 정도는 지속적으로 일어나기 때문에 현재의 이익은 앞으로 이익이 어느 정도 발생할지를 가늠하게 해준다.

포괄손익계산서를 구체적으로 이해하기 위해 프랜차이즈 이탈리아 레스토랑인 ㈜토스카나의 포괄손익계산서를 보면서 그 의미를 이해하도록 하자.

포괄손익계산서

20×1.1.1～20×1.12.31

㈜토스카나	(단위 : 억원)	
매 출 액	500	단가×수량, 제품・서비스 수요
매 출 원 가	(200)	매출에 직접적으로 관련된 비용
매출총이익	300	산업별・제품별
판매관리비	(120)	회사고유(firm-specific), 효율성, 전략
영 업 이 익	180	주요 사업(영업활동)에서의 이익
영업외수익과비용	(80)	투자・재무활동에서의 수익・비용
법인세비용차감전이익	100	세전이익
법 인 세	(30)	세전이익×법인세율
당기순이익	70	최종적인 이익(bottom-line number)

매출액은 단가에 수량을 곱한 금액으로 고객과의 접점을 반영한다. 따라서 회사가 파는 물건이나 제공하는 서비스에 가격을 얼마로 매겼고, 얼마나 많이 팔렸는지를 알 수가 있다. 더 나아가서 회사의 제품이나 서비스가 시장에서 얼마나 필요로 하고 실제로 팔리는지를 나타내는 항목이다. ㈜토스카나에서는 파스타와 피자 그리고 와인이 매출의 가장 큰 비중을 차지하며, 그 밖에도 샐러드나 스프가 일부 차지하고 있다. 매출액은 절대적 크기도 중요하지만 상대적 크기도 중요하다. 예를 들어, ㈜토스카나가 속한 산업을 외식업으로 한정할 경우 이 업종에서의 전체 매출액 대비 ㈜토스카나의 매출액이 얼마인가를 보는 것이 시장점유율이다. 이 비율은 ㈜토스카나의 시장에서의 상대적 성과와 경쟁력을 나타낸다. 또한 매출액 증가 추이 역시 한 회사의 성과를 판단하고 미래를 내

다보는 데 유용하다. 예를 들어, ㈜토스카나가 매출액에 있어 상승세를 보이면 우량한 기업이라고 평가할 수 있다.

좀 더 자세하게 살펴보면 매출액 500억원 중 파스타가 200억원으로 전체 매출액의 40%를 차지하고 있고, 피자가 150억원으로 30%, 와인이 100억원으로 20% 그리고 샐러드/스프가 50억원으로 10%를 차지하고 있다. 여기에 이를 만들거나 구입하는 데 들어간 비용인 매출원가를 빼고 나면 매출총이익이 나온다. 매출총이익은 제품경쟁력을 나타내며 일반적으로 산업별 혹은 제품별로 비슷하다. ㈜토스카나의 매출총이익률이 60%로 나왔는데, 업종의 특성상 일정하다면 대부분의 이탈리아 레스토랑은 이 정도의 매출총이익률을 가질 것이다. 또한 제품별로 살펴보면 파스타는 매출의 가장 많은 비중을 차지하지만 매출총이익률은 50% 정도이며, 피자, 와인, 샐러드/스프로 갈수록 매출총이익률이 높아지고 있어 제품별로도 수익성 차이가 있음을 알 수가 있다.

(단위 : 억원)

	파스타	피 자	와 인	샐러드/스프	총 계
매 출	200	150	100	50	500
매 출 원 가	100	60	30	10	200
매출총이익	100	90	70	40	300
매출총이익률	50%	60%	70%	80%	60%

포괄손익계산서의 매출총이익에서 판매관리비를 차감하면 산출되는 영업이익은 영업경쟁력을 반영한다. 판매관리비는 판매비와 관리비로 나눠진다. 판매비는 광고선전비, 판매촉진비, 홍보비 등을 들 수 있고, 관리비는 급여, 복리후생비, 임차료, 수도광열비, 감가상각비, 보험료, 경상시험연구비, 개발비 등이 포함된다. ㈜토스카나의 판매관리비는 120억원

으로 전체 매출의 24%를 차지하고 있다. 판매관리비가 커질수록 영업이익이 줄어들기 때문에 판매관리비를 줄이는 게 좋겠지만 어떤 항목을 줄이느냐에 따라 다른 의미를 지닐 수 있다. 예를 들어, 회사가 광고나 판촉에 지출을 많이 하고 있다면 지금은 비용이 많이 나가지만 향후의 매출이 늘어날 수 있기 때문에 반드시 안 좋은 것은 아니다. 또한 최근 들어 웰빙에 대한 사회적인 관심이 높아짐에 따라 건강을 고려한 파스타나 피자 개발에 많은 지출을 하고 있다면 당장의 비용은 늘어나지만 이 역시 미래에 대한 투자이기 때문에 좋은 평가를 내릴 수 있다.

모든 기계장치는 유지관리를 잘해서 좀 더 오래 쓸 수 있을지는 몰라도 언젠가는 못 쓰게 되어 있다. 따라서 시간이 지남에 따라 유형자산의 가치도 줄어드는 것을 고려해야 한다. 줄어드는 이 가치를 정확하게 파악하기 어렵기 때문에 합리적이고 체계적인 방법으로 추정해 **감가상각비**라는 비용으로 인식한다. 예를 들면, 유형자산이 10억원이고, 10년간 사용할 수 있다면 매년 1억원씩 가치가 줄어든 것으로 파악하고 감가상각비 1억원을 비용으로 인식한다.

이러한 **감가상각**의 개념은 이미 오래전부터 인식되어 왔다. 로마의 건축가는 매년 벽의 원가를 1/80씩 차감하여 벽의 가치를 평가하였다는 기록이 남아 있다. 그런데 감가상각의 개념은 산업혁명 이전에는 별로 중요시되지 않았다. 그 이유는 당시에 대부분의 기업이 소규모이므로 기계 및 설비자산과 같은 유형자산에 대해 별로 중요하게 여기지 않아 감가상각비를 감안한 정확한 손익계산의 필요성을 느끼지 못했기 때문이다. 그러나 20세기 초에는 자산의 정확한 평가, 원가계산의 정확성, 나아가서 기간손익의 정확성을 기하기 위해서 취득원가를 기준으로 감가상각의 계상은 자산평가나 손익 및 원가계산에서 매우 중요시되었다. 그 이유는 이익의 크기가 감가상각방법이나 재고자산 처리 등과 같은 기업의 회계처리에 따라 달라질 수 있기 때문이다. 따라서 이익의 크기를 보기에 앞서 이익이 어떻게 계산되었는가를 살펴봐야 한다.

영업이익에서 회사의 투자 및 재무 정책이 반영하는 영업외수익과 영업외비용을 가감하고 세전이익에 법인세율을 곱해서 나온 법인세비용을 차감하면 당기순이익이 산출된다. 당기순이익은 수익창출에 필요한 모든 비용을 차감하고 남은 최종적인 수치로, 재무성과를 고려한 경영능력을 평가하는 데 유용하다. 당기순이익은 경영자가 통제할 수 없는 수익과 비용까지 반영하였기 때문에 경영자의 성과를 나타내기에는 불명확하다고 보는 시각이 있는 반면, 통제할 수 없다 해도 회사의 가치에 영향을 주는 것이라면 이를 반영한 이익이 보다 관련이 있다는 시각도 있다.

매출이 크면 좋은가?

매출(액)이란 상품을 판매하거나 서비스를 제공하여 들어오는 총액을 의미한다. 몇 해 전에 회계기준이 바뀌면서 신세계가 롯데쇼핑을 제치고 외형상 업계 1위로 나서는 일이 벌어졌다. 예전에는 백화점에 입점한 업체들의 매출도 백화점의 매출로 잡았었는데 회계기준이 바뀌면서 재고물량에 대한 책임이 납품업체에 있는 특정매입의 경우에는 납품업체의 매출을 백화점의 매출로 잡지 못하고 임대료만 수익으로 잡도록 하였다. 따라서 외형상 규모가 감소하게 되었는데, 상대적으로 특정매입의 비중이 높은 롯데쇼핑은 백화점 매출이 크게 감소한 반면 이마트 등 직영점의 비중이 높은 신세계는 덜 타격을 입게 되었다. 이에 따라 유통업계의 1위 자리가 롯데쇼핑에서 신세계로 바뀌는 상황이 발생하게 되었다.[1]

이와 같은 사례를 보면서 업계 1위가 과연 중요한지에 대한 생각이

1) 그 이후에 90일 경과 후 반품불능으로 재고관련 부담을 백화점이 지면 특정매입을 총액으로 인식 및 허용하도록 함에 따라 다시 롯데쇼핑이 1위 자리를 탈환하게 되었다.

든다. 아무래도 중요할 것으로 보인다. 업계 1위라면 그 업계를 선도하고, 소비자들도 최고라는 인식을 할 것이며, 무엇보다도 1위에 대한 신뢰감이 더욱더 1위의 자리를 견고히 할 것 같다. 중요하다면 매출을 어떤 방식으로 인식하느냐에 따라 업계의 1위와 2위가 바뀌는 경우에도 중요한가? 달라진 것은 아무것도 없는데 단순히 매출규모만 보고 1위와 2위를 인식할 것인가 아니면 시장에서는 외형매출 이외에 다른 것도 따져볼 것인가? 전문가들은 좀 더 자세한 내막을 들여다보겠지만 일반 소비자나 투자자들이 그러한 내용을 잘 이해하기는 쉽지 않을 것이다. 그렇기 때문에 회사들은 어떻게 해서든 업계 1위를 하려고 하지 않을까.

그러나 실제로 시장에서는 회사에 대해 단순히 매출규모만 따지지는 않는다. 회사가 그동안 얼마나 **이익**을 냈는지도 매출 이상으로 중요하다. 기업의 실적이 발표될 때 가장 먼저 보는 것이 이익의 크기이다. 이익은 **수익**에서 **비용**을 차감한 금액으로, 기업이 일정기간 동안 벌어들인 최종적 성과를 나타내기 때문이다. 포괄손익계산서는 일정기간 동안에 이익을 얼마나 냈는지를 보여주는 재무제표이다. 즉, 1년(또는 6개월, 1개월) 동안 회사가 물건을 팔거나 서비스를 제공해서 벌어들인 금액(수익)이 얼마이며, 그 수익을 얻기 위해 얼마를 썼는지(비용)를 따져 제대로 장사를 했는지를 보여주는 재무제표이다. 수익은 당해기간의 경영성적을 나타낸다. 또한 회사가 비용을 지나치게 많이 쓴 것은 아닌지를 알 수 있다. 또한 지난 몇 년 동안 수익 추이를 보고 회사가 계속 성장하고 있는지를 판단할 수 있으며, 같은 산업 내에 있는 경쟁업체의 매출액과 비교해서 시장점유율을 알 수도 있다.

그러나 때로는 올해에 해당하는 비용을 명확히 추려내기가 쉽지 않을 수 있다. 요새는 대형프로젝트로 영화를 제작하기 위해 수백만 달러의 돈을 쏟아붓는다. 이 경우에 그 제작비를 한 번에 비용으로 처리하는 것이 좋은가 아니면 여러 해에 걸쳐 비용으로 처리하는 것이 좋은가? 정답은 그 영화필름의 경제적 유효기간에 걸쳐 제작비를 비용으로 인식하는 것이다. 그런데 최근에는 상영관에서 발생하는 극장수입뿐만 아니라 DVD, TV, 게임, 장난감 등에서도 적지 않은 수입이 발생하고, 심지어 OST가 뜨면서 나중에 CD가 발매되어 추가 수익이 발생하기도 한다. 회사에서 연구개발을 위해 쓰는 연구개발비, 제품판매를 촉진하고 홍보하기 위한 광고비 등도 당기에 비용으로 처리해야 하는지에 대해 논의의 여지가 있다.

영업이익

영업이익은 주된 사업에서 벌어들인 이익으로, 수익성을 따질 때 가장 중요하게 보는 지표이다. ㈜토스카나의 경우 파스타나 피자, 와인 그리고 샐러드/스프를 팔아서 벌어들인 매출 500억원 중 영업이익이 180억원으로 매출액 대비 36%를 차지하고 있다. 회사의 부수적인 활동으로 수익이 나거나 비용이 발생하면 이를 영업외수익, 영업외비용이라고 하는데, 이는 회사의 투자 및 재무 활동과 관련하여 발생되는 수익 및 비용이다. 영업외수익에는 수입이자, 배당금수익, 임대료수익 등이 있고, 영업외비용에는 지급이자, 투자자산평가손실, 유형자산처분손실 등이 포함된다. ㈜토스카나는 영업외비용이 영업외수익을 80억원 초과한 것으로 나타나 세금내기 전까지의 이익이 100억원이 되고 있다.

영업이익에서 법인세비용을 차감하고 나면 최종이익인 당기순이익이 나온다. ㈜토스카나의 당기순이익은 70억원으로 매출액 대비 14%의 이익(매출액순이익률)을 내고 있다. 즉, 매출이 1,000원일 때 이 수익을 내기 위해 들어간 온갖 비용을 다 차감하고 나도 140원이 남는다는 얘기이다. 다른 투자수익률과 비교해 봐도 꽤 괜찮은 수익률이다. 이와 같이 포괄손익계산서에서 매출액뿐만 아니라 영업이익, 법인세비용차감전이익, 당기순이익의 크기 그리고 매출액 대비 비율을 비교해 보면 회사가 어떤 식으로 이익을 내고 있는지 쉽게 알 수 있다.

영업이익은 흑자를 내고도 당기순이익은 적자를 기록하는 경우도 있다. 이를 영업흑자손실이라고 한다. 예를 들어, 여윳돈으로 다른 회사 주식을 사뒀는데 주가가 급락하면 평가손실이 일어나고, 외화로 갚아야 할 돈이 있는데 환율이 오르면 환차손이 발생한다. 기업을 평가할 때 영업이익이 가장 중요하므로 당기순익에서 적자를 기록하더라도 영업흑자가 났다면 향후 회계건전성이 회복될 가능성이 높다고 봐도 무방하다. 영업이익을 매출액으로 나눈 지표를 영업이익률이라 하는데, 이 지표는 재무분석가들이 기업의 가치평가를 위해 가장 많이 활용하는 중요한 지표이다.

2023년 1분기 말 시가총액 기준 100대 상장사의 2022년 영업이익률은 6.22%이며 2021년 9.25%에 비해 약 3%포인트 감소하였다. 원자재 가격과 인건비 상승, 금리인상 등 대내외 악조건으로 수익성이 악화됐다. 영업이익률이 플러스인 기업은 89곳인 반면 11곳은 영업손실로 마이너스였다. 영업이익률이 가장 높은 기업은 국내 최대 선사인 HMM으로 53.6%에 달했다. 100대 기업 중 영업이익률이 유일하게 50%를 넘었다. 2021년에도 영업이익률이 53.4%를 기록했다. 코로나19 특수로 해운운임이 가파르게 오르면서 실적 개선 효과를 톡톡히 봤다. 뒤이어 DB하이텍(45.9%), 크래프톤(40.5%), 삼성바이오로직스(32.8%) 등의 순으로 영업이익률이 높았다.

영업외손익은 회사의 부업처럼 생산, 판매 등의 본업 이외에 부가로 발생하는 손익이다. 기업경영에서는 빠른 회복력이 필요하고, 가장 큰 회복력은 바로 이익이다. 기업을 피곤하게 만드는 것은 바로 과다한 차입금과 그로 인한 이자부담이다. 물론 일정수준의 차입금은 기업의 성장을 도울 수 있는 촉매제의 역할을 한다. 또한 새로운 투자기회로 높은 수익률이 예상된다면 차입금으로 자금을 조달해서 일정수준의 이자를 갚고 나머지 이익을 주주가 향유할 수 있는 장점이 있다.

시총 100대 기업 2022년 영업이익률 TOP 20 순위

영업이익률 순위	시총 순위	기 업	업 종	영업이익률 (%)
1	29	HMM	운수창고업	53.55
2	78	DB하이텍	전기전자	45.89
3	33	크래프톤	서비스업	40.54
4	4	삼성바이오로직스	의약품	32.77
5	52	F&F	섬유의복	29.02
6	14	셀트리온	의약품	28.34
7	98	JYP Ent.	오락・문화	27.94
8	19	LG	기타금융	27.02
9	49	SK바이오사이언스	의약품	25.18
10	94	오스템임플란트	의료・정밀기기	22.27
11	39	엔씨소프트	서비스업	21.74
12	23	KT&G	기타제조업	21.66
13	100	한솔케미칼	화학	21.00
14	37	대한항공	운수창고업	20.08
15	74	코웨이	서비스업	17.57
16	75	GS	기타금융	17.39
17	68	강원랜드	서비스업	17.12
18	51	오리온	음식료품	16.24
19	8	NAVER	서비스업	15.87
20	76	카카오게임즈	디지털콘텐츠	15.32

다양한 이익 형태 보고

영업이익 정보는 어느 나라를 막론하고 재무제표이용자에게 중요한 정보로 인식되고 있으며 널리 사용되고 있다. 특히 시장에서는 주식의 가치를 평가할 때 당기순이익보다 영업이익에 더 비중을 두는 것으로 알려졌다. 그런데 IFRS에서는 영업이익을 표시하도록 요구하고 있지 않을 뿐만 아니라 영업이익에 포함되는 항목이 기업마다 달라 영업이익에 대한 기업간 비교가능성이 저해된다는 주장이 있기도 하다. 우리나라 비상장기업이 준수하는 **일반기업회계기준**(K-GAAP)에서는 영업이익이 매출액에서 매출원가와 판매관리비를 차감한 금액으로 정의되어 있으며 판매관리비에 포함되는 항목들도 예시되어 있어 영업이익에 대한 규정이 명확하다.

한편, **한국채택국제회계기준**(K-IFRS)에서는 도입 첫해인 2011년에 영업이익을 정의하지 않았으나 기업간 비교가능성 제고와 실무계의 요구를 수용하기 위해 다음 해인 2012년에 K-GAAP처럼 매출액에서 매출원가와 판매관리비를 차감한 금액으로 정의하였다. 영업이익을 획일적인 방식에 따라 다소 융통성 없이 측정해야 하므로, 기업의 영업특성을 반영하는 데에 한계가 있을 수 있다. 따라서 K-IFRS는 영업성과를 반영할 수 있는 그 밖의 수익·비용 항목이 있는 경우에는, 이를 포함하여 측정한 영업이익을 추가로 공시할 수 있도록 허용하고 있다. 단, 이렇게 기업자율에

주식회사 LS 2021년 감사보고서–주석 사항

20. 조정영업이익

(1) 당기 및 전기 중 조정영업이익은 다음과 같습니다. (단위 : 백만원)

구 분	당 기	전 기
포괄손익계산서상 영업이익	303,406	124,861
기타수익	3,994	91
기타비용	7,009	1,140
조정영업이익	300,391	123,812

따라 측정한 영업이익은 '조정영업이익' 등의 별칭을 사용하여 주석으로만 보고할 수 있다.

K-IFRS에 따르면 당기손익의 계산에 포함된 비용항목에 대해 '성격별(by nature)' 또는 '기능별(by function)' 분류방법 중 더 신뢰성 있고 목적적합한 정보를 제공하는 방법을 선택하여 분석한 내용을 공시해야 한다. 성격별 분류방법은 종업원급여비용, 감가상각비, 기타상각비 등으로 비용을 유형(types)에 따라 구분 표시하는 방법이다. 기능별 분류방법은 비용을 기능에 따라 매출원가, 물류비, 관리비, 판매비 등으로 구분 표시하는 방법이다.

주식회사 호텔신라 포괄손익계산서–성격별 분류

포괄손익계산서

제50기 2022년 1월 1일부터 2022년 12월 31일까지

제49기 2021년 1월 1일부터 2021년 12월 31일까지

주식회사 호텔신라 (단위 : 원)

과 목	주 석	제50(당)기	제49(전)기
Ⅰ. 매출액	5, 24	4,265,984,365,299	3,379,077,455,347
Ⅱ. 재료비	25	(1,791,955,790,215)	(1,823,545,198,655)
Ⅲ. 인건비	25	(164,921,460,940)	(166,285,882,845)
Ⅳ. 기타영업비용	25	(2,273,022,351,641)	(1,298,678,106,515)
Ⅴ. 영업이익	5	36,084,762,503	90,568,267,332

핵심 포인트

포괄손익계산서는 일정기간 동안 기업의 경영성과를 나타내는 보고서이다. 매출규모도 중요하지만 기업의 주요 경영활동에서 발생한 영업이익, 투자 및 재무 결정을 반영한 법인세비용차감전이익, 그리고 모든 비용을 차감한 최종의 당기순이익 등을 이용목적에 맞게 사용할 수 있다.

제 12 장

어떻게 조달해서 어떻게 보유하고 있나 – 재무상태표

세상에 공짜점심은 없다.
There is no such thing as a free lunch.
– Nobel-prize winning Chicago-school economist, Milton Friedman

재무상태표의 기원

포괄손익계산서와 더불어 중요한 재무제표는 일정시점의 재정상태를 나타내는 **재무상태표**(Statement of financial position)이다. 재무상태표의 시초는 16세기의 수학자였던 Simon Stevin이 상인들을 설득해 이탈리아식 상업부기로 불리는 장부를 매년 말에 작성하는 원칙을 제안한 데서 유래한다. 그가 제안한 재무상태표는 총계정원장에 기초하였지만 계정별로 따로따로 작성되었기 때문에 오늘날 재무상태표와는 다소 차이가 있다. 오늘날의 양식과 가장 유사한 재무상태표는 1671년 동인도회사가 주주총회에 제출한 장부이다. 외부감사까지 받은 재무상태표는 1844년 영국의 은행법(Bank Charter Act)이 통과되고 나서부터이다. 1673년에는 프랑스에서 상법에 반기별로 재무상태표를 작성하도록 하였다.

근대회계의 발달은 19세기 초 이후 상권이 지중해에서 대서양 연안국으로 이전되고 산업발전과 기술혁신을 동반한 산업혁명이 진전됨에 따라 이루어졌다. 특히 근대회계의 발전 요인은 산업혁명의 진전과 주식회사의 발달이라 할 수 있다. 획기적인 공업기술의 발달은 회계환경을 크게 변화시켰고 회계영역도 크게 확대시켜 회계이론이나 실무기법을 심화시켰다. 기술의 발달과 제조공업의 확대로 제품의 정확한 원가계산이 매우 필요하게 되었고, 그로 인하여 재고자산의 평가문제, 제조간접비의 예정배부, 노무비의 세부적 파악 등 일련의 원가계산방법이 발달되었으며, 계상된 원가액은 제품가격의 결정수단으로 활용되었다.

특히 20세기 초에 주식회사의 출현과 발전은 투자자에게는 무기한으로 자본을 투자할 수 있는 대상을 찾게 하였다. 또한 기업에서도 기계와 공장 그리고 대량생산에 필요한 자본을 투자자로부터 조달할 수 있게 되었다. 이에 따라 기업을 계속적인 존재로 이해하는, 소위 계속기업(going concern)의 개념이 싹트기 시작하였다. 이와 같이 기업의 계속성에 수반

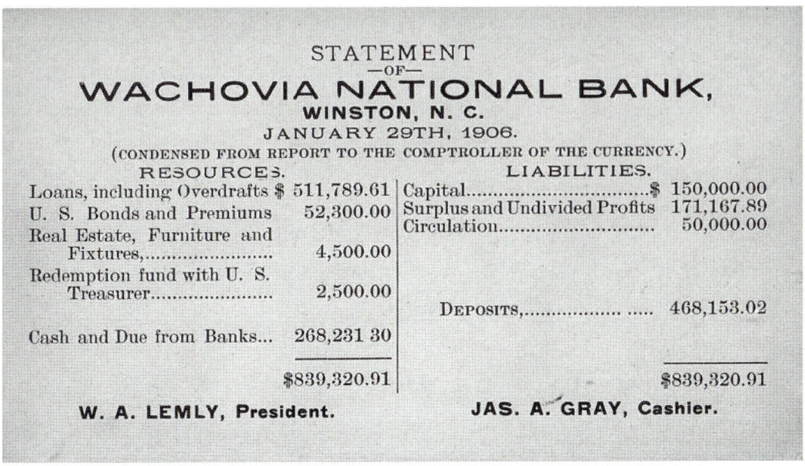

STATEMENT
—OF—
WACHOVIA NATIONAL BANK,
WINSTON, N. C.
JANUARY 29TH, 1906.
(CONDENSED FROM REPORT TO THE COMPTROLLER OF THE CURRENCY.)

RESOURCES.		LIABILITIES.	
Loans, including Overdrafts	$ 511,789.61	Capital	$ 150,000.00
U. S. Bonds and Premiums	52,300.00	Surplus and Undivided Profits	171,167.89
Real Estate, Furniture and Fixtures,	4,500.00	Circulation	50,000.00
Redemption fund with U. S. Treasurer	2,500.00	DEPOSITS,	468,153.02
Cash and Due from Banks	268,231 30		
	$839,320.91		$839,320.91

W. A. LEMLY, President.   JAS. A. GRAY, Cashier.

미국 노스캐롤라이나에 위치한 Wachovia National Bank의 1906년 1월 29일 재무상태표

하여 납입자본의 유지, 자본적 지출과 수익적 지출의 구별, 설비투자의 증대와 더불어 자산평가에 대한 필요성이 크게 대두되었고, 재무상태표의 중요성도 크게 증대되었다.

재무상태표 – 경제적 자원과 그 청구권

재무상태표는 기업의 재무상태를 살펴보는 재무제표로 돈을 어떻게 조달했고, 어디에 사용하였는지를 특정시점을 기준으로 나타낸다. 재무상태표의 오른쪽에는 회사가 운영에 필요한 자금을 은행에서 빌렸는지 아니면 주식을 빌행해서 주주로부터 투자를 받았는지를 표시한다. 재무상태표의 왼쪽에는 회사가 조달한 자금이 어떤 형태의 자산으로 운용되는지를 보여준다. 조달한 돈이 기업이 보유하고 있는 자산과 같으므로 다음과 같은 등식이 성립한다.

어디에 썼는가?(자원) = 어디에서 났는가?(원천)
자산(경제적 자원) = 부채(빌린 돈) + 자본(투자받은 돈)[1)]

따라서 재무상태표는 **자본**(equity : E)과 **부채**(liabilities : L)가 어떻게 한 기업의 **자산**(assets : A)을 구성하고 있는가를 설명한다. 자산항목을 들여다보면 회사가 갖고 있는 돈으로 어디에 투자를 하고 어떻게 자원을 운용하는지(투자결정)를 알 수 있다. 부채와 자본 항목을 살펴보면 그 자원을 보유하기 위해 돈을 어떻게 끌어왔는지(재무결정)를 알 수 있다. 재무상태표를 보면 이 회사가 얼마나 큰 회사인지(자산규모), 자기 돈에 비

---

1) Everything the company has(assets) either belongs to somebody else(liabilities) or to the company's owners(capital).

해 너무 많이 빌린 것은 아닌지(부채규모와 부채를 자본으로 나눈 부채비율)를 파악할 수 있다.

자기자본비율은 (자기)자본 합계를 자산총계로 나눈 비율로 기업경영의 안정성을 나타낸다. 자본은 주주가 출자한 자본금과 이익이 사내에 유보되어 축적된 이익잉여금으로 구성되어 있다. 자기자본비율이 높을수록 안정성이 높은 것으로 평가된다. 산업별로 다르기는 하지만 자기자본비율이 40%면 안정성이 충분하고 기업이 적극적인 투자를 도모하고 있는 상태로 여겨진다.

부채비율은 부채 합계를 자본 합계로 나눈 비율로 기업의 안정성에 대한 지표이다. 부채비율이 높으면 기업에 이자부담을 안겨줄 수 있다. 그러나 부채가 영업상 발생한 영업부채라면 덜 문제가 되고, 미래에 증대될 것으로 예상되는 수요를 보고 설비투자를 위해 발생한 장기차입금이 많다면 이 역시 덜 문제가 된다. 그러나 영업손실을 메우기 위해 차입금을 조달한 경우라면 우려가 될 수도 있다.

㈜토스카나의 재무상태표를 살펴보면, 총자산 규모가 1,000억원이다. 부채와 자본은 각각 600억원과 400억원으로 자본 대비 부채 비율이

재무상태표

20×1년 12월 31일

㈜토스카나 (단위 : 억원)

〈자산〉		〈부채와 자본〉	
현 금	80	매 입 채 무	70
매 출 채 권	100	단기차입금	120
재 고 자 산	120	미 지 급 금	60
유 동 자 산	300	유 동 부 채	250
토 지	150	사 채	350
건 물	240	비유동부채	350
기 계 장 치	160	부 채 총 계	600
영 업 권	70	자 본 금	330
개 발 비	80	이익잉여금	70
비유동자산	700	자 본 총 계	400
자 산 총 계	1,000	부채와 자본 총계	1,000

150%(=600억원÷400억원)이다. 총자산 대비 부채 비율은 60%로 ㈜토스카나가 보유하는 경제적 자원의 60%를 부채로 조달하고, 나머지 40%는 자본으로 조달하였음을 알 수 있다. 1년 이내에 현금화하기 용이한 유동자산은 300억원이며, 1년 이내 현금화하기 어려운 비유동자산은 700억원으로 토지, 건물, 기계장치에 무려 550억원(55%)이 묶여 있음을 알 수 있다.

자산은 효익을 가져다주는 경제적 자원

자산은 회사가 보유하고 있는 경제적 자원으로 통상적으로 얘기하는 재산보다는 넓은 의미를 지닌다. 재산은 반드시 가치가 있어야 하지만 회계에서는 미래에 효익을 가져다주면 자산으로 기록한다. 현금이나 재고자산, 토지, 건물, 기계장비 등은 재산이자 자산인 반면, 개발비는 가치가 있는 재산은 아니지만 이러한 지출로 인한 효과로 미래효익이 있을 수 있고 상당기간 지속될 것으로 보기 때문에 자산으로 잡는다. 자산은 현금화가 쉬운 유동자산(예 : 현금, 단기금융상품, 매출채권, 재고자산)과 그렇지 않은 비유동자산(예 : 토지, 건물, 영업권)으로 구분된다.

자산은 미래에 효익을 가져다주는 경제적 자원으로 미소멸원가라고 한다. 즉, 효익이 아직 소멸되지 않은 경제적 자원이라는 의미인데, 그 효익이 소멸되면 소멸된 원가인 비용으로 대체된다. 예를 들어, 선급보험료는 보험회사에 보험료 명목으로 미리 지급한 돈으로 보험가입기간 동안 화재나 도난시 보상을 청구할 수 있는 혜택이 부여되어 있기 때문에 자산이다. 그러나 시간이 지나면서 그러한 혜택이 없어지는데, 그 부분을 보험료라는 비용으로 바꿔준다. 자산과 비용의 차이는 **돈을 벌어다 주는 시점의 차이**이다. 급여가 비용이 되는 이유는 미래에 효익이 들어오도록 하는 것이 아니라 과거에 효익이 들어오도록 했기 때문이다. 미래에 효익이 들어오도록 한다면 자산이 된다.

현금은 회사의 영업활동과정에서 원하는 용도로 사용할 수 있는 가장 **유동성**이 높은 자산이지만 반면에 **수익성**이 가장 낮은 자산이다. 물가가 지속적으로 상승한다고 봤을 때 과다하게 현금을 많이 보유하면 오히려 마이너스의 수익률을 갖게 된다. 따라서 대부분의 경우 적정 수준의 필요한 현금을 보유하려 하고 나머지는 금융상품으로 보유하거나 아니면 장기투자를 하기도 한다. 그러나 IMF 유동성 위기에서 경험한 것처럼 유동자산을 지나치게 장기투자하게 되면 단기에 상환해야 하는 채무에 비해 현금화할 수 있는 자산이 적으므로 유동성 부족에 따른 지급불능의 어려움을 겪을 수도 있다.

상거래에 있어 판매의 90%가 외상(신용)으로 이루어진다. 이때 발생하는 자산이 고객으로부터 대금을 회수할 권리를 나타내는 **매출채권**이다. 이 매출채권은 통상적으로 기업의 총자산 중에서 설비자산을 제외하면 두 번째로 큰 자산이다. 매출채권이 많다는 것은 장사가 잘된다는 것을 의미할 수도 있지만, 매출채권이 계속 장부에 잡혀 있다는 것은 대금회수가 잘 안 된다는 의미일 수도 있다. 이런 경우 외상으로 물건을 팔 때에는 고객에 대한 신용조사가 제대로 이루어졌는지부터 고객에게서 대금을 회수하려는 노력이 이루어지고 있는지를 점검할 필요가 있다. ㈜토스카나는 매출채권이 100억원으로 총자산 대비 10%를 차지하고 있다.

재고자산은 **판매를 목적으로 보유**하는 자산이다. 재고자산을 너무 적게 가지고 있으면 소비자들이 원하는 물건을 제때에 제공하지 못하는 문제가 있고, 너무 과다하게 갖고 있으면 재고보유비용도 만만치 않을뿐더러 재고에 그만큼 돈이 묶여 있다고 볼 수 있다. 따라서 재고자산을 과다하게 보유할 수는 없다. 또한 팔릴 때까지 시간이 걸리며, 혹시 팔리지 않을 수도 있다. 또는 유통기간이 지나 폐기처분하거나 더 이상 시장에서 수요가 없어 손해를 감수해야 하는 상황이 발생하기도 한다. 설령 팔려도 대금을 회수하는 데 문제가 발생하기도 하니 상당한 시간을 두고 그 크기나 변화를 살펴봐야 한다.

재고자산이 팔려나가면 매출이라는 수익이 발생하고, 재고자산은 줄어들면서 포괄손익계산서에서 가장 중요한 비용항목인 매출원가가 발생한다. ㈜토스카나는 재고자산이 120억원으로 총자산 대비 12%의 비중을 차지하고 있다.

재무상태표상 자산을 1년 안에 현금화할 수 있느냐 없느냐를 가지고 유동자산과 비유동자산으로 구분한다. 그중에서 유동자산이 중요한데, 1년 안에 현금화가 되지 않으면 기업이 경영상의 어려움을 겪을 가능성이 매우 높기 때문이다. 매출채권과 재고자산이 얼마나 빨리 현금화되는지를 확인하고, 매출채권 회전일수가 90일 이하, 재고자산 회전일수가 30일 이하인 기업이 좋은 기업이다. 매출채권 회전일수가 180일 이상, 재고자산 회전일수가 90일 이상인 기업은 위험한 기업일 수 있다.

토지, 건물, 기계장치는 1년 이내에 현금화하기가 쉽지 않은 유형자산으로 여러 해에 걸쳐 회사에 효익을 가져다주는 경제적 자원이다. 토지나 건물은 회사가 영업활동을 하기 위한 장소를 제공해 준다. 토지나 건물을 투자목적으로 보유하고 있다면 투자부동산으로 분류된다. 기계장치는 제조·생산 활동을 위한 자산으로, 어떤 것을 살지, 얼마나 사용할지, 사는 것보다 빌려서 사용하는 것이 더 나은지를 판단해야 한다. ㈜토스카나가 보유한 토지, 건물, 기계장치는 각각 150억원, 240억원, 160억원으로, 비유동자산 비중이 총자산 대비 55%나 차지하고 있다. 이는 ㈜토스카나의 투자정책이 매장의 토지 및 건물 그리고 제조시설 공장을 직접 소유하기 때문인 것으로 추정된다.

영업권과 개발비는 무형자산으로, 현재의 지식기반사회에서는 기업이 보유하는 유형자산 못지않게 중요하다. 무형자산은 물리적 형태가 없는, 그러나 회사에 효익을 가져다주는 경제적 자원이다. 영업권(goodwill)은 합병 등 사업결합과정에서 피매수회사 순자산의 공정가치보다 더 많은 대가를 지급할 때 그 초과 지급액을 말한다. 개발비는 기술적으로 사용 판매할 수 있고, 기업이 그럴 의도나 능력이 있으며, 이 자산 자체를 거래하는 시장이 존재하면 관련 지출을 내부적으로 창출된 무형자산으로 인식한다. ㈜토스카나는 영업권과 개발비가 각각 70억원과 80억원으로 무형자산이 150억원이며, 자산 대비 15%를 차지하고 있다.

요즘 무형자산의 가치가 유형자산의 가치를 앞질러 가고 있다. 인공지능, 자율주행, 사물인터넷 등으로 대변되는 4차 산업혁명시대에 있어 무형자산의 가치는 더욱 증가했다. 특허가치평가 전문기업 오션 토모(Ocean Tomo)가 발표한 '무형자산 시장가치 연구(Intangible Asset Market Value Study)' 보고서에 따르면 기업의 시가총액에서 무형자산 가치가 차지하는 비율이 유형자산 가치를 이미 앞섰다. 단, 여기서 무형자산 가치는 시가총액에서 유형자산 가치를 차감하여 산정하였다. 미국 S&P 500

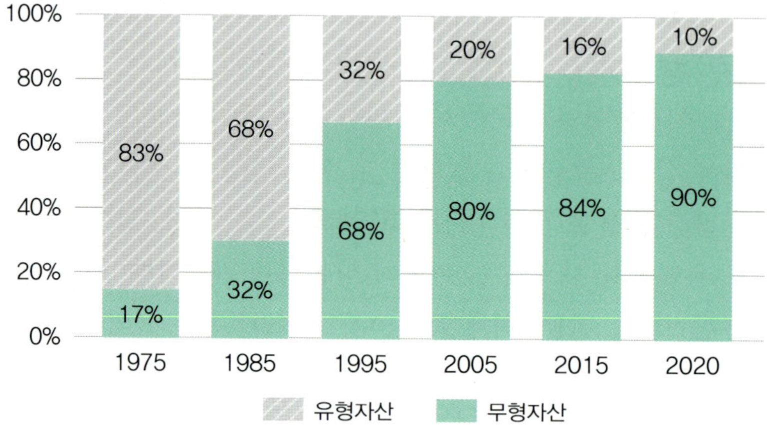

S&P 500 기업의 시장가치 구성요소

기업의 경우 시가총액 중 무형자산이 차지하는 비율이 1975년 17%에서 2005년 80%, 2015년 84%를 넘어 2020년 90%까지 증가했다. 지난 45년 동안 S&P 500의 무형자산 가치 비율은 5배 이상이 된 것이다. 2020년 주요 기업의 시가총액 대비 무형자산 비율은 유럽(S&P Europe 350) 75%, 한국(KOSDAQ) 57%, 중국(Shanghai Shenzhen CSI 300) 44%, 일본(Nikkei-225) 32%를 나타내고 있다.

부채는 미래효익의 희생

재무상태표에서 **부채**는 기업이 보유하고 있는 경제적 자원인 자산에 대한 채권자의 청구권이다. 부채는 갚아야 할 돈으로 흔히 얘기하는 '빚'이라고 보면 된다. 우리나라에는 빚에 관한 속담이 많다. "빚 물어 달라는 자식은 낳지도 말라"는 뜻은 빚을 얻는 자식은 없는 것만 못하다는 뜻이다. 또한 "빚 준 상전이요 빚 쓴 종"이라는 속담은 빚을 지면 종처럼 된다는 뜻이다. 빚이 무섭다는 것은 대부분의 사람이 동의한다.

그러나 한편으로는 빚을 질 수 있는 것도 능력이며, 빚을 얻어 잘 이용하면 덕이 되는 경우도 있다. 우리나라는 1960년대 초 독일에서 광부와 간호사의 임금을 담보로 받아온 상업차관이 경제개발을 추진하는 쌈짓돈이 되었다. 정주영 회장이 영국의 바클리 은행에 우리나라 지폐에 나온 거북선을 보여주면서 우리나라 조선 산업의 전통을 강조하여 현대중공업 조선소를 건설하기 위한 자금을 빌려온 것도 오랫동안 회자되는 일화 중 하나이다. 그러나 1990년대 말에 우리나라가 외채부도 위기에서 IMF의 금융지원을 받으면서 혹독한 구조조정을 하여 톡톡히 빚잔치를 한 것은 금융기관이나 대우 등의 대기업이 해외에서 빌려온 채무가 원인이 된 것이다. 2008년 말에도 우리나라는 무역흑자가 났지만 금융기관 등의 단기채무를 갚지 못할 위기에 처한 바 있다.

재무상태표는 자산과 부채를 기록한 표로 1년 이내에 현금화되거나 갚아야 하는 유동자산과 유동부채의 비율이 중요하다. 부채도 1년 이내에 갚아야 하는 유동부채와 만기가 1년 이상인 비유동부채로 구분된다. 유동부채는 매입채무와 단기차입금으로 구성되며, 비유동부채는 크게 장기차입금과 사채로 구성된다. 매입채무는 지급어음과 외상매입금의 합계를 말하며, 단기차입금은 지급기간을 1년 이내로 정하고 빌린 돈을 의미한다. 장기차입금은 지급기간을 1년 이상으로 정하고 빌린 돈을 말하고, 사채는 주식회사가 일반 대중에게 자금을 모집하려고 집단적·대량적으로 발행하는 채권을 뜻한다. 부채항목 중에서 단기차입금, 장기차입금, 사채 등은 이자를 발생시키기 때문에 중요하게 파악하고 있어야 한다. 왜냐하면 매월 이자를 납부하지 못할 경우 채무불이행으로 기업이 파산할 수 있기 때문이다.

갚을 대상이 거래회사이면 매입채무, 은행이면 차입금, 직원이면 미지급급여, 국가이면 미지급법인세이다. 갚아야 하는 돈은 자금이 있어야 하기 때문에 지나치게 많으면 이자부담으로 기업이 어려워질 수 있다. 그러나 기업이 필요한 돈을 모두 주주가 투자할 수는 없기 때문에 기업이 성장하는 데 어느 정도의 부채는 필요하다고 할 수 있다. 자금조달의 내용을 파악할 때에는 단기차입금과 사채 등을 자기자본과 비교해 보면 된다.

유동성(liquidity)이란 자산이 현금으로 실현 또는 다른 방법으로 전환되거나 부채가 상환될 때까지 걸리게 될 것으로 기대되는 시간의 길이로서 그 기간이 짧을수록 유동성이 높다. 유동비율은 유동자산을 유동부채로 나눈 것이다. 이 비율은 기업이 보유하는 지급능력, 또는 그 신용능력을 판단하기 위해 쓰이는 것으로 신용분석적 관점에서는 가장 중요한 지표이다. 이 비율이 높을수록 재무유동성이 좋고, 200% 이상으로 유지되면 자금사정이 안정적인 것으로 볼 수 있으며 이상적인 상황이다. 통상적으로 유동자산이 유동부채의 1.5배 정도 되면 유동성이 양호하여 현금부족으로 인한 문제가 없다고 본다.

금융기관에서 유독 주목해서 보는 비율이 바로 유동비율이다. ㈜토스카니는 유동자산 300억원 중에서도 재고자산이 120억원인데, 재고자산은 판매를 목적으로 보유하는 자산이기 때문에 유동부채 250억원을 갚는데 사용할 수 없다. 유동자산에서 재고자산을 차감한 당좌자산은 180억원으로 당장 내년에 갚아야 할 250억원보다 작기 때문에 유동성에 문제가 있어 보인다. 물론 재고자산이 모두 팔린다면 어느 정도 문제는 해소될 수 있다.

부채비율은 재무상태표의 부채총액을 자기자본으로 나눈 비율, 즉 타인자본의 의존도를 표시하며, 경영분석에서 기업의 건전성을 나타내는 지표로 사용된다. 기업의 부채는 적어도 자기자본 이하인 것이 바람직하기 때문에 부채비율은 100% 이하가 이상적이다. 이 비율이 높을수록 재무구조가 불건전하므로 지불능력에 문제가 된다. 따라서 부채비율이 150% 미만인 기업을 선정해야 한다. 부채비율이 낮은 기업일수록 우량한 재무구조를 보유한 기업으로 볼 수 있는데, 통상 200% 이상이면 부실한 재무구조를 가진 기업일 가능성이 있으므로 전년도에 비해 단기차입금 등이 증가했는지 주의 깊게 검토해야 한다.

돈을 장기로 빌릴지 아니면 단기로 빌릴지도 중요한 결정사항이다. 만약 단기금리가 낮다면 단기로 자금을 조달하는 것이 나을 것이다. 그러나 만기일이 올 때마다 새로 돈을 빌려야 하는 번거로움이 있고 예기치 못한 상황이 발생해 금리가 폭등할 경우 엄청난 이자를 감당해야 하는 문제가 있다. 따라서 부채의 장단기 비율을 보면 기업이 필요로 하는 자금조달을 어떻게 했는지를 알 뿐만 아니라 향후에 필요로 하는 자금이 어느 정도인지 미래전망에 대한 정보도 유추해 볼 수 있다.

자본은 순자산

기업의 목표는 이윤추구이다. 이윤을 창출하기 위해서 경영활동을 해야 하고, 그러려면 돈, 즉 자본이 필요하다. 이를 위해서 은행에서 빌리거나 회사채를 발행하여 타인자본을 조달할 수도 있고 또는 주식발행으로 자기자본을 조달할 수도 있다. 타인자본은 재무상태표상에 부채로 잡히는 반면, 자기자본은 자본 또는 주주지분으로 인식된다. 이렇게 조달된 자본을 통해 기업은 이윤을 창출하고 기업 투자자들 또한 이윤을 얻게 되어 재투자와 경영활동이 반복되면서 성장이 이루어진다.

재무상태표의 자산에서 부채를 차감한 나머지가 잔여지분 청구권(residual claim)인 자본이다. 자본은 자본금, 자본잉여금, 이익잉여금, 자본조정 등으로 이루어져 있다. 자본금은 발행된 주식수에 액면가액을 곱한 금액이다. 자본잉여금은 자본거래에서 발생한 잉여금이다. 이익잉여금은 이익이 났을 때 일부를 주주에게 배당으로 지급하지 않고 회사에 나눠

축적되어 쌓인 이익이다. 자본조정은 자본의 차감 또는 부가 계정이다.

회사를 경영한 결과 이익이 나면 이 중의 일부는 주주에게 배당[2]으로 지급할 수도 있고, 미래를 위해 내부에 적립할 수도 있다. 이와 같이 매년 발생한 이익의 일부는 배당금 지급으로 빠져나가지만 지급하고 남은 이익은 계속 쌓이게 되는데, 이를 **이익잉여금**이라고 한다. 올 회계연도 전까지 처분하고 남아 있는 부분을 전기이월이익잉여금(재무상태표상의 기초이익잉여금)이라 하고, 당기에 새로 벌어들인 이익을 합해 처분가능 이익잉여금이라 한다. 이 중에서 배당을 지급하고 남은 금액을 차기이월이익잉여금이라 하며, 이 금액이 바로 재무상태표에 기록되는 기말이익잉여금이다. 포괄손익계산서에 기록된 이익은 재무상태표의 이익잉여금을 늘려주는 역할을 하기 때문에 포괄손익계산서와 재무상태표는 바로 이 이익잉여금을 통해 연결되어 있다고 할 수 있다.

자본에 영향을 미치는 거래를 주의 깊게 살펴보면 기업의 미래전망을 가늠해 볼 수 있다. 삼성전자는 수년 전에 시장에서 유통되는 삼성전자 주식 1조원어치를 사들여 소각시켜 버렸다. 이로 인해 삼성전자의 현금은 엄청나게 줄어들었다. 그렇다면 왜 이렇게 돈을 써가면서 자기 회사 주식을 시장에서 사들이는 것일까? 여러 가지 이유가 있지만 그중 하나는 주가가 심각할 정도로 저평가되어 있다는 것을 시장에 알리기 위함이다. 즉, 기업의 미래전망이 좋다는 것을 시장에 알리려는 것이다. 두 번째는 인수대상으로서 별로 매력적이지 못하게 하는 효과가 있다. 만약 현금이 지나치게 많으면 돈을 빌려 이 회사를 인수한 다음 그 회사가 갖고 있는 돈으로 빚을 갚으려 할 것이기 때문이다. 사실상 회사에서 주식을 사들여 소각시키면 주식수가 줄어들지만, 기업의 가치가 변하지 않았

2) 회사는 채권자로부터 빌린 돈에 대해서는 경영성과에 관계없이 이자를 지급해야 하지만 주주에게 지급하는 배당금은 반드시 지급할 필요는 없다. 회사는 대체로 경영성과가 좋으면 이익의 일부를 주주에게 자금사용의 대가로 배당한다.

다면 주식 한 주당 가치는 증가하여 주가는 뛰게 되어 있으므로 기존 주주의 입장에서는 손해가 아니다. 이와 같이 재무상태표에서 자기주식의 취득·처분·소각에 대한 정보는 기업의 의도와 전망을 파악하는 데 매우 유용하다.

자본에서 주의 깊게 봐야 할 부분은 바로 유상증자와 무상증자, 유상감자와 무상감자, 주식배당 등이다. 여기서 유상이란 현금이 오고 가는 것이고, 증자와 감자는 각각 자본금의 증가와 감소를 가져오는 것이다. 따라서 유상증자는 주식을 매각하여 자본금이 증가하고 현금이 들어오는 것인 반면, 유상감자는 현금으로 주식을 사들여 소각함으로써 자본금의 감소를 가져오는 경우를 말한다. 한편, 무상증자는 자본잉여금과 이익준비금 등을 재원으로 자본금을 증가시키는 것이고, 무상감자는 결손금을 보전하기 위해 자본금으로 대체하는 경우이다.

유상감자는 기존 주주들에게 돌아가는 피해는 없지만 사실상 배당과 같은 효과가 있다. IMF 이후 국내기업들을 싸게 인수한 외국계 사모펀드들이 유상감자를 통해 투자금을 많이 회수해 나갔다. 유상감자가 배당보다 선호되는 이유는 배당의 경우 그 요건이 엄격하고 실행에 일정한 시간이 필요한 반면, 유상감자의 경우 자본잠식만 아니면 언제든지 가능하고, 임시 주주총회를 개최하여 언제든지 결의할 수 있기 때문이다. 유상감자를 부정적으로 보는 이유는 성장을 위해서는 자본이 필요한데, 자본이 필요하지 않다는 의미는 성장도 없다는 의미에서 회사가 더 이상 성장할 가능성이 없다고 보아 자본을 회수해가는 것으로 보이는 **신호효과**(signaling effect)가 있기 때문이다. 여기에 이른바 '먹튀(해외투기) 자본'에 대한 부정적인 시각도 깔려 있다.

무상감자는 결손금 상계를 통해 기존 주주들 지분의 자본금을 낮추어서 향후 제3자 유상증자를 통해 들어오게 될 신규투자자들의 지분확대를 용이하게 하는 효과가 있다. 실질적으로 기존 주주들의 지분율이 향후의 유상증자시에 감소될 가능성이 증대된다고 할 수 있을 뿐 무상감자를 통해 주주의 부에 감소가 나타나는 것은 아니다. 무상감자를 부정적으로 보는 이유는 회사가 이미 부실상태에 있는 것을 재확인하는 것이기 때문이다. 새로운 주주를 찾기 용이하게 만들고 있다는 점에서, 회사의 현 대주주, 경영진이 혹시라도 소액주주들이 가지고 있지 못한 더 좋지 않은 정보, 즉 회사가 숨겨진 부실을 가지고 있을지도 모른다는 신호효과가 발생할 수 있다.

부채인가 자본인가?

오늘날에는 자본을 조달하는 방식이 정교해짐에 따라 부채인지 자본인지 명확하지 않은 경우가 종종 발생한다. 회사채와 유사한 구조임에도 빚이 아닌 자본으로 인정되어 상장사들이 잇달아 발행에 나서고 있는 신종자본증권의 풋옵션 구조가 대표적 사례이다. 신종자본증권은 영구채(perpetual bond)로 인식되어 있지만 투자자가 5년 안에 다시 사줄 것을 요구한다면 은행과 발행사의 상환부담이 급격히 커질 리스크를 안고 있다. 최근 발행한 신종자본증권에는 풋옵션(매수청구권)이 붙어 있어 5년 안에 투자자들이 신종자본증권 매입을 요청할 수 있다. 풋옵션 행사 때에는 은행이 신종자본증권을 대신 매입해 투자자에게 원리금을 지급하는 식으로 신용이 보강되어 있다. 그러나 은행이 신종자본증권을 매입한 뒤 발행사가 매입대금을 제때 지급하지 못하면 발행사에 주식으로 대신 받겠다는 주식스왑청구권이 부가되어 있다. 이러한 신종자본증권에 대한 신용보강 구조는 매우 까다롭고 발행사에 불리하게 설계되어 있다.

은행들이 신종자본증권 발행에 적극적으로 나서고 있는 이유는 무엇일까? 우선 발행금액 대비 1～2%의 신용공여 수수료를 얻을 수 있다.

투자자에게 매입한 신종자본증권을 재매각하는 과정에서 추가 이자비용도 확보할 수 있기 때문이다. 또한 5년 내 풋옵션이 행사되더라도 발행사의 주식을 담보로 잡고 있어 리스크도 크지 않다. 뿐만 아니라 계열증권사들을 발행과정에 참여시킴으로써 1～2%대 발행수수료를 추가로 확보할 수 있는 이점이 있다.

반면에 신종자본증권 발행으로 발행사가 얻는 이익은 크지 않아 보인다. 금리와 수수료까지 감안하면 발행비용도 만만치 않은 데다 20%에 해당하는 지분을 외부에 담보로 맡겨야 하는 위험까지 떠안기 때문이다. 이자만 내면 되는 은행 대출에 비해 훨씬 많은 비용을 지출했으며, 20% 지분을 담보로 제공하는 위험을 무릅쓰고 발행에 참여하게 된 이유를 납득하기 어렵다. 또한 재무구조의 실질은 변함없는데 부채비율 등 눈에 보이는 숫자를 개선하기 위해 너무 큰 대가를 지불하는 것일 수도 있다. 외견상 단기간의 재무지표는 개선된 것으로 시장이 받아들인다 치더라도 5년 후 유동성 부족과 지분구조 변동 리스크에 노출될 수 있다. 더욱이 무리한 발행은 오히려 기업 재무상태가 좋지 않다는 신호로 작용할 수도 있다.

풋옵션 구조가 수면 위로 떠오르면서 신종자본증권을 자본으로 인정할 수 있을 것인가에 대한 논란은 여전히 지속되고 있다. 풋옵션 행사 때 은행들은 브리지 역할만 할 뿐 실제 현금이나 주식을 통해 신종자본증권을 매입해야 하는 주체는 발행사이기 때문이다. 발행사에 상환 또는 매입 의무가 명백하게 존재하는데 부채가 아닌 자본으로 인정할 수는 없다는 시각도 늘어나고 있다.

업종별 특성

업종별 자산 포트폴리오를 한번 살펴보자. 2022년 말 기준 ㈜LG화학의 경우 유형자산(36.3%), 종속기업투자자산(25.8%), 재고자산(10.3%)의 순서대로 자산구성이 이루어져 있다. 화학업종을 영위하는 장치산업의 특징으로 유형자산이 가장 높은 비중을 차지하고 있다. 동일한 LG그룹의 대표 제조업종인 LG전자㈜의 자산구성은 어떨까? 제조업이므로 ㈜LG화학처럼 유형자산의 비중이 가장 높을까? 사실 그렇지 않다. 2022년 종속기업, 관계기업 및 공동기업 투자가 유형자산보다 무려 약 3조원이나 많다. 전 세계를 무대로 하여 세계 각지에 생산 및 판매 기지를 세웠기 때문이다.

삼성중공업㈜과 같은 조선업에서 가장 큰 부채항목은 무엇일까? 그것은 다름 아닌 수주계약에 따른 선수금 성격의 계약부채이다. 2022년 계약부채 규모는 3조 6천억원으로 부채총계의 약 33%를 차지한다. 상조회사인 ㈜프리드라이프의 부금선수금은 상조회원으로부터 매월 또는 정해진 기간에 따라 불입받은 금액으로 부채총계의 약 96%를 차지한다. 이러한 선수금은 미래수익의 원천으로 고맙고 착한 부채라고 할 수 있다.

한편 외국어학원을 운영하고 있는 ㈜파고다아카데미, 시원스쿨 온라인교육서비스업을 영위하고 있는 ㈜에스제이더블유인터내셔널, 학업강습소를 운영하고 있는 강남대성학원㈜ 등의 부채항목을 살펴보면 가장 크지는 않지만 다른 업종에 비해 선수금이 제법 크다는 것을 알 수 있다. 이러한 선수금의 추이를 통해 미래수익과 성장가능성을 파악할 수 있을 것이다.

핵심 포인트

재무상태표는 일정시점에서 기업의 재무상태를 나타내는 보고서이다. 자산은 미래에 효익을 가져다주는 경제적 자원이고, 부채는 그 경제적 자원에 대한 채권자의 청구권인 반면, 자본은 주주의 청구권이다. 재무상태표의 부채와 자본의 규모와 비율을 보면 그 기업이 자금을 어떻게 조달했는지를 알 수 있고 자산의 구성을 보면 그 기업의 투자정책에 대해 파악할 수 있다.

제 13 장

현금은 왕 – 현금흐름표

믿을 만한 친구 세 명은 오래된 부인, 늙은 개 그리고 현금이다.
There are three friends you can rely on-old wife, old dog and cash.
– Benjamin Franklin

현금이 최고!

돈은 혈액(피)이고 금융은 혈액순환계이다. 피가 돌지 않아 뇌에 산소가 공급되지 않으면 아무리 건강하고 체력이 좋은 사람이라도 죽음에 이르게 된다. 이처럼 돈이 돌지 않으면 기업의 경쟁력이 아무리 강하다고 해도 순식간에 부도를 내고 쓰러질 수 있다. 흑자도산이란 재무제표상에는 흑자, 즉 이익을 내고 있지만 예상치 못한 원자재가격 급등과 임금상승, 불경기로 인한 과도한 설비투자, 다액의 불량채권, 과다한 재고 등으로 인하여 이자부담을 견디지 못하고 도산하는 경우를 말한다. 그렇기 때문에 이익도 중요하지만 여의도 증권가에서는 현금이 최고다(Cash is king)라는 말까지 나오고 있다.

예전에 지인 한 분이 명예퇴직을 한 후에 조그만 식당을 차렸는데 예상외로 잘되었다. 테이블이 열 개도 안 되는 식당이었지만 음식 맛이 입소문을 타면서 점심때면 줄을 서서 기다려야 할 정도였다. 어느 정도 돈을 벌자 바로 옆 건물의 1층과 2층을 임차하여 아주 멋들어지게 실내 장식도 한 다음 새로 오픈을 하였다. 그런데 이상하게도 손님이 늘어나지도 않았을뿐더러 식사 값을 천원 올려서인지 오히려 예전만 못하였다. 비싼 임대료에 새로이 투자하면서 대출받은 돈에 대한 이자부담, 거기에 원래 있던 자리에 비슷한 식당이 들어서면서 결국 6개월 만에 문을 닫고야 말았다. 회사도 이와 유사한 경로를 밟기도 한다. 중소기업에서 수년간 성장하면서 경영자는 자금을 차입하거나 주식발행을 하여 연구개발에 지출하거나 설비투자를 하게 되고 때로는 본사사옥까지 멋들어지게 짓기도 한다. 그러나 영업을 통해 이익이 나더라도 막대한 자금이 장기투자에 묶여 있다 보니 사업운용자금 부족으로 어려움을 겪게 된다.

외환위기와 금융위기를 겪으면서 국내외적으로 절실하게 깨달은 교훈 중의 하나는 이익이 진짜 돈을 나타내지는 않는다는 것이다. 특히 팬데믹으로 각국 정부는 시중에 통화량을 늘리는 양적완화정책을 펼쳤으나 중국의 봉쇄정책과 글로벌 공급망 병목현상으로 고물가·고금리시대가 도래하였고 자산가치가 급감함에 따라 그 어느 때보다도 현금보유가 중요하게 되었다. 이와 같은 대외적인 환경변화를 차치하더라도 기본적으로 회사가 현금이 부족하면 직원들에게 월급을 주기도 어렵고, 필요한 원자재를 구입하지 못할 수도 있으며, 장기적으로 필요한 설비투자가 충분히 이루어지지 않을 수도 있다. 더욱이 주주에게 배당을 줄 수도 없을뿐더러 은행에 이자와 원금도 제때 갚지 못할 수 있다. 이렇게 되면 현금부족으로 인한 채무불이행으로 부실기업으로 전락할 수 있다.

사실 언뜻 생각하면 이익과 현금이 비슷비슷한 것으로 볼 수도 있다. 그러나 회사가 올해 이익이 1억원이 났다고 해서 1억원을 배당으로 지급하거나 빚을 갚는 데 쓰거나 아니면 기계장치를 구입하는 데 쓸 수 있는 것은 아니다. 그 이유는 이익이 1억원이라고 해서 현금도 1억원이 있는 것은 아니기 때문이다. 이익은 발생주의에 입각해서 현금이 들어오지 않아도 수익을 인식하고, 현금이 나가지 않아도 비용으로 인식해서 수익과 비용의 차이로 산출된 회계상의 이익인 것이다.

현금흐름과 발생액

이익과 현금이 차이가 나는 이유는 이익에는 현금의 유입이 없는 이익인 발생액이 포함되어 있기 때문이다. 바꾸어 말해, **발생액**(accruals)은 당기순이익에서 **현금흐름**(cash flows)을 차감한 금액이다. 즉, 현금이 들어오고 나가는 것에 상관없이 이익을 인식하므로 현금과 차이가 나는 것이다. 발생액이 항상 나쁜 것은 아니지만 변화하는 영업환경에서 적신호를 나타낼 수 있으며, 때로는 경영자가 이익을 조정하기 위해 사용되기도 한다.

예를 들어, 재고자산이 현저하게 증가한다는 것은 물건을 파는 데 어려움이 있다는 것이거나 과다하게 생산 또는 구매를 했음을 나타낸다. 매입채무가 증가한다는 것은 공급업체에 대금을 지급하는 데 어려움을 겪는다는 것을 의미할 수도 있으며, 매출채권이 증가한다는 것은 경쟁이 심화되어 고객에게 좋은 신용조건을 제시한 것일 수도 있고, 대금을 회수하는 데 어려움을 겪고 있음을 반영하는 것일 수도 있다. 물론 재고자산이 늘어나는 것은 미래에 매출이 늘어날 것에 대비한 것일 수도 있고, 받을 돈이 증가한 것도 매우 일시적인 현상일 수도 있다. 따라서 이러한 계정의 변화는 과거의 추이와 업종을 고려하여 판단해야 할 것이다.

이와 같이 발생액이 추후에 현금으로 전환될지 여부에는 불확실한 부분이 있기 때문에 발생액으로 인한 이익은 이익의 질이 낮은 것으로 간주하며 이익조정이나 경영환경의 변화가 있는 조짐으로 판단한다. 발생액 비율은 당기순이익에서 잉여현금흐름을 차감한 다음 총자산으로 나눈 비율이다. 잉여현금흐름이 당기순이익보다 크면 발생액 비율은 음(−)의 값을 가지며, 이는 현금기준 이익이 회계이익보다 크다는 것이기 때문에 이익의 질이 높다고 볼 수 있다. 반면에 당기순이익이 잉여현금흐름보다 크면, 이익의 일부가 발생액 때문에 인식된 것을 의미한다. 이와 같이 발생액으로 인한 이익의 부분이 클수록 이익조정의 가능성이 있으며, 변화하는 영업환경으로 인해 현금으로 전환될 가능성이 영향을 받기 때문에 이익의 질은 떨어질 수 있다. 따라서 기업의 이익을 살펴볼 때에는 당기순이익과 현금흐름의 차이인 발생액의 크기도 동시에 살펴보는 것이 필요하다.

버클리 대학의 Sloan 교수는 발생액이 작거나 음(−)인 경우의 주식이 발생액이 양이면서 큰 주식보다 훨씬 더 수익률이 높다는 획기적인 발견을 하였다. 그는 투자자들이 너무 지나치게 이익에만 초점을 맞추고 현금이 어떻게 창출되는지에는 관심을 쏟지 않는다고 주장하였다. 투자자들은 발생액의 지속성을 과대평가하고 현금흐름의 지속성을 과소평가한다는 것이다. 이는 투자자들이 발생액의 지속성을 순이익의 지속성과 유사한 정도로 상향평가하고, 현금흐름의 지속성은 하향평가하는 것으로서, 투자자들이 순이익에서 발생액과 현금흐름의 비중과 특성을 합리적으로 충분히 구분하여 주가에 반영하지 못함을 나타낸다. 이런 이유 때문에 발생액 비율은 주식을 고르는 데 출발점으로 사용할 수 있다는 것이다.

기업수명주기에 따라 이익과 현금흐름의 의미도 달라져

기업의 경영활동은 크게 재무활동, 투자활동 그리고 영업활동으로 구분된다. 즉, 주식을 발행하든 회사채를 발행하든 자금을 조달해서(재무활동), 그 돈으로 경제적 자원을 취득한 다음(투자활동) 수익을 창출하고 수익에 경제적 자원을 소모(비용)함으로써 이익을 얻게 된다(영업활동). 재무상태표의 자산항목을 보면 회사의 투자활동에 대한 정보를 대략적으로 알 수 있고, 부채와 자본 항목을 보면 재무활동에 대한 정보를 파악할 수 있다. 또한 포괄손익계산서의 수익과 비용 구성을 보면 영업활동에 대한 정보를 파악할 수 있다. 이렇게 경영활동의 세 가지 활동을 재무상태표와 포괄손익계산서를 보면 알 수 있는데 굳이 현금흐름표를 봐야 하는 이유는 무엇일까.

그것은 이익과 현금흐름이 서로 같은 정보를 갖고 있는 것 같으면서도 서로 다른 정보를 갖고 있기 때문이다. 필자가 우리나라 상장기업을 대상으로 지난 20년간 이익과 현금흐름의 상관관계를 분석한 결과 상관계수가 14%에 불과한 것으로 나타났다. 현금흐름을 영업·투자·재무활동으로 구분하였을 때 영업활동으로 인한 현금흐름과 이익의 상관관계는 43%로 다소 높게 나왔으나, 투자활동으로 인한 현금흐름과 재무활동으로 인한 현금흐름은 각각 －11%와 －21%로, 이익과 음의 상관관계를 갖는 것으로 나왔다. 즉, 이익이 늘어날 때 영업활동으로 인한 현금흐름은 늘어나는 경향이 있지만, 투자와 재무 활동으로 인한 현금흐름은 오히려 줄어든다는 것이다.

이익과 현금흐름이 차이가 날 수밖에 없는 이유를 기업의 수명주기(life cycle)별로 이익과 현금흐름의 변동을 통해 살펴보면 좀 더 명확하게 이해할 수 있다. 다음 그림에서 보는 바와 같이 기업의 수명주기는 도입기, 성장기, 성숙기, 쇠퇴기로 구분할 수 있다.

도입기는 기업이 시장에 처음으로 진출하게 되는 시기이다. 시장에 대한 약간은 낙관적인 전망으로 대규모의 시설투자가 이루어지고 이를 위한 자금이 필요하게 되는 단계이다. 따라서 도입기에는 매출이 아직

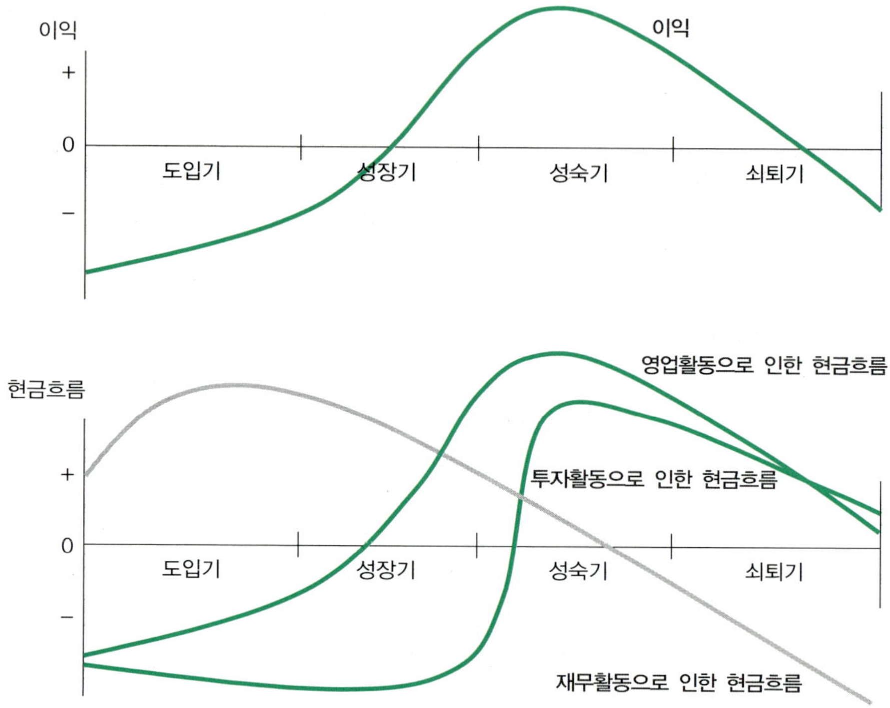

기업수명주기에 따른 이익과 영업활동 · 투자활동 · 재무활동으로 인한 현금흐름

잘 이루어지지는 않고, 비용은 많이 들어가기 때문에 이익이 나지 않는다. 반면에 은행에서 돈을 빌리거나 주식을 발행하는 등 자금을 조달하게 되고(재무활동으로 인한 현금의 유입), 그 돈으로 설비투자 등을 하게 된다(투자활동으로 인한 현금의 유출). 또한 매출도 아직 잘 안 이루어지고, 경비만 들어가기 때문에 현금이 별로 들어오지는 않고 나가기만 하는 상황이다(영업활동으로 인한 현금의 유출).

성장기는 판매량이 늘어나고, 적자였던 이익이 흑자로 돌아서면서 급격하게 증가하는 단계이다. 판매량의 증가에 대응하기 위해 여전히 많은 시설투자와 자금조달이 필요하다(투자활동으로 인한 현금의 유출과 재무활동으로 인한 현금의 유입). 또한 기업은 시설투자 이외에도 유통시스템,

제조인프라, 기술에 투자함으로써 진입장벽이 생긴다. 한편 판매량의 증가로 고객으로부터 현금을 회수하기 시작하여 어느 시점부터는 현금 유입이 유출보다 커지게 된다(영업활동으로 인한 현금의 유출에서 유입으로). 앞의 그림에서 보는 바와 같이 영업활동으로 인한 현금흐름은 이익과 비슷한 패턴을 보이고 있으나 이익이 인식되고 현금이 들어오기 때문에 약간의 시차(lag)가 있다.

성숙기 단계에서는 매출이 정점에 이르지만 매출의 증가가 미미하고, 그에 따라 기업의 자본적 지출도 성장기에 비해 낮아지게 된다. 이 시기에는 기술과 서비스가 이전되거나 모방되면서 기업들이 차별화하기 어려운 단계에 접어든다. 시장이 이미 포화된 상태에서 경영혁신, 원가절감을 통해서 이익을 유지해 나가고 있다. 이 단계에서는 불필요한 자산을 매각처분하게 되고(투자활동으로 인한 현금의 유입), 차입한 돈을 일부 상환하기 시작한다(재무활동으로 인한 현금의 유입에서 유출로). 아직은 매출이 정점에 이르고 경비도 경상적으로 발생하기 때문에 주요 영업과 관련해서 현금은 여전히 유출보다는 유입이 큰 상태이다(영업활동으로 인한 현금유입).

성숙기를 지나면서 기업은 구조적인 변화를 가져오거나 인수·합병을 통해 신규 시장으로의 진입을 시도하여 새로운 활로를 모색하게 된다. 따라서 이 시기를 **변혁기**(shake-up)라고 하는데, 설비투자가 더욱 많이 늘어나고 이에 대한 재원을 마련하기 위해 자금을 조달하게 되어 도입기와 같은 양상을 보이게 된다. 이 단계에서는 영업활동과 재무활동에서 현금의 유입이 발생하며, 투자활동에서는 현금의 유출이 일어난다. 기업의 자구적인 노력이 성공하게 되면 이익구조와 현금흐름이 다시 성숙기와 같은 패턴으로 가게 된다. 그러나 만약 경쟁구조하에서 생존하지 못하거나 혁신에 실패하게 되면 기업은 쇠퇴기에 들어가게 된다.

쇠퇴기에서는 기업의 일부 사업부를 매각 처분하거나 기업의 활동을 통째로 중단하게 되는 사태가 발생한다. 이 단계에서는 매출도 급감하나 고정비적 성격의 경비가 여전히 발생할 뿐만 아니라 자산매각 또는 사업중단 손실이 발생하여 이익이 흑자에서 다시 적자로 돌아선다. 영업활동으로 인한 현금흐름도 약간의 시차가 있지만 비슷한 패턴을 보인다. 또한 기존 시장에서 나오기 위해 기존의 설비자산을 매각하여 들어온 현금으로 채무를 상환하게 된다(투자활동으로 인한 현금의 유입과 재무활동으로 인한 현금의 유출).

이러한 기업수명주기를 고려하여 이익과 현금흐름에 대한 정보를 해석해야 그 의미를 제대로 이해할 수 있다. 예를 들어, 도입기에 이익이 적자가 나는 것은 그리 큰 문제가 아니다. 그 이유는 곧 매출이 정상궤도에 오르고 초기 단계에서 들어가는 경비가 더 이상 발생하지 않게 되면 이익이 날 것이기 때문이다. 또한 부채비율이 높은 것도 그리 큰 문제는 아니다. 도입기에서는 향후 매출성장률을 예상하고 자금을 빌린 것이기 때문이다. 반면에 성숙기 단계에서 이익이 안 난다거나 부채비율이 여전히 높다면 문제일 수 있다.

현금이 어디에서 들어왔고 어디에 썼는가 – 현금흐름표

Dowlais 철강회사는 1863년에 점차 침체상태에서 벗어나면서 이익을 내기 시작하였다. 그러나 새로운 용광로를 구입할 현금이 없었다. 이익은 나는데 왜 투자할 현금이 없는가를 설명해 보려고 2년치 재무상태표를 같이 보여주는, 비교재무상태표라고 불리는 새로운 형태의 재무제표를 처음 만들어보게 되었다. 그 결과 이 회사가 지나치게 재고자산을 많이 보유하고 있다는 사실을 파악할 수 있게 되었다. 이러한 비교재무제표가 바로 **현금흐름표**(statement of cash flows)의 기원이라고 할 수 있다.

포괄손익계산서의 이익은 현금기준으로 측정되는 것이 아니라 발생기준으로 측정된다. 예를 들어, 제품을 외상으로 판매한 경우 현금기준에서는 수익을 인식하지 않으나 발생기준에서는 수익으로 인식한다. 그런데 이익은 회사의 영업활동에서의 이익을 측정하고 있는데 실제 회사의 현금흐름은 투자활동과 재무활동에 의해서도 영향을 받는다. 예를 들어, 설비자산을 구입한다든지 차입금을 상환하게 되면 현금유출이 일어난다. 이와 같이 회사의 현금흐름 변화에 대한 정보를 제공하는 재무제표가 바로 현금흐름표이다.

현금흐름표는 현금이 어떻게 들어오고 무슨 이유로 나가는지 기업이 보유하고 있는 현금상황을 일목요연하게 보여준다. 수익이 많은 기업도 현금창출능력이 미약하다면 부도에 직면할 수도 있다는 점에서 현금흐름 분석은 필수적이다. 만약 영업활동을 통한 현금창출능력이 미흡한 기업이 단기차입금으로 투자자금을 조달한다면 심각한 자금경색을 겪을 가능성도 있다.

한편 현금흐름표에서는 이익잉여금을 어떻게 처분했고 주주들에게 배당을 얼마나 했는가를 알 수 있다. 기업이 잉여금 범위 내에서 주주에게 배당을 하기 때문에 배당여력을 나타내는 지표이기도 하다. 이익 중에서 얼마나 현금으로 전환했는지 현금흐름표를 통해서 살펴볼 수 있다. 또한 현금흐름과 이익의 차이는 재고자산과 매출채권(외상) 등의 발생액의 변화 추이를 통해 그 원인을 유추할 수 있다.

현금흐름표에서 영업활동으로 인한 현금흐름은 회사가 영업과 관련해서 들어오고 나가는 현금이기 때문에 영업활동으로 현금의 유입이 발생한다면 좋은 뉴스라고 볼 수 있다. 한편 투자활동으로 인한 현금흐름은 설비투자, 금융자산 매입과 관련된 것으로 장기적인 전망을 나타내는 경향이 있다. 반면에 재무활동으로 인한 현금흐름의 유입은 기업에 추후에 부담을 가져다줄 수 있기 때문에 과다한 경우에는 그리 좋은 징후가

현금흐름표

20×1년 1월 1일~12월 31일

㈜토스카나 (단위 : 억원)

영업활동으로 인한 현금흐름		
당기순이익	70	
현금유출입이 없는 수익 및 비용의 조정		
감가상각비	10	
영업활동으로 인한 자산과 부채의 변동		
매출채권	(100)	
재고자산	(120)	
매입채무	70	
미지급금	60	(10)
투자활동으로 인한 현금흐름		
토지의 취득	(150)	
건물의 취득	(250)	
기계장치의 취득	(160)	
영업권의 취득	(70)	
개발비의 취득	(80)	(710)
재무활동으로 인한 현금흐름		
단기차입	120	
사채발행	350	
주식발행	330	800
순현금흐름의 증가		80
기초현금흐름		0
기말현금흐름		80

아니라고 볼 수 있다.

위의 현금흐름표를 보면 ㈜토스카나는 영업활동으로 인한 현금흐름에서 10억원의 현금유출이 일어나고 있으며, 투자활동으로 인한 현금흐름에서 710억원의 현금유출이 발생하고 있다. 이러한 현금부족분을 은행에서 120억원을 차입하고, 회사채 350억원을 발행하고, 주식을 330억원 발행해서 총 800억원의 재무활동으로 인한 현금흐름으로 메우고 있다. 이러한 ㈜토스카나의 현금 사용내역과 조달원천을 살펴보면, ㈜토스카나가 도입기에 있는 회사라는 것을 금방 알 수가 있다.

반면, 영업활동으로 인한 현금흐름이 (+), 투자활동으로 인한 현금흐름이 (−), 재무활동으로 인한 현금흐름이 (−)인 경우는 어떤 기업일까? 현금흐름이 영업활동에서는 유입되고 투자활동과 재무활동에서는 유출되는 기업으로 성숙기에 진입한 재무적으로 안정된 기업에 해당한다. 일반적으로 영업활동에서 벌어들인 현금으로 유형자산, 개발비, 투자자산 등 비유동자산에 투자하고 차입금 상환이나 배당금 지급, 자사주 취득 등에 사용하는 우량한 기업이라고 해석할 수 있을 것이다.

기업의 자산이 체격이고, 손익이 체력이라면 현금은 혈액이다. 피를 골수에서 만들지 않고 외부 수혈에 의존할 경우 위험에 노출될 가능성이 매우 높다. 우량기업은 영업활동으로 창출된 현금범위 내에서 투자자원을 조달한다. 반면에 부실기업은 영업활동으로 창출된 현금의 몇 배에 달하는 규모의 투자를 하고, 이에 필요한 자금을 외부로부터 조달하게 된다. 결국은 원리금 상환에 대한 압박으로 피가 돌지 않아 상장폐지, 파산신청의 길로 접어들게 되는 것이다. 이와 같이 현금흐름표의 유출입과

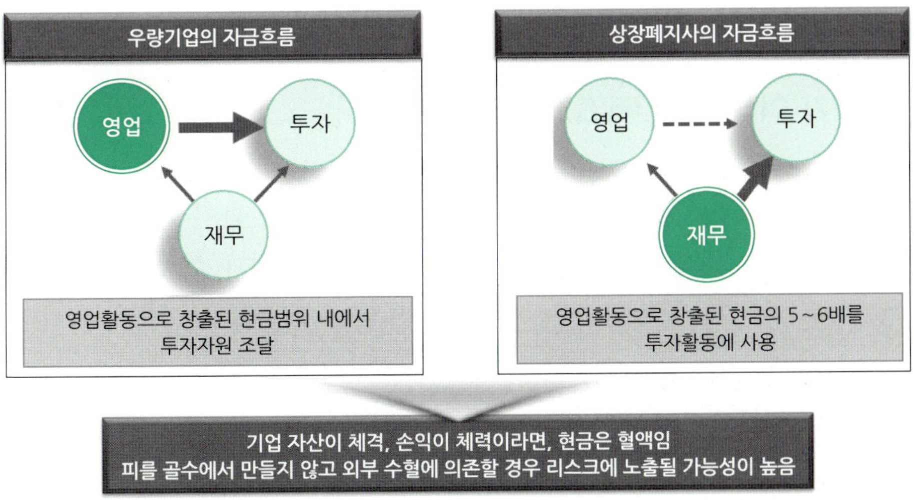

그 유출입의 원천을 살펴보면 재무상태표나 포괄손익계산서와 다른 차원에서 기업의 수익성과 재무건전성을 파악할 수 있다.

이와 같이 영업활동, 투자활동, 재무활동으로 인한 현금흐름의 패턴을 통해 현금흐름 스토리와 기업의 유형을 효과적으로 파악할 수 있다. 아래 표는 현금흐름의 8가지 패턴을 통해 일반적인 기업의 유형을 정리한 것이다.[3)]

구 분	1	2	3	4	5	6	7	8
영업활동	+	+	+	+	−	−	−	−
투자활동	+	−	+	−	+	−	+	−
재무활동	+	−	−	+	+	+	−	−
기업유형	• 유동성 확보 • M&A 시도 • 신규 사업 진출	• 우량 성숙 기업	• 부채 축소 • 일부 구조 조정	• 성장 기업	• 저수익 사업 매각	• 도입기 • 급성장 기업	• 대규모 구조 조정	• 쇠퇴기

조작하기 어려운 재무제표 – 현금흐름표

2008년부터 대우조선해양의 재무제표는 그 이전과는 판이하게 다른 패턴을 보이게 된다. 회계상 발생주의 이익인 당기순이익과 현금주의 이익인 '영업활동(으로 인한) 현금흐름'이 반대방향으로 움직이기 시작한 것이다.

3) 구체적인 내용에 관심 있는 독자는 다음 논문을 참조 바란다. (Victoria Dickinson, "Cash Flow Patterns as a Proxy for Firm Life Cycle," *The Accounting Review*, 2011.11)

(단위 : 억원)

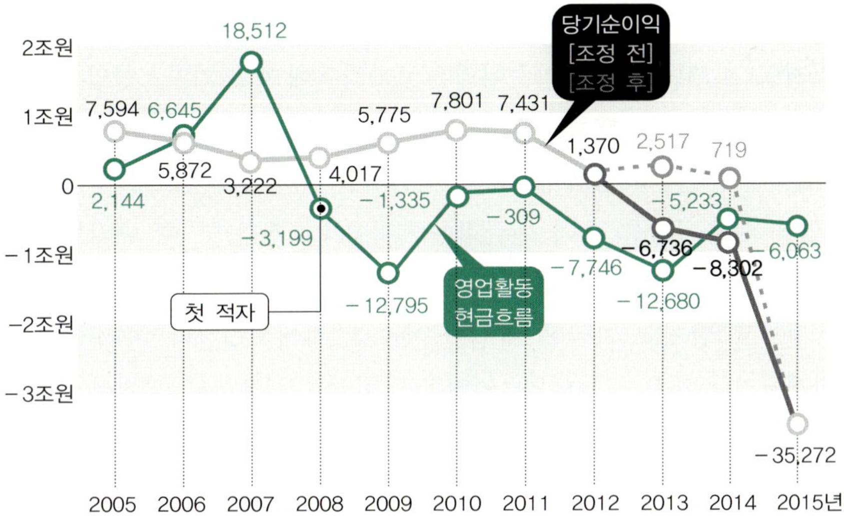

자료 : 대우조선해양 사업보고서

대우조선해양 영업활동 현금흐름 · 당기순이익

즉, 영업활동 현금흐름이 마이너스 수치로 큰 폭의 적자로 돌아선 반면 여전히 포괄손익계산서의 당기순이익은 플러스 수치를 유지하였다. 그런데 이러한 현상은 2014년까지 지속되었다. 7년간 포괄손익계산서와 현금흐름표가 서로 다른 신호를 보내고 있었던 것이다.

업종에 따라 차이가 있겠지만 어떤 기업이 계속해서 이익을 내고 있는데 오랫동안 영업에서 들어오는 현금이 나가는 현금보다 많다고 하는 것은 뭔가 석연치 않다. 포괄손익계산서는 청신호를 보내고 있었지만 현금흐름표는 적신호를 보내고 있었던 것이다. 결국 곪았던 종기가 터지듯 분식으로 드러났으며 포괄손익계산서를 대폭 수정하게 되었다. 이에 비해 현금흐름표는 수치의 변화가 별로 없었다. 현금은 실제 돈이 오고가는 실재성이 있어야 하므로 조작하기가 어려운 것이다.

산업통상자원부와 중소벤처기업부에서 추진하는 '월드클래스 300'과

수출입은행이 선정하는 '히든 챔피언' 등의 화려한 수식어가 붙었던 모뉴엘은 경악스러운 허위 수출을 통해 사기대출을 받았으며 사건이 터지기 직전인 2013년도의 당기순이익은 600억원에 이르지만 '영업활동 현금흐름'은 15억원에 불과하였다.

모뉴엘은 일반기업회계기준을 적용하는 비상장기업으로 수출관련 매출채권을 금융기관을 통해 현금화(팩토링이라고 한다)할 때 매각한 것으로 처리한다. 반면 한국채택국제회계기준(K-IFRS)에서는 매출채권을 금융기관에 담보로 맡기고 자금을 차입한 것으로 회계처리한다. 이렇게 K-IFRS로 회계처리할 경우 모뉴엘의 '영업활동 현금흐름'은 15억원에서 (−)1,641원이 된다.

2017년 반도체 전문기업인 메이플세미킨덕디라는 회사는 6년 동안 허위 수출과 분식회계로 4,000억원대의 무역금융 사기를 저질렀다. 모뉴엘과 판박이 사건이 또 터진 것이다. 지금까지 사례로 든 대우조선해양, 모뉴엘, 메이플세미컨덕터 등의 불미스러운 사태는 기업의 민낯을 가장 잘 나타내는 현금흐름표를 제대로 이해했더라면 미연에 방지할 수 있었을 것이다.

핵심 포인트

현금흐름표는 일정기간 동안의 기업의 현금흐름을 나타내는 표이다. 즉 현금의 변동내용을 명확하게 보고하기 위하여 당해 회계기간에 속하는 현금의 유입과 유출내용을 적정하게 표시한 표로서 현금이 어떻게 창출되어 어디에 얼마만큼 쓰였는가를 보여주는 표이다.

제 14 장

좋은 기업인지를 알 수 있나 – 재무제표분석

회사의 재무제표를 이해하지 않고 주식을 사는 것은
다른 사람의 카드를 보지도 않고 포커게임을 하는 것과 같다.
Buying stocks without understanding the financial statements of a company
is like playing poker games without looking at the other players' cards.
– Warren Buffett

재무제표분석은 숫자를 그림으로 표현하는 과정

인류역사에 있어 최초의 정보매체는 말이었다. 그 말이 그림으로 표현되고, 다시 문자가 발명되면서 글로의 전환이 있었다. 그림은 글로 표현이 불가능한 말이어서 글로 표현된 해석을 끝없이 부정하는 속성을 지닌다. 마찬가지로 회사의 재무제표는 숫자로 표시되고 글로 구성되어 있다. 그러한 재무제표를 분석하고 해석하는 과정은 과학이라기보다는 끊임없는 탐구와 기술을 넘어서는 예술적 요소가 존재한다. 따라서 재무제표분석은 숫자를 그림으로 표현하는 과정이라 할 수 있다. 즉, 회계정보이용자들은 재무제표에 담긴 정보를 기초로 기업의 수익성과 위험을 평가하는 **재무제표분석**(financial statement analysis)을 통해서 그 기업의 영업성과와 재무상태 그리고 미래를 전망하려는 그림을 그릴 수 있게 되는 것이다.

문자로 구성된 글은 그림과 같이 그 의미가 즉각적으로 전달되지 않아서, 언어를 공유하고 있는 집단은 의사소통을 위하여 글을 배워야 한다. 인류의 역사는 글자가 만들어진 이후 글자가 지니는 전제성에 맞서, 말이 가지고 있는 그림과 같은 구어성을 계속하여 주장하였다. 마찬가지로 재무제표는 무수히 많은 정보를 요약할 수밖에 없기 때문에 작성되는 것이지만 그 의미가 즉각적으로 전달될 수는 없다. 따라서 재무제표를 이용하는 집단은 의사소통을 위해 회계를 공부해야 한다. 그러나 숫자로, 글로 표현되어 있는 재무제표에 담겨 있는 정보를 이해하기 위해서는 재무제표분석을 통해서 그 회사 전반에 대한 상황을 형상화시켜야 하는 것이다.

화가 무니쯔(Muniz)의 가장 유명한 작품은 여배우 마릴린 먼로의 조그마한 인물 사진 수천 장을 오려붙여 모택동의 얼굴을 형상화한 그림이다. 가까이서 보면 마릴린 먼로의 사진들이지만 멀리서 보면 모택동의 형상이다. 이는 미술 감상을 위해서는 왜 화보를 보는 것이 아니라, 미술관을 찾아 직접 원본을 보아야 하는지를 잘 설명해 준다. 화보란 형상이 나타나는 한 지점에서 찍은 사진이기 때문에 다른 지점에서의 사진과는

재무제표분석은 전체적인 그림과 상세한 분석을 파악하게 하는 기법이다.

사뭇 다를 수 있다. 그림의 가까이서 붓의 흔적을 볼 수도 있고, 멀리에서 전체적인 윤곽을 파악할 수도 있다. 그림을 볼 때 그림 속에 자신을 집어넣고 상상해 볼 수도 있고, 관조적이고 객관적으로 바라볼 수도 있다. 문학작품 안의 주인공이라면 그런 상황에서 자신은 어떻게 할지를 생각하면서 읽고 음미하는 것과 같은 이치이다.

그림 속에는 한 번에 보이는 무수한 정보가 있으며, 책을 읽는 것은 한 줄씩 읽어나가는 원시적 방법이다. 기억을 할 때 그림으로 기억하는 것이 더 입체적으로 사물과 상황을 판단할 수 있다. 재무제표는 하나씩 따져봐야 하는 글적인 요소와 전체적인 윤곽을 파악하게 하는 그림적인 요소가 병존해 있다. 재무제표분석은 그림적인 요소를 극대화하여 회사의 전체적인 그림을 그리게 함으로써 보다 더 입체적으로 파악할 수 있게 해준다고 할 수 있다.

재무제표는 기업의 자금흐름과 밀접하게 연관되어 있다. 자금의 흐름은 주주의 돈인 자본과 채권자의 돈인 부채를 합하여 자산을 구성한다. 자본은 주주가 출자한 자본금과 자본거래에 의한 자본잉여금 그리고 영업활동을 통해 발생하여 축적된 이익잉여금으로 구성된다. 회사는 자산을 활용해 제품과 서비스를 생산하고 영업활동을 통해 매출을 발생시킨다. 발생한 매출에서 매출원가 및 기타 비용 전부를 차감하면 당기순이익이 발생한다. 이렇게 발생한 당기순이익을 회사의 주주에게 배당으로 지급하거나 회사의 자본에 유보시켜 전체 자산을 늘려나가는 것이 바로 기업의 자금흐름이다. 즉, 재무상태표상의 자산을 활용하여 영업활동을 수행하고, 제품판매 및 서비스 제공을 통해 매출을 인식하며 이에 따른 매출원가를 차감하고 법인세를 납부한 후 남는 부분이 바로 당기순이익인데, 이 중 일부는 배당으로 주주에게 지급되고 나머지는 회사 내부에 유보되는 과정을 거친다. 이런 흐름을 재무제표를 통해 읽고 분석하다 보면 그림이 그려지면서 회사의 실상이 파악될 것이다.

재무제표는 회사의 과거, 현재 그리고 미래

주식시장이 불안하게 움직일수록 기업의 실적과 재무안정성에 대한 관심은 고조된다. 상승기 주식시장에서는 재료 보유주 및 테마 관련주가 부각되는 반면 시장이 흔들리는 상황에서는 내재가치(intrinsic value)가 우량한 기업이 주목받기 때문이다. 기업의 안정성을 나타내는 지표 가운데 기업의 실적은 일반투자자도 접할 기회가 많다. '저가주 사냥꾼'이라고 불렸던 투자의 대가 월터 슐로스의 투자법은 매우 간단하다. 기업의 재무제표를 분석해 시가총액이 현금성 자산에 비해 턱없이 적은 기업을 골라 5년간 보유해 2배의 수익률을 올리는 것을 목표로 삼았다. 브랜드나 독점력과 같은 정성적 분석을 하지 않고 오로지 재무제표에 기반을 둔 정량적 분석만 하고, 기업 탐방도 하지 않았다. 그가 한 일이라고는 사무실 구석에 앉아 재무제표를 보고 저가주를 찾는 일이었다. 그의 연평균 수익률은 45년 평균 15.7%로 S&P 500의 지수상승률 10%를 훨씬 웃도는 수익률이었다.

이와 같이 투자에 앞서 재무제표를 살피는 것은 기본이다. 그러나 재무제표에 담긴 정보가 중요하다는 것은 알고 있지만 일반투자자들이 재무제표를 읽기는 쉽지 않고 이를 통해 무엇을 파악해야 하는지 모르는 경우도 허다하다. 필요한 지표들만 확인해도 되는 개미투자자들이 재무제표를 보고 겁을 먹는 이유는 재무제표를 읽고 이해하는 것이 복잡해 보이기 때문이다. 하지만 재무제표 전체에서 일반투자자들이 알아야 될 항목들은 그리 많지 않다. 스스로 재무지표를 파악하는 데 필요한 항목들만 기억해 두면 어렵지 않게 재무제표에 담긴 내용을 이해할 수 있다. 기업이 매년 어느 정도 이익을 내고 있는지를 비롯해 현금은 얼마나 보유하고 있는지를 살펴봐야 한다. 또한 현 주가수준이 기업의 내재가치에 비해 고평가 또는 저평가되어 있는지 등을 재무제표를 통해 확인하는 것은 물건을 살 때 가격과 원산지를 확인하는 것만큼이나 당연하다. 안정적인 투자를 위해서는 반드시 재무제표를 확인하는 자세가 필요하다.

재무제표에 담겨 있는 정보는 과거 숫자이다. 이미 실적을 발표한 것이기 때문에 재무제표를 있는 그대로만 보는 것은 의미가 없다. 따라서 그 자체보다는 '추세'를 파악하는 자료로 활용할 때 회계정보는 미래 숫자를 예상할 수 있게 해준다. 예컨대 매출이 얼마나 늘었는지, 이익은 영업활동을 통해 벌어들인 것인지 혹은 외환관련 손익이나 유가증권 매각을 통해 이루어졌는지를 파악해야 한다. 주식시장에서는 절대금액의 크고 작음보다는 매출이나 순이익 등이 늘어나고 있는 추세, 즉 성장세가 이어지느냐가 가장 중요한 투자 척도로 활용된다. 또한 이익 100억원이 전년도 대비해서 20% 증가한 것이라면 호조를 보인 것이지만 실제 현금이 들어오지 않고 매출채권만 늘어났을 수도 있다. 이 경우 해당기업이 매출채권을 모두 회수한다면 실적개선으로 연결되지만 결제가 지연되거나 회수가 어려워지면 이익이 났어도 자금상 어려움을 겪을 수 있다. 따라서 회사가 발표하는 실적 이외에도 유동성이나 현금흐름표 등을 이해해야 한다. 이와 같이 재무내용을 알고 투자하면 시장이 주는 위험도를 줄이는 효과도 거둘 수 있을 뿐만 아니라 미래성과에 대해 최대한 정확하게 전망할 수 있다.

재고자산이 갑자기 증가했다는 것은 매출에 어려움이 있거나, 비용으로 털어내야 하는데 자산으로 인식하고 있거나, 아니면 지나치게 많이 생산했음을 의미하는데, 그 어느 경우에도 좋은 뉴스는 아닌 것이다. 그러나 재고자산의 증가는 미래에 매출이 증대될 것으로 기대하기 때문일 수도 있어서 해석이 그렇게 간단하지만은 않다. 매입채무의 갑작스러운 증가도 공급업체에 대금지급을 못하고 있다는 얘기인데, 충분한 판매가 이루어지지 않아서 그런 것인지 아니면 신용에 문제가 있는 것인지 살펴봐야 한다. 매출채권이 크게 증가하는 것도 경쟁이 심화되면서 신용평가를 지나치게 느슨하게 하기 때문일 수도 있고 이익조정을 위해 일부를 장부에서 떨어내지 않기 때문일 수도 있다. 또한 매출채권, 매입채무, 재고자산 등은 계절성도 있기 때문에 산업별 혹은 시기별 변화추이도 함께 고려해야 한다.

재무제표분석을 통해 재무안정성과 현금흐름이 우량한 기업에 투자하는 것이 바람직하다. 예를 들면, 영업활동현금에서 유형자산에 투자한 금액이 플러스이고, 차입금이 매출액의 30% 미만이며, 주가 대비 순자산 비율이 0.5배 미만이고, 주당현금흐름 대비 주가가 3배 미만인 종목을 나름대로 선정하여 매수할 수 있다. 그러나 기업이 발표하는 실적이나 회사의 재무상황을 이해하기 위해서는 **절대적 의미**보다는 **상대적 의미**를 파악할 수 있어야 한다. 단순히 매출실적이나 부채비율만 갖고서 회사의 안정성을 파악하는 데는 한계가 있다. 예를 들어, 한 회사가 올해 100억원의 이익을 올렸을 때 good news인가 아닌가. 물론 100억원은 엄청난 돈이지만 그 회사가 바로 삼성전자나 포스코였다고 하자. 더욱이 작년에는 5,000억원의 이익을 냈었다고 한다면 bad news임에 틀림없다. 설령 엄청나게 큰 기업이 아니라 하더라도 그 이익의 원천이 무엇인지 살펴봐야 한다. 예를 들어, 채권단이 그 회사가 부도가 나서 구조조정 차원에서 부채를 면제함으로써 장부상 100억원의 이익이 발생했을 수도 있기 때문이다. 따라서 재무제표는 회계숫자의 절대적 의미도 중요하지만 재무비율, 동종산업 경쟁기업과의 비교분석 등 상대적 의미가 더 중요하다.

재무정보의 보물섬 "주석"

재무상태표, 포괄손익계산서, 현금흐름표는 기업의 가장 기본적인 재무제표이다. 하지만 재무제표에는 표현방식상 숫자로 된 정보만 나타나기 때문에 숫자로 표현할 수 없는 내용은 제대로 반영되지 않는다. 또한 일정한 기준에 따라 재무제표가 작성되기 때문에 기준에 맞지 않는 내용도 재무제표에 포함되지 않는다. 이런 이유 때문에 기업경영과 관련하여 아무리 중요한 내용일지라도 숫자로 표시할 수 없거나 기준에 맞지 않아 재무제표에 적절하게 나타내지 못하는 회계정보는 재무제표의 **주석**(footnote)에 반드시 기재하도록 하고 있다. 주석에는 회계기준에 따라 작성했다는 사실의 명시, 재무제표 작성에 적용된 중요한 회계정책의 요약, 재무제표 본문에 표시된 항목에 대한 보충적 정보, 기타 우발상황이나 약정사항 등에 대한 정보를 기술해야 한다.

재무제표는 3~4장에 불과하지만 주석은 수십 장이나 되기 때문에 주석은 투자정보의 보고(寶庫)라고 할 수 있다. 따라서 단순히 재무상태표 등 재무제표만 살펴볼 게 아니라 주석사항을 꼼꼼히 살펴야 한다. 또한 주석사항에는 재무제표에 나타난 수치에 대한 자세한 설명도 곁들여 있어 일반 정보이용자들이 기업의 재무제표를 쉽게 이해하는 데 도움이 된다. 특히 IFRS 시대에는 재무제표 본문에 표시되지 않은 대부분의 정보가 주석에 담기기 때문에 주석의 위상이 더욱 높아졌다. IFRS를 적용한 재무제표는 최소한의 필수 항목을 제외한 나머지는 기업들이 자율로 결정하게 된다. 따라서 아무래도 주관적인 판단과 추정이 들어간 정보를 제대로 활용하기 위해서는 주석에 담긴 정보를 자세하게 읽고 충분히 활용해야 한다.

우선 주석에는 지급보증이 어느 정도인지를 따져봐야 한다. 만약 지급보증을 해줬는데 지급보증받은 기업이 부도 등으로 인해 빚을 갚지 못하는 사태가 발생하면 빚을 대신 갚아줘야 하기 때문에 막대한 손해를 입을 수밖에 없다. 따라서 지급보증을 받은 기업의 재무안정성을 반드시 따져봐야 한다. 또한 소송 등의 우발상황이 있는지를 확인해야 한다. 집단소송제도로 인해 천문학적인 손해배상판결을 받아 엄청난 손실을 안게 될 수도 있는데, 소송에 관련된 피해예상액이 재무제표에 전혀 반영되지 않을 수도 있기 때문이다. 그 밖에도 회계기준을 변경해 인위적으로 손익을 조정했는지도 따져봐야 한다. 예를 들어, 유형자산의 감가상각방법을 정률법에서 정액법으로 변경하여 당기순이익을 증가시키려 하는 경우도 빈번하게 발생한다. 따라서 회계변경이 일어날 경우에는 그 변경사유를 살펴보고 동종업종에서 통상 어떤 방식을 사용하고 있는지 비교하는 것이 좋다.

듀퐁의 ROE 분해

의사가 인체의 건강상태를 진단할 때 혈압과 맥박, 체온을 측정하는 것처럼 재무제표분석은 기본적으로 여러 개의 재무비율이 필요하다. 통상적으로 재무제표분석은 수익성과 위험 분석으로 나눠진다. 수익성분석은 자기자본순이익률, 매출액순이익률, 자산회전율 등으로 구분하여 분석할 수 있다. 위험분석은 단기유동성 분석, 장기채무변제능력 분석 등으로 구성된다.

재무제표분석에서 널리 쓰이는 비율로는 **자기자본순이익률**(return on equity : ROE)과 **자산이익률** 또는 **투자수익률**(return on investment : ROI)이 있다. ROI는 이익을 (평균)자산으로 나눈 비율로 투자 대비 가능한 한 많은 이익을 내서 기업가치를 높이는지 여부를 판단할 수 있게 해주는 지표이다. 기업이 경쟁력이 있기 위해서는 투자를 더 많이 해서 자산규모를 키울 것인지 아니면 수익성이 높은 사업에 집중할 것인지를 판단해야 한다. 즉, 언젠가는 비용으로 되는 자산을 줄여 비용을 줄이거나 수익률이 낮은 자산의 비중을 낮추거나 수익률이 높은 자산에 더 많은 투자를 함으로써 이익을 높일 수 있다. 예를 들면, 생산부서는 매출과 연계된 생산성이 필요한데, 생산성과 재고자산회전율(재고자산이 판매되는 속도를 나타내는 지표)을 동시에 고려하여 생산성을 높이면서 재고자산을 적정하게 관리해나갈 수 있다.

ROI와 같이 널리 쓰이는 재무비율로 ROE가 있다. 미국의 듀퐁 회사는 ROE 분해방식을 통하여 재무제표를 보다 체계적으로 분석하는 방법

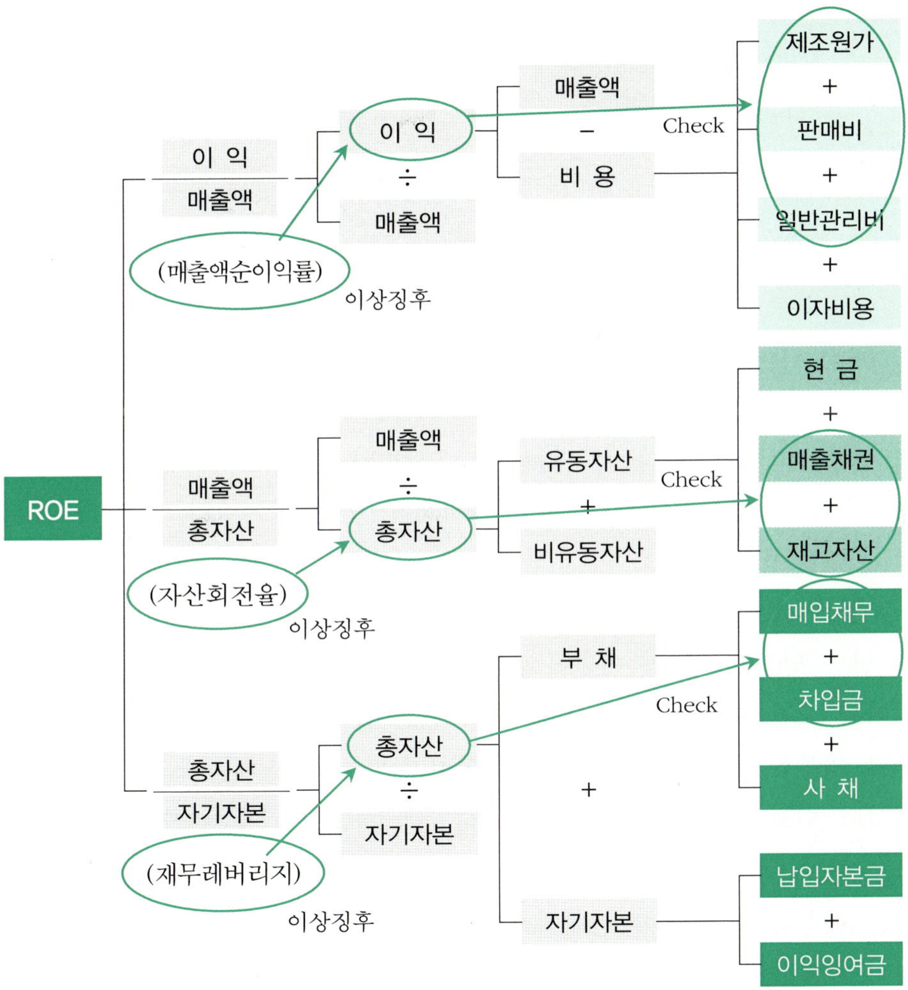

ROE의 변화를 수익성, 활동성, 안정성 측면에서 설명해 주는 듀퐁 차트

을 창안했는데, 이를 듀퐁 ROE 분해(DuPont ROE decomposition)라고 한다. ROE 분해는 재무제표에 나온 수치를 가지고 회사의 수익성, 활동성, 안정성 등을 평가하여 경영성과와 재무상태를 파악하는 것을 의미한다. 이 분해방식은 재무제표분석기법을 간결하면서도 체계적으로 소개하기 용이할 뿐만 아니라 간단한 분석방법으로도 회계정보의 유용성을 음미할 수 있도록 하기 때문에 널리 쓰이고 있다.

$$
\begin{aligned}
\text{ROE} &= \frac{\text{이익}}{\text{자기자본}} \\
&= \frac{\text{이익}}{\text{매출액}} \times \frac{\text{매출액}}{\text{총자산}} \times \frac{\text{총자산}}{\text{자기자본}} \\
&= \text{매출액순이익률} \times \text{자산회전율} \times \text{재무레버리지}
\end{aligned}
$$

자기자본순이익률(ROE)은 당기순이익을 기초잔액과 기말잔액의 평균인 평균자기자본으로 나눈 비율이다. 이 비율은 매출액과 기초자산과 기말자산의 평균인 평균총자산으로 각각 나눠주고 곱해주어 세 가지 비율로 분해할 수 있다.

첫 번째 비율인 **매출액순이익률**은 매출액에서 모든 경비를 다 제하고 남은 당기순이익을 매출액으로 나눈 수익성 지표이다. 만약 1,000만원어치 물건을 팔아서 물건구매원가, 인건비, 임차료, 전기료 등을 다 제하고 최종적으로 남은 돈이 120만원이라면 12%가 매출액순이익률인데, 해석이 쉽고 감이 확 오는 지표이다. 매출액순이익률은 산업별로 다르다. 경쟁이 치열한 산업은 매출액순이익률이 낮은 반면 규제산업인 경우에는 매출액순이익률이 상대적으로 높게 나타난다. 이와 같이 매출액순이익률이 산업별로 다르고 이에 대해 투자자나 채권자들이 기대하는 정도도 다르기 때문에 한 기업이 수익을 제대로 내고 있는지를 판단하기 위해서는 먼저 산업평균과 비교해 봐야 상대적으로 잘 하고 있는지를 판단할 수 있다.

두 번째 비율인 **자산회전율**은 매출액을 평균총자산으로 나눈 값으로 효율성 지표이다. 예를 들어, A회사, B회사 모두 매출액이 1,000만원이고 A회사와 B회사의 평균총자산은 각각 1,000만원과 400만원이라고 하자. 이는 B회사가 A회사에 비해 동일한 매출을 올리기 위해 필요한 경제적 자원(자산)이 400만원에 불과한 반면, A회사의 경우 400만원의 2.5배인 1,000만원이 묶여 있다는 얘기이다. A회사와 B회사의 자산회전율은 각각 1과 2.5로 B회사가 A회사에 비해 2.5배 효율적이었음을 의미한다. 자산회전율 역시 산업별로 다르며 막대한 설비투자를 요하는 산업의 경우에는 자산회전율이 낮고, 서비스 업종처럼 설비투자를 요하지 않는 산업의 경우에는 자산회전율이 높다.

세 번째 비율인 **재무레버리지**는 평균총자산을 평균자기자본으로 나눈 비율로 안정성 지표이다. 총자산은 총부채와 자기자본의 합이므로 재무레버리지는 1+(평균총부채/평균자기자본)이다. 따라서 재무레버리지가 높다는 것은 자기자본 대비 타인자본(부채)이 많다는 것을 의미한다. 경기가 안 좋을 때에는 부채로 인해 이자부담이 만만치 않기 때문에 재무레버리지가 높으면 재무적인 어려움을 겪을 가능성이 높아진다. 재무레버리지도 산업별로 다르기 때문에 재무레버리지가 높다는 것은 산업평균 대비해서 상대적으로 높은지를 보고 판단해야 한다. 현금흐름이 좋고 불확실성이 낮은 산업에서는 상대적으로 재무레버리지가 높은 경향이 있다.

듀퐁 ROE 분해는 여기서 끝이 아니다. ROE 분해는 ROE가 왜 증가했는지 감소했는지 또는 경쟁업체에 비해 왜 높은지 낮은지를 파악할 수 있게 해주는 장점이 있다. 첫 번째 매출액순이익률은 매출액총이익률, 매출액영업이익률 등으로 구분하여 수익성이 원가경쟁력과 효율성에 의한 것인지를 파악할 수 있다. 두 번째 자산회전율은 매출채권회전율, 재고자산회전율, 비유동자산회전율 등으로 분해하여 자산의 효율성이 채권회수의 문제인지 아니면 재고자산 및 비유동자산의 과다보유 때문인지를 파악할 수 있다. 세 번째 재무레버리지를 보면 부채의 유형에 따라 안정성이 어떻게 영향을 받는지를 확인할 수 있다. 이와 같이 듀퐁 ROE 분해는 ROE 변동요인을 파악할 수 있게 해준다는 점에서 의미가 있다.

듀퐁 공식은 유용하지만 영업활동과 재무활동을 구분하지 못하는 문제가 있다. 예를 들어, ROA가 줄어들면 영업성과가 좋지 않지만 부채비율을 높여 ROE가 높아질 수 있다. 이에 따라 **순영업자산이익률**(Return on net operating assets : RNOA)은 세후영업이익(Operating income after taxes)을 순영업자산(Net operating assets : NOA)으로 나눈 비율로 재무활동과 구분하여 영업활동으로 인한 수익성을 측정한다. 당기순이익은 세후영업이익에서 세후이자비용을 차감한 금액이므로 (세후영업이익－세후이자비용)을 자기자본으로 나눈 비율로 ROE를 표시할 수 있다.

세후영업이익은 이자비용 차감 전이고, 부채는 영업자산에 영향을 미치지 않기 때문에 순전히 영업활동과 관련된 수익률에 초점을 맞출 수 있다. ROE는 RNOA＋(FLEV×Spread)로 정리될 수 있으며 이는 영업활동으로 인한 수익률과 비영업활동(재무활동)으로 인한 수익률의 합으로 이루어진다. 여기서 FLEV는 부채를 자본으로 나눈 비율이고, Spread는 RNOA에서 세후차입이자율을 차감한 수치이다. RNOA는 ROE의 한 구성요소이며, 영업활동의 수익성이 높을수록 ROE가 높아진다. 부채비율이 ROE에 미치는 영향은 Spread에 달려 있다. RNOA가 세후차입이자율보다 높으면(낮으면) 부채비율로 인해 ROE가 높아진다(낮아진다). 부채를 사용하는 정도에 따라 Spread도 달라지고 ROE에 미치는 영향도 상반된다. 부채비율이 레버리지 역할을 하기 때문에 부채비율이 ROE에 미치는 확대효과를 재무레버리지 효과라고 한다.

기업의 수명주기와 재무제표분석

필자가 박사과정 때 인도에서 온 Gita라는 박사과정 학생이 있었다. 재무관리를 전공한 Gita의 박사논문은 사람이 태어나서 성장하고 늙게 되는 것처럼 기업도 성장기, 성숙기, 쇠퇴기라는 기업수명주기(corporate life cycle)가 있고, 이에 따라 회계정보의 역할도 달라진다는 내용이었다. 지금 기준으로는 별로 새로울 게 없을지 모르나 1980년대 당시에는 상당히 신선한 아이디어였다. 기업이 신규 상장할 단계에는 이익이 noisy하여 유용성이 떨어지지만 성숙단계에서는 회사의 구조와 전략이 어느 정도 안정화되어 이익의 지속성이 높아지고, 쇠퇴기에 들어서는 구조적인 변화를 꾀하기 때문에 이익이 다시 noisy해진다는 것으로, 회계분야에서 회계정보의 유용성을 기업수명주기에 따라 달라진다는 것을 보여준 최초의 연구였다. 제13장 현금흐름표에서도 기업수명주기에 따른 이익과 현금흐름의 관계를 보여주었지만, 여기서는 기업수명주기에 따라 재무제표분석시 숫자에 담긴 해석이 달라져야 함을 강조한다.

성장은 투자를 동반한다. 기업이 성장하려면 투자가 먼저 이루어지고

점진적으로 매출이 증가하게 된다. 성장기에는 왕성한 투자가 일어나서 자산회전율이 낮아지며, 투자자금을 조달하느라 부채가 높아져 자기자본비율이 낮게 나타나고(또는 부채비율이 높게 나타나고) 이자지급 때문에 수익성비율은 낮게 나타난다. 따라서 ROE는 낮게 나타나거나 심지어는 음의 값을 가질 수도 있다. 그러나 이것은 성장기 단계에서는 당연한 결과이기 때문에 크게 문제가 되지 않으며 성장기 단계에 있는 회사의 경우에는 수익성이나 활동성보다는 레버리지가 어느 정도 높은 것이 미래에 대한 투자이기 때문에 좋게 평가를 해야 한다는 것이다. 따라서 성장단계에 있는 기업의 경우 설령 수익성 지표가 좋지 않더라도 미래의 수익성이 나쁜 게 아니며, 부채비율이 높더라도 위험하다고 평가하지 않는다.

성숙기로 접어들면서 영입은 정상궤도에 올라가고 매출이 증내되면서 늘어난 이익으로 이자를 지급하고 원금까지 갚을 수 있게 된다. 이렇게 되면 부채비율은 낮아지고 수익성은 높아지게 된다. 또한 신규투자도 둔화되고 기존의 설비투자 대비 매출액만 증가하기 때문에 자산효율성도 높아지기 시작한다. 성숙기 단계의 기간은 경쟁구조나 기술혁신 속도에 따라 달라지긴 하겠지만 이 단계에서는 원가구조도 안정화되어 어느 정도 이익이 예측가능해지는 시기이다. 성숙기 단계에서는 수익성 지표가 좋게 나와도 미래의 수익성에 대한 불확실성이 존재하는 것이며, 낮은 부채비율은 기존 사업에 대한 성장기회가 없어서일 수도 있기 때문에 반드시 좋은 것만은 아니다.

쇠퇴기에는 매출이 감소하고 경비가 늘어나는 경향이 있다. 제품은 팔리지 않아 불량품이 되기도 하고, 재고는 누적되어 과다한 재고자산을 보유하게 된다. 따라서 일정수준의 이익을 확보하기 위해서는 경비를 절감하는 것이 한 가지 대안이지만, 필요한 경비까지 줄임으로써 경쟁력에 영향을 미칠 수도 있다. 이에 따라 차입금이 증가하기도 하는데, 이때의 차입금은 투자를 위한 것이 아니라 현상을 유지하기 위한 차입금이기 때문에 안정성을 위협한다고 할 수 있다. 쇠퇴기 단계에서 기업은 기존 시장에서 벗어나 인수합병 등을 통해 신규시장의 진입을 시도하기도 한다. 외부로부터 자금을 조달하기도 하지만 기존의 설비자산을 매각해서 재원을 마련하기도 한다. 이러한 단계를 혁신기(shake-up)라고도 한다. 이때 성장기 단계에서와 비슷하게 오히려 투자가 늘어나고 부채가 많아지면서 수익구조는 다시 안 좋게 될 수 있다.

이와 같이 재무제표비율을 해석할 때에는 경영환경과 경기상황 등의 **여건을 감안한 재무제표분석**(contextual financial statements analysis)이 필요하다. 예를 들면, 기업의 수명주기에 따라 재무제표비율에 대한 의미가 달라질 수 있으므로 비율을 일률적으로 해석하는 성향을 경계해야 한다. 힘차게 달리고 나서 맥박을 재면 빠르게 뛸 것이다. 그러나 이 상태만을 보고 심장에 이상이 있다고 하지는 않는다. 달리기를 멈추고 몇 분이 지나면 보통 상태로 돌아가기 때문이다. 그때그때마다 증상이 다르고 처방도 다른 것처럼 재무제표분석을 통해 기업을 진단하고 방안을 모색할 때에도 마찬가지이다.

필자는 아침에 출근하여 연구실에서 커피를 마시며 일을 시작할 때 왠지 모를 뿌듯함을 느낀다. 커피를 잘 마시는 방법은 오감으로 음미하면서 커피를 마시는 것이다. 먼저 코로 향을 음미하고, 마실 때 소리를 내면 공기가 같이 들어가서 향을 더욱 느낄 수 있다. 한 모금 마신 뒤에는 혀에서 신맛과 질감을 느껴보고, 그 다음에 커피를 입안 구석구석 보내 입안 전체로 맛을 느낀다. 커피를 삼킨 후에는 안쪽에서 올라오는 뒷맛을 느껴야 한다. 재무제표분석도 마찬가지이다. 재무제표분석을 제대로 활용을 하기 위해서는 단순히 재무제표에 담겨 있는 숫자를 숫자로만 보는 것이 아니라 통찰력을 갖고 보며, 경영진의 방침도 들여다봐야 한다. 또한 사람의 냄새도 맡아보고, 경영성과에 대한 맛도 보며, 미래의 전망을 느낄 수 있어야 한다. 결국 오감으로 기업의 재무제표를 분석할 때 제대로 된 평가를 할 수 있는 것이다.

재무제표분석을 위한 benchmark

A기업은 20×3년 재무제표에 대한 결산을 마치고 수익성분석을 수행하였는데 이때 총자산이익률(ROA)이 5%로 산출되었다. A기업은 수익성 측면에서 우량 또는 불량하다고 말할 수 있는가? A기업의 20×3년도 ROA만으로 우량 또는 불량이라고 결론을 내릴 수는 없다. 이러한 결론에 도달하기 위해서는 적절한 비교기준인 표준비율(benchmark, standard ratio)이 필요하다. 해당기업의 과거비율, 유사기업 비율, 산업평균비율, 최우량기업 비율 등이 이에 해당한다. 즉, 비교기준을 통해 해당기업의 재무제표분석에 대한 종합적인 해석 및 결론을 이끌어 내야 한다. 나무만 보지 말고 전체 숲을 봐야 한다는 이야기이다.

첫째, 해당기업의 과거 재무비율과 비교해야 한다. 과거 일정기간 동안의 재무비율이 어떤 추세로 변화하였고 현재 재무비율이 갖는 경제적 의미를 이해하여 문제점을 파악하고 향후 개선방안을 모색할 수 있다. 하지만 신생기업 또는 업력이 짧은 기업의 경우 사용할 수 없으며 과거에 비경상적인 경영환경이나 사건 또는 거래가 있는 경우 사용하는 데 주의할 필요가 있다.

둘째, 유사기업의 재무비율과 비교해야 한다. 시장여건, 영업규모, 기업특성 등이 유사한 경쟁기업의 재무비율을 이용한다. 하지만 유사기업을 선정하기가 어려운 경우가 존재한다. 사실 실전에서는 이론적인 유사기업을 찾는 것이 쉽지 않으며, 보는 관점 및 이해관계에 따라 유사기업이 달라질 수 있다.

셋째, 산업평균비율과 비교해야 한다. 동일산업에 속한 모든 기업의 재무비율의 평균치를 가장 많이 이용하며 한국은행 "기업경영분석"을 가장 많이 활용한다. 하지만 사업의 포트폴리오가 다각화된 기업의 경우 평균비율 이용이 비합리적이다. 예를 들어, 삼성물산㈜의 경우 건설부문, 상사부문, 패션부문, 리조트부문, 급식 · 식자재유통부문, 바이오부문 등 다양한 부문의 사업을 영위하고 있다.

넷째, 최우량기업의 재무비율과 비교해야 한다. 업종 내 최우량기업의 재무비율은 해당업종에서 기업활동을 할 때에 어떤 방향으로 경영방침을 설정해야 할 것인가에 대한 지침을 제공한다. 하지만 업종 내 최우량기업을 선정하기가 어려운 경우가 존재한다. 특히, 다각화기업의 경우 부문별 다수의 최우량기업이 존재하게 된다.

다섯째, 이상적 표준비율과 비교해야 한다. 유동비율 150% 이상, 당좌비율 100% 이상, 부채비율 100% 이하 등이 각 비율에서 요구하는 이상적 비율이지만 통상 최소한의 수준으로 해석해야 한다. 하지만 해당연도의 경제상황, 소속 국가의 경제여건, 소속 산업의 사업특성을 모두 고려한 것이 아니며 분석목적에 따라 표준비율이 달라질 수 있다. 즉, 시대와 국가 및 산업에 따라 이상적 표준비율은 달라질 수 있음에 유의해야 한다.

업종별 재무적 특징

활동성 비율은 해당사업(business)의 프로세스와 특징을 나타내는 대표적인 지표이다. 제조업의 경우 원재료 매입에서 제조, 보관, 판매, 회수라는 일련의 프로세스를 가지게 되며, 사업에 따라 프로세스는 고유한(unique) 특징을 보이게 된다. 예를 들어, 시장에서 협상력이 우위에 있는 대형백화점의 경우 매출채권 회수는 빠르나 매입채무 지급은 느린 특징을 보인다. 매출채권 자체가 아예 없는 사업은 없을까? 체육진흥투표권 사업을 주요 사업으로 영위하고 있는 케이토토㈜의 경우 매출채권이 없으며 현금거래업체라고 볼 수 있다.

자동차, 철강, 정유, 제약 등 제조업의 경우 일정한 수준의 완제품 재고자산을 유지하는데 이는 미래 수요를 대비하기 위해 완충역할을 하는 안전재고가 된다. 하지만 조선, 건설, 플랜트 등 수주산업의 경우 완제품 재고자산은 계약은 이루어졌지만 여러 사정으로 수요자에게 미인도된 위험재고가 될 수 있다. 제조업은 선생산, 후판매 방식으로 이루어지므로 재고자산의 판매 및 관리 활동을 위한 매출원가에 비해 판매관리비가 상대적으로 크게 발생한다. 이에 비해 수주산업은 선주문, 후생산 방식으로 이루어지므로 판매관리비에 비해 매출원가가 상대적으로 크게 발생한다.

일반적으로 부채비율이 높으면 기업의 유동성이나 안정성에 문제가 있다고 볼 수 있지만, 업종에 따라 해석이 달라질 수 있다. 예를 들어, 수주산업 및 교육서비스업의 경우 대표적인 부채항목은 미리 받은 계약금이나 미리 받은 수강료 등 선수금이다. 시간이 경과하고 일정요건이 충족됨에 따라 부채인 선수금은 수익인 매출로 전환된다.

핵심 포인트

재무제표분석은 공시된 재무제표 및 주가와 경제지표 등의 추가적인 자료를 분석하여 수치들의 변화와 관계를 밝혀냄으로써 정보이용자가 의사결정을 하는 데 유용한 정보를 제공하는 것이다. 재무제표분석은 듀퐁의 ROE 분해를 통해 그 변동원인을 체계적으로 파악하고 기업의 수명주기와 경제여건 등을 감안하여 해석할 때 재무제표에 담긴 수치의 의미를 보다 적절하게 활용할 수 있다.

제15장

회계정보에도 품질이 있다

무형자산의 회계상 문제점의 본질은 과거를 알기 위해 미래를 알아야 한다는 것이다.

The crux of the accounting problem with intangibles is that to know the past, one must know the future.

—New York University accounting professor, Baruch Lev

회계가 이성처럼 차가운 수(數)를 다루기 때문이어서인지 회계를 업으로 하는 사람들 중에는 감성처럼 뜨거운 시를 낭송하고 마음에 새기기도 한다. 시를 통해 시적 감성을 절묘하게 표현하는 것이 중요한 이유는 수를 다루는 공인회계사가 수에만 너무 얽매여 수 너머에 있는 또 다른 의미를 간과할 수 있음을 깨닫게 하기 때문이다. 이러한 상황을 잘 표현해 주는 시 중에 유경환의 '낙산사 가는 길'이라는 시가 있다.

낙산사 가는 길

세상에
큰 저울 있어

저 못에 담긴
고요
달 수 있을까

산 하나 담긴
무게
달 수 있을까

달 수 있는
하늘 저울
마음일 뿐.

이 시에서 수의 정확성과 시의 감성을 겸하면 창조적 사고가 가능해 산의 무게와 호수에 담긴 고요도 측정할 수 있다는 의미일 것이다. 회계이론에서는 회계정보에 수로 표시되지 않는 부분을 강조하기 위해 회계정보 또는 **이익의 질**(質 ; earnings quality)이라는 개념을 흔히 사용한다. 회계정보는 기업의 수익성과 안정성 그리고 향후 현금흐름을 합리적으로 예측하는 데 활용되어 궁극적으로 투자가치나 채무상환능력을 파악하는 데 유용하다. 그러나 회계정보를 제대로 이해하기 위해서는 겉으로 드러나 보고된 회계수치만 보아서는 안 된다. 회계정보는 기업이 처한 경영환경과 미래전망에 따라 해석이 달라질 수 있으며, 기업이 선택한 회계정책에 영향을 받기 때문에 이러한 회계정보의 질을 감안하여 평가해야 하는 것이다.

예를 들어, 재무제표에 보고된 이익을 평균총자산으로 나눈 비율이 A회사가 10%이고, 동일 업종의 B회사가 8%라고 할 때 A회사의 수익성이 더 좋다고 할 수 있을까? 이것은 동일한 방법으로 회계처리를 했고, A회사와 B회사의 이익 구성이 비슷한 경우에 가능하다. 만약 A회사가 수익의 인식을 B회사에 비해 덜 보수적[1)]으로 하고, 이익이 설비자산처분

이익처럼 일시적이고 반복적이지 않은 항목들로 구성되어 있다면 오히려 B회사가 더 선호될 수 있다. 또는 A회사가 경기변동에 더 민감하게 반응을 보이는 경우 당기 10%의 수익성이 언제 어떻게 낮아질지 모르는 불확실한 위험도 있기 때문에 B회사의 수익성이 낮으나 그 변동성이 크지 않다면 오히려 선호될 수도 있다.

회계정보가 영업성과와 재무상태를 적절히 반영하고 있는지 여부를 파악하기 위해서는 회계정보의 질을 검토해야 한다. 동일한 업종에 있는 경쟁사와 비교·분석하기 위해서는 두 회사가 채택하고 있는 회계처리방법에 차이가 있는지, 어느 회사의 회계처리가 더 보수적인지 등을 감안해야 한다.

공통적인 회계정보의 질

회계정보의 질을 판단하는 데 있어서 통상적으로 들여다보는 첫 번째 요

1) 선택가능한 회계처리 중 재무상태나 영업성과를 더 낮게 표시하는 회계처리로 하였을 때 보수적으로 회계처리하였다고 한다.

소는 감사보고서에 대한 **감사의견**이다. 감사의견은 회사의 재무제표가 재무상태와 경영성과를 정확하게 반영하고 있는지를 공인회계사가 객관적으로 감사하여 표시하는 의견이다. 공인회계사는 재무제표의 모든 항목이 적절히 작성되어 기업회계기준에 일치하고 불확실한 사실이 없을 때 적정의견을 표시한다. 적정의견은 재무제표가 기업회계기준을 준수해 작성됐다는 것을 의미하는 것이지 그 자체가 건전한 회사라는 것을 나타내지는 않는다. 반면에 한정의견, 부적정의견, 의견거절을 통틀어 비적정의견[2]이라 하는데, 이 경우에는 정상적인 회계처리를 하면 부실이 늘어날 가능성이 크기 때문에 이들 회사는 문제가 있다고 볼 수도 있다. 이와 같이 감사의견은 제3자이자 전문가의 입장에서 재무제표의 신뢰성 여부를 판단해 주기 때문에 회계정보의 질을 평가하는 데 외부이용자가 반드시 살펴봐야 하는 요소이다.

두 번째로 들여다봐야 하는 요소는 회계처리를 일관적이고 보수적으로 했는지 여부이다. 회계상의 **보수주의**(accounting conservatism)란 여러 개의 회계처리방법이 있을 경우 이익은 낮게, 비용은 크게 인식하는 방법이다. 예를 들면, 감가상각비를 인식할 때 매년 동일한 금액을 인식하는 정액법보다는 초기에 감가상각비를 많이 인식하고, 나중에 감가상각비를 덜 인식하는 정률법이 더 보수적인 회계처리이다. 인식하는 총비용은 같지만 초기에 더 비용을 높게 설정하기 때문이다. 이익은 미래에 발생가능성이 높아도 확실해질 때까지 재무제표에 반영하지 않는 반면 손

2) 회계처리방법과 재무제표 표시방법 중 일부가 기업회계기준에 위배되거나, 재무제표의 항목에서 합리적인 증거를 모두 얻지는 못하고 있는 경우는 한정의견을 표명하며, 재무제표가 전체적으로 합리적으로 기재되지 못하고 왜곡표시됨으로써 무의미하다고 인정되는 경우에는 부적정의견을 표명하기도 한다. 그 밖에 합리적 증거물을 얻지 못하여 재무제표 전체에 대한 의견표명이 불가능하거나 기업존립에 관계될 정도의 객관적 사항이 특히 중대한 경우, 또는 감사의 독립성이 결여되어 있는 경우 등에는 의견거절을 표시한다.

실은 미래에 발생할 가능성이 발생하지 않을 가능성보다 높으면 확실하지 않더라도 재무제표에 반영하는 것도 보수적인 회계방침이다. 기업이 연구개발이나 광고에 지출한 금액은 나중에 회사의 매출 증대에 크게 기여할 수 있는데 회사가 정확한 금액과 시점을 알 수 없기 때문에 당기에 전부 비용으로 기록하는 것을 선택하였다면 이것 역시 보수적인 회계처리이다. 아울러 회사가 보유하고 있는 재고자산의 시가가 하락했을 때에는 평가손실을 인식하나 시가가 상승했을 때에는 평가이익을 인식하지 않는 것도 보수적인 회계처리이다. 회사가 돈을 빌려주고 못 받을 것으로 예상되는 금액은 비용처리하고 손실충당금을 쌓는데, 손실충당금을 얼마나 쌓을 것인지는 그 회사가 얼마나 보수적인 회계정책을 가지고 있는지에 따라 달라진다. 보수적인 회계처리를 하면 현재의 이익이 작더라도 미래의 이익이 커질 가능성이 크기 때문에 상대적으로 회계정보의 질이 높다고 볼 수 있다. 예를 들어 회사가 미래에 돈을 떼일 것을 예상해 올해 손실충당금을 많이 쌓았다면 올해 이익은 줄지만, 나중에 돈을 떼인 시점에는 비용을 안 잡아도 되기 때문에 미래의 이익은 그만큼 늘어난다. 또한 보수적으로 회계처리한 기업은 그래도 될 정도로 여력이 있는 기업이기 때문에 외부이용자의 입장에서는 그 회사가 공시한 재무정보가 신뢰할 만하다고 볼 수도 있다.

세 번째로 **감사인의 평판**과 전문성을 들 수 있다. 감사인이 대형회계법인이거나 글로벌 회계법인과 제휴한 법인인 경우 한 고객기업에 분식회계 등으로 문제가 생겼을 때 그 회계법인의 평판에 미치는 피해는 이루 말할 수 없다. 따라서 회계법인은 아주 위험한 고객기업의 경우 아예 감사수임을 하지 않거나 감사수임을 하더라도 매우 꼼꼼하게 장부를 들여다볼 수밖에 없다. 특정산업에 전문성이 있는 회계법인의 경우에도 그 산업 중에 어느 한 고객기업에 문제가 생길 경우 입는 피해가 지대하므로 감사품질을 잘 유지하려고 할 것이다. 한편 감사인이 교체된 경우라면 그 교체사유를 잘 살펴볼 필요가 있다. 적정의견을 받기 어려운 한계기업의 경우 감사인을 교체해서라도 적정의견을 받으려는 의견구매(opinion shopping) 현상이 발생할 수 있기 때문이다. 따라서 정보이용자의 입장에서는 감사인의 평판과 전문성 그리고 교체사유 등을 잘 들여다봐야 한다.

네 번째는 **재무제표 재작성**이 있는지 여부이다. 재무제표를 작성하다 보면 오류가 발생하기 마련이다. 만약 이 오류가 중요한 것이면 이전 기간의 재무제표를 재작성하는 것이 원칙이다. 중요하지 않은 오류라면 이전 기간의 재무제표는 그대로 두고 오류금액을 오류를 발견한 연도의 재무제표에 반영한다. 재무제표를 재작성할 만큼 중요한 오류가 있었다는 것은 회사의 재무제표 작성능력이 낮거나 경영사의 회계부정 의도가 있었다는 의미일 수 있으므로 회계정보의 질이 낮다고 볼 수 있다. 예전에 본 〈여인의 향기〉라는 영화에서 괴팍하고 오만한 퇴역 장교 프랭크 슬레이드 역을 멋지게 보여준 알 파치노의 대사가 생각나는 것은 왜일까? “만일 실수를 하게 되면 스텝이 엉기게 되는데, 그래도 계속해서 탱고를 춰나가면 된다. 그게 바로 탱고이고 그게 바로 사는 인생이니까요.” 회계에서도 절대적인 正은 없다. 그 시점에서는 그것이 正이었지만 그 이후에 바뀔 수 있는 것이다.

다섯 번째는 **내부회계관리제도**에 대한 감사인의 의견이다. 내부회계관리제도란 신뢰할 수 있는 회계정보 산출을 위한 통제절차를 말한다. 감사인은 회사의 내부회계관리제도를 검토 또는 감사한 후, 단순한 미비점이나 유의한 미비점, 또는 중요한 취약점이 있는지 의견을 표명한다. 내부회계관리제도에 중요한 취약점이 존재하는 회사가 만든 재무제표 숫자는 신뢰하기 어렵기 때문에 회계정보의 질이 낮다고 볼 수 있다.

그 밖에도 수익인식의 기준에 따라 이익의 질이 결정되며, 자산의 평가방법에 따라 자산의 질이 영향을 받는다. 일시적인 수익이나 비용은 이익의 지속성을 낮추기 때문에 이익의 질이 낮아진다. 또한 장부에 기록되어 있지 않은 부외부채가 있는 경우에는 부채의 질이 낮다고 할 수 있다. 회계정보의 질에 대한 평가는 재무제표 작성회사의 회계정보가 일반적으로 인정되는 회계기준에 적합한가의 여부에 대하여 검토하는 회계감사와는 달리 기업의 재무상태나 영업실적이 중대하게 과대 또는 과소평가되고 있는 사항이 있는지의 여부에 대하여 검토하는 것이며, 기본적으로 기업의 신뢰성과 연계되어 기업의 가치 및 신용평가 전반에 영향을 미치게 된다.

이익의 질(earnings quality)

소비자들이 물건을 살 때 그 품질을 따지듯이 투자자와 채권자 등의 회계정보이용자는 회사의 재무상 건강상태를 파악하는 데 이익의 질을 꼼꼼히 따진다. 보고한 이익이 진짜 이익을 잘 반영할수록, 미래이익을 예측하는 데 유용할수록 이익의 질이 높다고 한다. 또한 이익의 속성 측면에서 이익지속성(earnings persistence)이 높고, 이익변동성(earnings variability)이 낮을수록 이익의 질이 높다고 판단한다. 이익규모 자체보다는 이익이

산출되기까지의 과정이나 구조적 요인을 반영하는 이익의 질이 보다 중요한 의미를 가진다.

기업의 수익성에 대한 평가는 과거 자료의 분석과 잠재적 수익성을 의미하는 질적 분석단계를 거쳐 최종적인 판단에 이르게 된다. 재무분석가는 이익의 추정시 이익의 질이 높은지를 고려하며, 신용분석기관에서도 신용평가시 이익의 질을 반영한다. 또한 감사인들도 재무제표에 대한 의견을 표명할 때 이익의 질을 고려한다. 기본적으로 어떤 회사가 높은 수준의 이익을 창출하고 있다면 그 회사는 주요 사업에서의 경쟁력이 뛰어나고 효율적인 관리시스템을 유지하고 있는 것으로 판단할 수 있다. 그러나 정보이용자는 이러한 높은 수준의 이익이 과연 미래에는 어떻게 될 것인가에 분석의 초점을 맞추고 있다. 즉, 과거 자료를 바탕으로 계산된 각종 이익지표를 이용하여 미래 상황을 예측할 수 있는지가 이익의 질을 평가하는 데 있어서 중요한 고려요소이다.

또한 포괄손익계산서에 표시되는 이익규모를 현금흐름표의 영업활동 순현금흐름(net cash flow)과 비교해 전반적인 이익의 질을 판단할 수 있다. 일반적으로 포괄손익계산서의 이익규모는 회계정책을 변경하는 등의 방법을 통해 기간별 조정여지가 일부 존재할 수 있지만, 현금흐름은 회계처리방법을 바꾸어도 변하지 않기 때문에 포괄손익계산서 분석에서 간과할 수 있는 영업실적의 구조적 변화요인을 파악하는 데 더 유용하다. 만약 포괄손익계산서상의 각종 이익지표와 현금흐름이 동일한 방향으로 움직이고, 주가와 상관관계가 높으면 이익의 질이 높다고 볼 수 있다.

비교적 간편하고 포괄적으로 이익의 질을 살펴보는 방법 중의 하나는 당기순이익과 영업현금흐름(operating cash flows)의 차이인 발생액(accruals)의 크기를 보는 것이다. 거래가 발생하는 시점과 현금이 실제 유·출입되는 시점의 차이가 있어 당기순이익과 영업현금흐름이 일치하지 않는 부분이 바로 발생액이다. 따라서 당기순이익이 영업활동으로 인한 현금흐름보다 많으면 발생액은 양(+)이 되고, 작으면 발생액은 음(−)이 된다. 회사의 이익 중 영업현금흐름은 내 손 안에 들어온 확보된 이익이고 발생액은 아직 손에 잡히지 않은 이익이므로 발생액이 클수록 이익의 질이 낮다고 볼 수 있다. 예를 들어 현금판매보다 외상판매가 늘면 매출채권 증가로 발생액이 양(+)이 된다. 회사가 매출을 늘리기 위해 신용상태가 안 좋은 고객에게까지 외상판매를 허용하면 당기는 매출 증가로 이익이 크게 늘지 몰라도 고객에게 채권을 회수 못하면 미래이익은 줄어든다. 또 다른 예로 회사가 제품을 마구 찍어내면 재고자산 증가로 발생액이 양(+)이 된다. 그러나 수요에 관계없이 찍어낸 제품은 나중에 부진재고로 손실처리될 가능성이 높으므로 미래이익은 줄어들 것이다. 따라서 발생액이 양(+)이면서 규모가 크면 현재의 당기순이익은 크지만 미래의 이익은 작아질 가능성이 높기 때문에 이익의 질이 낮다고 본다. 또한 영업현금흐름은 자의적인 회계처리에 의하여 영향을 거의 받지 않는 반면 발생액을 포함하는 당기순이익은 주관적 판단이 개입된 회계처리에 의하여 영향을 받을 수 있기 때문에 발생액의 급변으로 기업의 이익변동성이 클 때 이익의 질이 떨어진다고 본다.

발생액의 질(accruals quality)

전술한 바와 같이 발생액은 당기순이익에서 영업현금흐름을 차감하여 구할 수 있는데, 때로는 발생액의 크기보다 발생액의 질에 초점을 맞추기도 한다. 발생액은 경영활동과정에서 필연적으로 발생하는 부분과 경영자가 재량권을 행사하여 발생하는 부분으로 구분할 수 있다. 이 중 후자를 재량적 발생액이라 하고 이익조정의 대용치로 많이 사용된다. 즉, 총발생액 중 재량적 발생액이 많을수록 경영자가 이익조정을 했을 가능성이 높으므로 이익의 질이 낮다고 본다. 그러나 경영자가 재량권을 행사하여 발생하는 부분과 그렇지 않은 부분을 구분하는 것은 쉽지 않으며 이러한 측정오차의 문제를 보완하여 만든 측정치가 바로 발생액의 질이다.

발생액의 질(accruals quality)은 발생액이 현금흐름으로 전환되는 정도를 측정한다. 기업의 이익이 주주가 진정으로 소유할 수 있는 부가 되기 위해서는 현금의 형식으로 회수되어야 하나, 포괄손익계산서상 이익은 회수에 불확실성이 존재한다. 발생액의 질은 포괄손익계산서상 이익이 현금의 형식으로 회수되어 주주가 진정으로 소유할 수 있는 부로 전환되는 비율을 의미하며, 정보위험의 척도(proxy)로 사용된다. 이때 **정보위험**(information risk)이란 왜곡된 회계정보에 근거해 의사결정을 하였을 경우 잘못된 의사결정으로 인하여 재무제표이용자가 손해를 입게 될 위험을 말한다. 재무제표이용자들은 기업의 보고이익을 기초로 미래현금흐름을 예측하고 이 정보를 이용해 의사결정을 내리게 되는데, 발생액이 현금흐름으로 전환되는 정도가 낮다면(즉, 발생액의 질이 낮다면) 잘못된 의사결정으로 이어질 가능성이 높다. 예를 들어 회사의 당기순이익이 100억원, 영업현금흐름이 30억원이면 100억원과 30억원의 차이인 70억원이 발생액이다. 투자자가 당기순이익 100억원을 기초로 이 회사가 미래 기간에 최소 100억원 이상 현금을 벌어들일 것으로 예측하고 자신이 생각하는 적정주가 1만원에 회사 주식을 샀다고 가정하자. 그런데 발생액 70억원이 이후 연도에 현금유입으로 이어지지 않았다면(즉, 발생액의 질이 낮다면) 이 회사의 실질적인 미래현금흐름 창출능력은 30억원에 불과하기 때문에 주가는 1만원 아래로 내려갈 것이고 결과적으로 이 회사 주식을 산 투자자는 손해를 입게 된다. 따라서 발생액의 질이 낮을수록 정보위험이 높다고 볼 수 있다. 과거 연구에 의하면 발생액의 질이 낮을수록 투자자 및 채권자는 그에 대한 보상으로 더 높은 자본비용(자기자본비용, 타인자본비용)을 부과한다.

발생액의 질은 다시 그 원천에 따라 본질적 발생액의 질과 재량적 발생액의 질로 구분된다. 회사의 사업모형이나 영업환경과 같은 기업의 본질적 특성과 관련된 발생액의 질은 '본질적 발생액의 질(innate accruals quality)'로, 나머지는 전부 경영자의 재량적 선택에 따른 것으로 보아 '재량적 발생액의 질(discretionary accruals quality)'로 구분한다. 예를 들어 어떤 회사의 발생액이 현금흐름으로 전환되는 비율이 낮은데 그 이유가 그 회사가 속한 산업의 영업순환주기가 길기 때문이면 본질적 발생액의 질이 낮은 것이다. 반면에 경영자의 이익조정으로 가공의 매출채권이 쌓여 있어서 발생액이 현금흐름으로 전환되는 비율이 낮다면 재량적 발생액의 질이 낮은 것이다. 이 두 가지 발생액의 질은 모두 자본비용에 유의한 영향을 미치지만, 그 효과는 본질적 발생액의 질에서 보다 크게 나타난다. 또한 발생액의 질은 시장에서 위험요인(risk factor)으로 평가되고 있으며, 발생액의 질, 특히 본질적 발생액의 질이 자본비용에 미치는 효과는 기업의 영업순환주기 및 거시경제변수와 밀접한 관련을 가지는 것으로 나타났다.

전반적인 발생액의 질은 동일하다고 할지라도 그 원천이 본질적 발생액이라면 재량적 발생액이 원천일 때에 비해 미래현금흐름의 불확실성이 크기 때문에 재무제표이용자가 현재의 이익정보에 기초해 의사결정을 내렸을 때 손해를 볼 가능성이 증가한다. 따라서 재무제표이용자들은 상대적으로 정보위험이 높은 본질적 발생액의 변화에 좀 더 민감한 반응을 보임으로써 투자위험을 최대한 낮추고자 한다. 높은 발생액의 질은 자금조달비용을 낮출 뿐만 아니라 투자자와 경영자 간의 정보비대칭을 줄이고 두 집단간의 대리인 갈등을 완화시켜 경영자가 주주들의 이해와 일치하는 올바른 의사결정을 할 수 있게 해준다.

자산의 질(asset quality)

대마불사(大馬不死)란 큰 기업은 망하지 않는다는 뜻으로 자산의 규모가 클수록 좋은 것으로 인식되기도 하였다. 그러나 IMF 유동성위기 이후 부실한 대기업들이 줄줄이 도산하면서 그러한 인식이 바뀌게 되었다. 따라서 자산의 규모도 중요하지만 **자산의 질**을 따져봐야 할 것이다. 회사가 보유하고 있는 자산의 가치는 자금을 추가로 조달할 수 있는 능력이 있는지 여부와 직접적인 관계가 있다. 따라서 자산의 성격과 구성내용, 과대·과소계상 여부(시장가치의 적정반영 여부) 등 자산의 질적 특성은 회사에 대한 분석 및 평가에 있어 매우 중요하다.

자산의 질을 평가하는 네 있어서 특히 중요한 첫 번째 요소는 자산의 유동성이 높은지 여부이다. 즉, 그 자산을 얼마나 쉽게 현금화할 수 있는지를 살펴봐야 한다. 일반적으로 보유 중인 투자자산이 주식시장이나 채권시장 등에서 쉽게 거래되는 자산이면 유동성이 높다고 평가한다. 그러나 경영참여 목적으로 계열사 주식을 가지고 있는 경우에는 아무리 시장가치가 크고 유동성이 뛰어나다고 해도 매각하여 현금화할 가능성이 낮으므로 재무적 융통성은 그리 높지 않다고 할 수 있다.

자산의 질을 평가하는 두 번째 요소는 저평가된 자산이나 사용이 제한된 자산의 보유 여부이다. 회계는 좋은 소식은 최대한 늦게, 나쁜 소식은 최대한 빨리 반영하기 때문에 많은 경우 자산가치 하락은 즉시 장부에 반영되나, 자산가치 상승은 반영되지 않는 것이 일반적이다. 따라서 회사가 자산재평가를 하지 않았다면 저평가된 자산이 존재할 가능성이 있다. 또한 회사가 보유하고 있는 자산의 상당 부분이 담보로 제공되어 묶여 있는 경우에는 재무적 융통성이 낮아 새로운 투자기회를 활용할 수 있는 여력이 떨어질 수 있다. 회사의 보유자산은 부도발생시 회수가능성의 직접적인 판단기준으로 작용하므로 자산재평가를 통해 자산의 시장가치가 장부에 반영되었는지 여부와 담보 제공 등으로 사용이 제한된 자산이 있는지를 꼼꼼히 따져볼 필요가 있다.

자산의 질을 평가하는 세 번째 요소는 무형자산의 비중이다. 무형자산은 타 자산항목과는 달리 존재 여부 및 그 가치를 정확하게 측정하기 어려운 관계로 과대·과소계상의 가능성이 높다. 회사가 어떤 회사의 사업을 사 올 때 공정가치보다 더 많이 지급한 금액을 영업권(goodwill)이라 한다. 회사가 사 온 사업이 잘 되면 문제가 없지만 잘 안 되면 손상차손을 인식해야 한다. 그런데 이 사업이 앞으로 얼마나 잘 안 될지 예측해서 영업권을 얼마나 손상처리할 것인지 결정하는 과정에서 주관적 판단이 개입될 소지가 많기 때문에 영업권 비중이 높으면 자산의 질이 낮다고 할 수 있다. 또한 청산시점에 무형자산의 가치는 거의 없기 때문에 무형자산 과다보유 기업에 대해서는 자산의 질을 낮게 평가하는 경향이 있다.

네 번째로 자산의 공정가치 평가를 얼마나 신뢰할 수 있는지가 자산의 질에 영향을 줄 수 있다. IFRS를 전면 도입하면서 자산을 공정가치로 평가하도록 하고 있다. 자산을 취득원가로 평가하는 것보다 현재 시점의 공정가치로 평가하는 것이 투자자의 의사결정에 더 도움이 될 수 있다. 그러나 공정가치를 평가하기 어려운 자산의 경우에는 장부가액을 공정가치로 평가하는 과정에서 경영자가 의도한 또는 의도하지 않은 측정오류가 발생할 수 있다. 장기적으로 볼 때 공정가치 평가의 차이로 인해 기업의 실질적인 가치에 영향을 미치지는 않겠지만 특정시점에 있어서는 측정상의 오류로 기업가치에 영향을 미칠 수 있으며, 자산의 질 역시 낮게 평가될 수 있다.

자산의 질을 평가하는 다섯 번째 요소는 뚱뚱한 자산(fat assets)이 어느 정도 있는지 여부이다. 뚱뚱한 자산은 수익을 창출하지도 않고 아무런 기여도 하지 않는 자산을 말한다. 몸에서도 어느 정도의 지방(fat)이 필요한 것처럼 회사도 약간은 통통한 자산이 필요하지만 불필요한 지방의 자산을 보유하기보다는 운동을 통해 태워줘서 근육을 키울 때 회사가 건강한 상태라고 볼 수 있다. 현금, 적정 수준의 재고자산, 중요한 설비, 우량채권 등은 통상적으로 현금의 유입을 가져오기 때문에 회사의 힘을 가져다주는 근육과 같은 자산이다. 그러나 그렇지 못한 자산은 불필요한 지방과 같아서 아예 처음부터 보유하지 않거나 추후라도 처분하여 몸집을 가볍게 하는 게 좋을 것이다. 뚱뚱한 자산을 판별하는 방법 중 하나는 자산회전율을 살펴보는 것이다. 제조업의 경우 기업 자산 중 공장, 기계 등 비유동자산이 상당한 비중을 차지한다. 따라서 기업이 비유동자산을 운영하여 수익을 창출하는 능력은 매우 중요한데, 비유동자산회전율은 이 능력을 반영한다. 회사의 매출액을 비유동자산으로 나눈 비유동자산회전율이 동종 산업 내 다른 기업보다 매우 낮다면 뚱뚱한 자산을 가지고 있을 가능성이 높다.

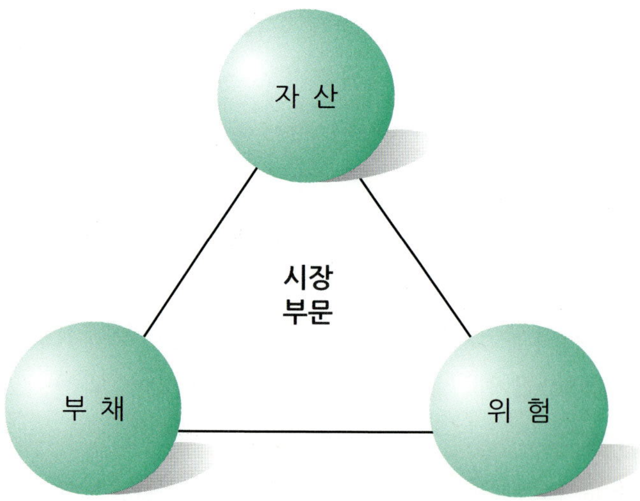

부채의 질(debt quality)

회사의 재무상태와 경영성과에 지대한 영향을 미칠 수 있는 요인이 바로 부채의 규모이다. 부채의 규모, 특히 차입규모가 클수록 차입원리금의 상환에는 더 많은 현금흐름이 요구된다. 원금과 이자는 법적으로 갚아야 하는 고정적 성격의 비용이기 때문에 경영환경의 악화로 매출이 둔화되고 이익과 현금이 줄어드는 경우에는 부도위험에 처할 가능성이 매우 높아진다.

그런데 부채의 규모만큼이나 중요한 요소가 바로 부채의 질이다. 부채의 질은 부채의 구성, 차입구조, 조달금리, 차입목적 등에 의해 결정된다. 부채의 질을 결정하는 첫 번째 요소는 부채의 구성으로, 1년 이내에 상환해야 할 유동부채와 상환기간이 1년 이상인 비유동부채의 구성비율은 회사가 1년 안에 부채상환에 필요한 현금규모를 가늠하게 해준다. 또한 그 현금을 정상적인 영업활동으로 조달할 수 있는지 아니면 추가로 차입해야 하는지 여부를 파악하게 한다.

두 번째로, 부채의 차입구조 역시 부채의 규모 못지않게 따져봐야 하는 부채의 질이다. 회사가 발행한 회사채 등 차입금의 만기가 특정기간에 집중된 경우 영업활동 창출자금만으로는 상환이 어려울 수 있으므로 외부에서 차환(refinancing)을 위한 대출 또는 채권발행이 요구된다. 이때 금리상승, 금융시장 경색 등 외부조달 여건이 악화되는 경우 불리한 조달조건을 감수하거나 신규조달 자체가 어려워질 수도 있다. 따라서 만기가 집중되어 구조적으로 차환위험이 도사리고 있는 경우 부채의 질이 낮게 평가되어 기업평가에서 부정적 요인으로 작용한다.

부채의 질을 평가하는 세 번째 요소는 상환부담의 변동성이다. 이 변동성은 조달금리가 고정금리인지 아니면 변동금리인지에 따라 영향을 받으며, 외화로 표시된 부채의 규모와 환율의 변동에 따라 상환부담의 변동성 역시 좌지우지되어 부채의 질 분석에 매우 중요한 의미를 지닌다.

부채의 질을 평가하는 네 번째 요소는 차입금의 사용목적이다. 만약 차입금이 기존의 차입금을 상환하기 위한 차환이라면 다소 위험한 신호로 보인다. 반면에 신규사업에 투자하기 위한 자금으로 사용된다면 긍정적인 신호로 판단된다.

부채의 질을 평가하는 다섯 번째 요소는 자본구조에 따른 **손익확대효과**이다.[3] 재무레버리지는 쉽게 말해 자산을 매입할 때 차입금을 끌어다 투자하는 것을 말한다. 예를 들어 10억원짜리 아파트를 사는 데 내 돈 10억원을 투입하여 1년 후 15억원이 되었다면 이때의 투자수익률은 50%이다. 그런데 1억원만 내 돈을 투입하고 나머지 9억원은 은행에서 연 10%로 대출을 받았다면 내 돈 1억원을 투입하여 이자 9천만원을 제외하고 4억 천만원을 벌었으니 투자수익률이 410%로 껑충 뛴다. 아파트 갭(GAP) 투자로 얼마를 벌었든 은행에는 이자 9천만원만 고정적으로 지급하면 되기 때문에 아파트 가격 상승 시기에는 대출을 많이 받을수록 내 이익이 커진다. 그러나 반대로 아파트 가격이 하락하는 시기에는 은행에서 빌린 원금과 이자를 갚을 수 없어 큰 어려움에 처할 수 있다. 즉, 경기전망이 밝고 사업전망이 좋은 기업의 경우에는 재무레버리지가 높으면 주당이익이 증가하는 방향으로 양(+)의 손익확대효과가 나타날 것이므로 긍정적으로 평가한다. 반면에 경기전망이 나쁘고 사업전망이 흐린 기업의 경우에는 재무레버리지가 높으면 주당이익이 감소하는 부(−)의 손익확대효과가 나타날 것이므로 부정적으로 평가한다.

---

3) 손익확대효과에는 영업레버리지(operating leverage)와 재무레버리지(financial leverage)가 있다. 영업레버리지는 영업고정비로 인해 매출액의 증감률보다 영업이익의 변화율이 더 큰 폭으로 변동하는지를 나타내는 손익확대효과이다. 호경기에는 실제 매출량이 손익분기점 매출량을 초과할 것이기 때문에 영업레버리지가 큰 경우가 유리하고, 불경기에는 반대로 실제 매출량이 손익분기점 매출량에 못 미치기 때문에 영업레버리지가 큰 경우에 불리하다.

부채의 질을 평가하는 여섯 번째 요소는 부외부채의 존재가능성이다. 많은 경우 부채의 장부가액과 공정가치의 차이는 크지 않다. 오히려 재무제표에 기록되지 않는 잠재적 부채를 찾아내고 이를 가치평가에 반영하는 것이 더 중요하다. IFRS는 발생가능성이 높지 않지만 아주 낮지 않은 우발부채를 재무제표의 주석에 기재하게 하고 있다. 예를 들어 회사가 지급보증을 섰다거나 소송에 피고로 계류되어 있다거나 하는 것들이 대표적인 예이다. 부외부채가 있는지는 일차적으로 우발부채 주석을 꼼꼼히 살펴봄으로써 파악할 수 있다.

핵심 포인트

회계정보의 질은 수익성뿐만 아니라 자산성, 유동성, 재무구조도 좀 더 심도 있게 살펴봐야 하는 품질이다. 회계정보의 질은 감사의견, 보수주의, 감사인의 평판, 전기오류수정손익 등 외에도 이익, 특히 발생액, 자산, 부채의 질을 검토해서 사용할 때 회계정보의 유용성을 제고할 수 있다.

제 16 장

이익을 예측할 수 있나

계량경제학에서 출발점으로 삼는 가정들이 때로는 정확하지 않다.
The starting assumptions in econometrics are sometimes not accurate.
—British economist, father of modern macroeconomics, John Maynard Keynes

"계량경제학에서 출발점으로 삼는 가정들이 때로는 정확하지 않다. 이 학문을 창안한 이들조차 현실의 복잡함, 상호 연관성을 놓치는 경우가 있다." 실전 투자에 나서 큰돈을 번 거의 유일한 경제학자인 영국의 존 메이나드 케인즈가 남긴 명언이다.

예측정보

워싱턴 포스트는 과거 천 년 동안에 인류에게 가장 큰 영향을 끼친 한 사람으로 칭기즈 칸을 선정했다. 그의 공로는 동서양을 어우르는 자유무역지대를 건설했다는 것 이외에도 800년 전에 이미 글로벌 커뮤니케이션 네트워크를 구성했다는 것이다. 칭기즈 칸의 주요 정보원들은 실크로드를 대동맥으로 삼아 중앙아시아와 중원을 오가고 곳곳을 떠돌아다니는 대상들이었다. 칭기즈 칸은 이러한 네트워크를 통해 정보를 교환하고 수집하여 수많은 전쟁에서 승리할 수 있었다.

주식시장에서 시장참여자들의 궁극적인 관심사는 주가가 오를지 여부로, 이를 판단하기 위해 필요한 정보를 얻기 위해 다양한 네트워크를 활용한다. 그러나 국내외 경기동향이나 통화량, 금리, 물가와 같은 거시경제변수로 주가를 예측하기는 쉽지 않다. 1987년 10월 19일 전 세계적으로 주식시장이 폭락한 암흑의 월요일(Black Monday)에는 하루사이에 홍콩을 시작으로 유럽으로 옮겨가 급기야는 미국에까지 타격을 주었으며, 미국의 Dow Jones 지수는 무려 22.61%가 빠졌다. 암흑의 월요일이 있기 2개월 전 Dow Jones 지수는 연초보다 40% 상승해 사상최고치를 기록했는데, 이러한 수직상승세 때문에 주식시장이 대폭락할 것이라고 예상한 사람은 아무도 없었다. 이 때문에 재무관리이론에서 주가는 **랜덤워크**(random walk), 즉 만취한 사람의 걸음걸이와 같다고 말한다.

주가가 어떻게 변할지 한 치 앞을 내다볼 수 없다면 어떻게 대처해야 할까? 주가를 예측하는 것이 어려워도 주가와 상관성이 매우 높은 이익을 잘 예측할 수 있다면 시장에서 통상적으로 얻을 수 있는 수익률보다 더 높은 수익률을 얻을 수 있을 것이다. 세계 최고의 투자자로 꼽히는 워런 버핏은 10년간 보유할 주식이 아니라면 10분도 보유하지 않아야 한다고 했다. 그는 뉴욕에서 2,000km 이상 떨어진 자신의 고향 오마하를 벗어난 일이 거의 없지만 주식시장의 흐름을 정확히 꿰뚫는다고 해서 '오마하의 현인'이라고도 불린다. 10년이면 강산도 변하는데, 10년간 보유할 주식은 어떻게 정할까? 그가 추구하는 가치투자의 핵심은 기업의 실제 가치보다 저평가된 주식을 찾아 장기간 보유하는 것이다. 이때 기업의 실제 가치는 미래 순현금흐름의 현재가치의 합으로 표시되며, 미래 순현금흐름은 미래이익과 밀접하게 관련되어 있다. 따라서 회사의 미래

이익을 예측하여 그 기업의 실제 가치를 찾아내고 이를 현재 주가와 비교하면 저평가된 주식을 찾을 수 있다. 이러한 의미에서 이익예측은 가치투자의 핵심이라 할 수 있으며, 워런 버핏은 기업의 사업보고서와 재무제표를 꼼꼼히 읽고 회사의 사업에 대한 정보를 파악하는 것이 무엇보다 중요함을 수차례 강조한 바 있다.

이익예측(earnings forecasts)은 과거 또는 현재의 회계자료에 기초하여 미래를 전망하는 것이다. 과거 자료에 기초한 이익예측이 유용한 이유는 역사는 반복된다는 말과 같이 과거 회계자료가 미래에 일어날 사건을 예측하는 데 도움을 주기 때문이다. 그러나 역사는 반복되기도 하지만 반복되지 않는 부분도 있을 것이다. 역사만 알아서는 앞날을 내다볼 수 없듯이 과거 또는 현재의 회계자료만으로는 향후 이익전망에 충분하지 않을 수 있다. 재무제표에 담겨 있는 정보는 과거의 자료를 요약한 것으로, 과거의 실적이 향후에 반복되기도 하지만 그렇지 않기도 하기 때문에 미래이익을 예측하는 데에는 다소 한계가 있다. 투자자 등 정보이용자가

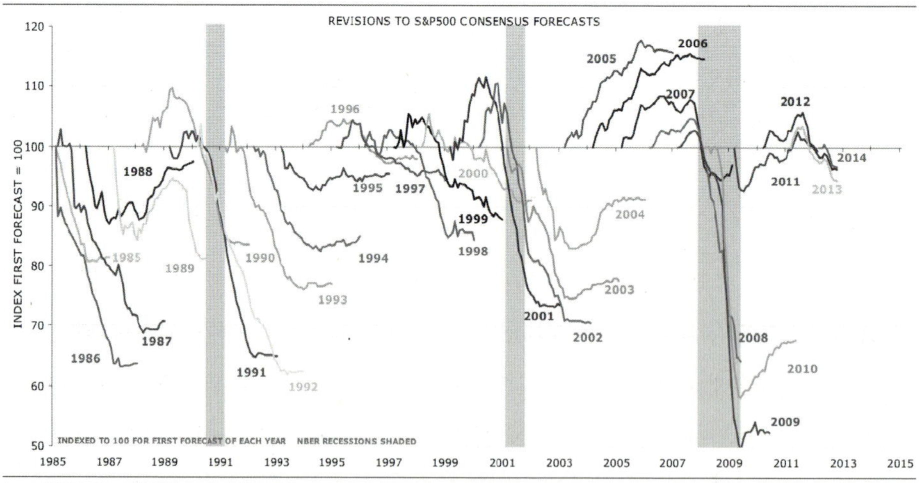

Source: IBES/DataStream, NBER, Morgan Stanley Research

S&P 500 EPS 예측 : 낙관론 승리

기업에 대해 알고 싶은 정보는 앞으로의 성과와 주가의 움직임이다. 재무분석가는 과거의 이익에다 현재의 시장상황을 고려하여 주가와 매우 상관성이 높은 이익을 예측한다.

재무분석가는 경기상황을 반영하여 예측을 바꾸기 때문에 어느 정도의 사이클이 있다. 경기가 좋지 않으면 대부분이 예측을 바꾸고 경기가 좋으면 예측을 바꾸는 사람이 적다. 예측을 바꾸는 사람이 적을 때 주가가 상승할 가능성이 높다. 또 시장으로 돈이 들어가고 나가는 추이도 중요하다. 흐름을 잘 보면 나쁜 뉴스들이 나올 때라도 시장에 돈이 들어갈 때가 있다. 그 이유는 실제 발표된 사후적 정보가 좋지 않더라도 예측정보가 좋기 때문이다. 정보를 예측하는 작업은 결코 쉽지 않으며, 예측이 적절하게 이루어지지 않았을 경우 의사결정을 오도할 위험이 있지만, 예측이 적절하게 이루어져서 미래를 제대로 전망할 수 있다면 그 혜택이 적지 않다는 이점이 있다.

로마 신화에서 지혜의 여신 미네르바(Minerva)는 신조(神鳥)인 올빼미와 항상 함께 다닌다. 19세기 독일의 철학자 헤겔은 그의 저서 『법철학』(1820년) 서문에 '미네르바의 올빼미는 황혼 무렵에야 비로소 날개를 편다'라는 유명한 경구를 남겼다. 이는 해가 지고 밤이 되어야만 활동하는 올빼미들처럼 철학은 앞날을 미리 예측하는 것이 아니라 이미 이루어진 역사적 조건이 지나간 이후에야 그 뜻이 분명해진다는 의미이다. 미네르바의 올빼미와 반대되는 개념인 프로메테우스(Prometheus)[1)]는 그 어원이 '먼저 생각한다'로 미래를 예측하는 일이다. 미네르바의 올빼미를 통해 원인과 결과를 알 수 있게 되고, 원인과 결과를 알기 때문에 프로메테우스도 미래를 예측하는 데 도움을 얻는다. 즉, 재무분석가의 이익예

1) 프로메테우스(Prometheus)는 그리스 최고의 책략가이자 불의 신으로 인간에게 불과 문명을 가져다주었을 뿐만 아니라 생존수단 이외의 모든 예술과 과학을 줌으로써 불과 문명을 보호하는 존재로 인식된다.

프로메테우스는 고대 그리스 신화에서 올림포스의 신들보다 한 세대 앞서는 티탄족에 속하는 신이다. 프로메테우스는 '먼저 생각하는 사람, 선지자(先知者)'라는 뜻이다.

측은 틀릴 수밖에 없지만 이익예측을 해야 그 예측과정에서의 가정과 근거를 이해하고 부정확한 예측의 원인을 알아냄으로써 미래를 더 정확하게 예측하고 더 나은 의사결정을 할 수 있는 것이다.

추정재무제표

IMF 외환위기 때 사업을 하던 많은 사람들이 어려움을 겪었다. 필자의 한 지인 역시 제조업종의 회사를 인수하고 나서 자금난으로 어려움에 봉착해 있었다. 이러한 시점에 한 외국인 투자자가 자신이 지정하는 회계법인으로부터 감사보고서를 제출하면 지분참여를 검토하겠다고 하였다. 그런데 문제는 그가 인수한 회사가 설립된 이래로 설비자산에 대해 감가상각조차 해 오지 않았다는 것이다. 이에 따라 제대로 재무제표를 작성하려면 일단 지난 10년간 누락된 감가상각비 회계처리를 추가해야 하고, 이렇게 되면 이익잉여금이 대폭 줄어 자본잠식까지 갈 수 있는 상황이었다. 결국 여러 사람과의 상의 끝에 있는 그대로를 보여주기로 결정하였다. 지금은 과거 10년치 회계오류를 수정해 자본잠식상태까지 가지만 미래전망이 좋으므로 향후 연도의 매출액을 추정하고, 그에 따른 비용과 이익을 산출하여 **추정재무제표**(pro forma financial statements)를 작성하였다. 외국인 투자자는 과거의 재무상태보다는 미래의 사업성과 전망을 보고 결국 투자를 결정하였다. 이와 같이 투자자는 과거의 실적보다는 미래의 전망에 중점을 두고, 숨기기보다는 실상을 적나라하게 보여줄 때 무한한 신뢰를 갖게 된다.

앞의 사례처럼 회사의 추정재무제표는 특정기업에 투자할지 의사결정을 내릴 때 중요한 참고자료가 된다. 이 외에도 추정재무제표는 다양한 상황에서 활용될 수 있다. 기업이 다른 기업을 인수하거나 합병할 때, M&A 후 예상되는 재무상태를 보여주기 위해 추정재무제표를 작성한다. 이를 통해 이해관계자들에게 M&A가 왜 필요한지, M&A로 기대되는 시너지효과를 시각적으로 보여줄 수 있다. 기업이 대출이나 주식발행을 통해 자금을 조달할 때에도 미래의 재무상태와 성과를 보여주기 위해 추정재무제표를 활용한다. 기업이 은행에서 자금을 대출받기 위해서는 추정재무제표를 제출해야 하며, 은행은 추정재무제표를 보고 기업이 향후 원리금을 상환할 능력이 있는지를 판단한다. 추정재무제표는 예산 및 사업계획에도 활용된다. 기업의 경영진은 내년도 영업활동을 계획할 때 예상되는 수익과 비용, 현금흐름 등을 추정재무제표에 나타내고 이를 기초로 내년도 사업목표를 설정하고 자원을 적절히 배분한다. 신규 사업이나 프로젝트의 경제성을 평가할 때에도 그 사업이나 프로젝트가 미래에 어떠한 재무적 효과가 있을지 예측하기 위해 추정재무제표를 작성한다. 이외에도 다양한 상황에서 추정재무제표는 기업의 미래 재무 상태와 성과를 예측하고, 이를 바탕으로 다양한 경영 및 투자결정을 내리는 데 도움을 준다.

이익예측은 어떻게 이루어지는가?

기업의 다양한 이해관계자의 의사결정에 영향을 미치는 이익예측은 어떻게 이루어질까? 가장 기계적인 방법으로는 과거의 자료를 기초로 추정하는 시계열모형(time-series model)이 있다. 그러나 경영환경이 급속도로 변화하는 경우에는 과거의 자료만으로 미래를 전망하는 데에는 한계가 있다. 따라서 일반적으로는 거시경제지표, 산업동향, 증권추이 등 여러 가지 시장에서 사용가능한 정보를 망라하여 이익을 예측하게 된다.

통상적으로 이익예측의 출발점은 **매출액 예측**이다. 매출액은 제품/서비스에 대한 수요, 경쟁관계, 기술적 추이 등을 고려하여 전문가적인 판단에 따라 추정한다. 매출액이 일단 결정되면, 기존의 원가구조를 기초로 매출원가를 추정해야 한다. 제조업체의 경우에는 원재료, 노무비, 제조간접비를 집계하여 산출하고, 상품매매업체의 경우에는 매입비용에 매입운임 등의 부대비용을 가산하여 산출한다. 매출원가는 원재료의 수량과 소요노무시간 등 생산가격이 어느 정도 결정되어 있기 때문에 상대적으로 어렵지 않게 산출할 수 있다. 매출액에서 매출원가를 차감한 매출총이익은 제품별·산업별로 어느 정도 일정하다고 할 수 있다.

그 다음으로 추정이 필요한 항목은 급여, 광고비, 판매촉진비, 임차료, 수도광열비 등을 포함하는 판매비와 일반관리비(영업비)이다. 이 비용 항목은 기존 매출액 대비 백분율을 계산한 다음 물가수준 및 수요·공급의 변동을 고려하여 산출할 수 있다. 판매비와 일반관리비는 통상적으로 하나로 묶어 표시되기 때문에 해석상 주의를 요한다. 예를 들어, 판매비와 일반관리비가 증가한 것이 판매촉진비나 광고선전비, 연구비 등이 증가하였기 때문이라면 비용이 증가하였지만 결코 기업에 대한 부정적인 뉴스는 아닐 것이다. 그러나 단순히 일반관리비가 증가한 것이라면 효율성이 낮아진 것으로 볼 수도 있다. 매출총이익에서 판매비와 일반관리비를 차감하여 산출되는 이익이 바로 영업이익이다. 이 영업이익은 기업고유의 영업정책이 반영된 이익으로 기업 본연의 영업활동을 통해 벌어들인 이익을 나타낸다.

한편 매출원가나 판매비 및 관리비와는 달리 지급이자 등의 영업외비용은 매출액과 직접적으로 관련이 없기 때문에 매출액의 백분율로 추정하기에는 다소 무리가 있다. 이 경우에는 해당기업의 투자활동수준과 사채 및 차입금 규모를 고려하여 추정해야 한다. 영업이익에서 영업외수익과 영업외비용을 차감하면 바로 법인세차감전순이익이 산출된다. 법인세차감전순이익은 중장기적으로 영업정책은 물론 투자・재무정책에 의하여 영향을 받으므로 통상적으로 경영자가 통제가능한(controllable) 이익이라고 한다. 법인세는 과거의 세율이나 예상세율을 적용하여 산출한다. 법인세차감전순익에서 법인세를 차감하면 바로 당기순이익이 산출된다.

재무분석가의 이익예측

애널리스트(analyst)라고 불리는 재무분석가는 기업의 재무제표를 분석하고 경제 및 산업의 추이를 파악한 다음 경영자와 심층면담을 통하여 미래의 이익을 전망한다. 일반 개인투자자들이 개별적으로 회사에 대한 정보를 수집하여 처리한다면 똑같은 일을 각자 하는 식이 되기 때문에 사회 전체적으로 볼 때 매우 비효율적일 것이다. 재무분석가는 개별 투자자들을 위해 분석보고서를 작성하여 제공함으로써 이러한 비효율을 제거시켜 주는 역할을 하는 것이다.

그런데 재무분석가가 사회적으로 그 역할을 다하려면 뭔가 시장이 알지 못하는 새로운 정보를 만들어내야 할 것이다. 그래서 재무분석가의 이익예측정보가 이미 공시된 자료를 가지고 시계열모형을 활용해서 산출된 이익예측정보보다 정확한가 하는 것이 큰 관심사였다. 대체로 재무분석가의 이익예측정보가 시계열모형에 의한 이익예측정보보다 정확하며, 특히 소규모 기업일 경우에 더욱 정확한 것으로 나타나 재무분석가가 자본시장에서 정보를 획득 처리하는 데 있어 그 역할을 다하는 것으로 평가된다.

재무분석가는 크게 증권회사에 소속된 **매도측 애널리스트**(sell-side analysts)와 기관투자자에게 소속된 **매수측 애널리스트**(buy-side analysts)가

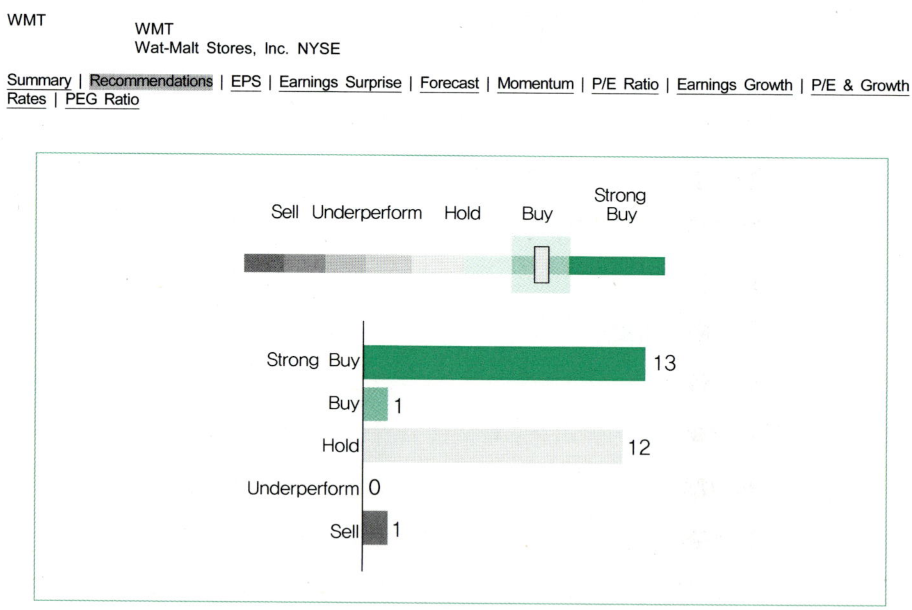

재무분석가 주식매수추천 분포 : Wal-Mart 사례

있다. 매수측 애널리스트는 분석대상기업의 범위가 넓고 복수의 업종을 담당하는 경우가 많기 때문에 매도측 애널리스트가 작성한 보고서를 활용하여 특정 업종이나 기업에 대한 정보를 수집한다. 매도측 애널리스트는 특정업종을 도맡아 심도 있는 분석을 하며 담당기업의 경영진과 빈번하게 접촉하면서 정보를 수집한다는 점에서 매수측 애널리스트와 차이가 있다.

매도측 애널리스트는 경영진과의 접촉을 통해 내부정보를 수집하다 보니 해당회사에 대한 투자의견을 제시할 때 다소 객관적이기 어려운 점이 있다. 종목을 다섯 등급으로 구분하여 '매도 강력추천'은 1점, '매도 추천'은 2점, '보유'는 3점, '매수 추천'은 4점 그리고 '매수 강력추천'은 5점을 부여할 때 매도측 애널리스트의 추천종목의 평균점수를 보면 4점이 넘는 것으로 나와 대부분 매수를 과다하게 추천하는 경향이 있다. 이 때문에 투자자들은 매도측 재무분석가가 제시한 '보유'를 '매도 추천' 또는 '매도 강력추천'을 의미하는 것으로 해석한다.

금융감독원은 증권회사의 독립적인 보고서 작성을 유도하기 위해 2015년 5월에 최근 1년간 작성한 보고서의 종목별 투자의견 비율을 매수·중립·매도 등 3단계로 구분하여 공시하는 '투자의견 비율 공시제'를 도입하였다. 2017년 9월에는 증권회사의 리서치 보고서에서 제시한 목표주가와 실제 주가의 차이 비율을 공시하는 '목표주가 괴리율 공시제'를 추가로 도입하였다. 하지만 잇따른 제도 개편에도 불구하고 여전히 매도의견의 비중은 좀처럼 높아지지 않고 있다. 금융감독원이 2017년~2021년까지 5년간 발간된 국내 증권회사의 리서치 보고서를 분석한 결과에 따르면 매수의견이 92%이고, 매도의견은 0.14%에 불과했다. 미국의 경우 전미증권업협회(National Association of Securities Dealers : NASD)와 뉴욕증권거래소(New York Stock Exchange : NYSE)의 제안으로 투자은행이나 중개회사가 발행하는 투자의견의 분포를 공시하게 규정이 제정된

후 좀 더 균형 있는 투자의견이 제시된 것과 대조되는 결과이다.

매도측 애널리스트가 이처럼 매도의견을 내는 것을 주저하는 이유는 투자자들이 주식을 많이 사서 거래가 늘어야 수수료가 많아지기 때문이다. 증권회사는 주식거래 중개 업무 이외에도 기업 상장이나 증자, 채권 인수, M&A 등 기업금융 업무를 수행한다. 기업은 분석대상이자 기업금융의 고객이기 때문에 매도측 애널리스트가 자신이 소속된 증권회사의 현재 또는 잠재적 고객 기업에게 매도의견을 내기란 쉽지 않다. 아울러 리서치 보고서에 부정적 내용이 들어가면 해당기업의 경영자가 정보 제공을 거부하는 것 또한 부담이다.

그렇다면 이러한 투자의견과 재무분석가의 이익예측정보는 어떠한 관련이 있을까? 예를 들면, 추천이나 강력추천하는 종목의 경우 이익예측도 낙관적이지 않을까? 그러나 놀랍게도 종목추천과 낙관적 이익예측은 상관관계가 크지 않은 것으로 관찰되었다. 이러한 결과는 여러 가지 요인에 의해 나타났겠지만, 한 가지 이유는 재무분석가의 이익예측은 단기성과에 대한 예측인 반면 종목추천은 좀 더 중장기적인 안목에서 저평가된 주식을 발굴하여 추천하는 것이기 때문인 것으로 보인다. 또한 종목추천이 대부분 낙관적이어서 이익예측정보와의 상관성이 낮은 것일 수도 있다.

재무분석가 추천의견은 미래이익을 예측한 후 이를 바탕으로 순현금흐름을 결정하고, 순현금흐름의 현재가치의 합인 목표주가를 산정한 후 이를 실제 주가와 비교하여 형성된다. 재무분석가는 실제 주가가 목표주가보다 낮으면 매수, 그 반대이면 매도의견을 낸다. 결과적으로 매수의견이 다수를 차지하는 것은 목표주가가 실제 주가보다 높게 형성됐기 때문인데, 그 원인이 반드시 낙관적 이익예측이라 단정할 수는 없다. 최근 연구[2)]에 따르면 목표주가의 낙관적 예측에는 잘못된 이익예측, 순현금흐름의 현재가치 계산에 사용되는 할인율 적용 오류, 분석대상기업과 호의적인 관계를 유지하고 거래량을 늘리려는 재무분석가의 유인이 종합적으로 영향을 미친다고 하였다. 단, 목표주가의 과대예측에 각 요소가 얼마나 기여했는지는 차이가 있는데 잘못된 이익예측이 2.47%, 할인율 적용 오류가 10.51%, 재무분석가 유인이 4.64%의 영향을 미쳐 할인율 적용 오류가 목표주가의 낙관적 예측의 가장 큰 원인으로 분석되었다.

재무분석가와 관련된 한 가지 관심사는 최고의 수익률을 자랑하는 재무분석가가 있는지와, 있다면 그런 재무분석가가 지속적으로 높은 수익률을 유지할 수 있는지 여부였다. 그러나 수많은 연구에 의하면 시장에서 통상적으로 벌어들일 수 있는 수익률보다 몇 배 이상 높은 수익률을 내는 재무분석가는 있지만 오랜 기간에 걸쳐 평가했을 때에는 결국 시장수익률에서 크게 벗어나지 않는 것으로 확인되었다. 재무분석가의 예측치도 개별 예측치보다는 모든 재무분석가의 개별 예측치의 중간값을 합의치로 보는 것이 더 정확하다는 결과도 관찰되었다.

여기서 재미있는 현상은 개별 재무분석가의 예측치가 **합의예측치에 부합하려는 현상**(herding behavior)이 관찰된다는 점이다. 예를 들어, 한 재무분석가가 이익성장률이 전년 대비 10%라고 예측을 하면, 다른 재무분석가는 설령 6%라고 추정을 했어도 8%로 공시할 가능성이 크다는 것이다. 이를 본 세 번째 재무분석가는 자신의 예측치가 9.5%임에도 불구하고 9%로 낮춰서 예측치를 공시한다. 결국 재무분석가의 예측치가 대동소이하게 되어 버리는 것이다. 이와 같이 재무분석가가 다른 증권회사에서 발표되는 회계정보예측치를 정보로 이용함으로써 재무분석가 예측치가 하나의 숫자로 접근하는 경향을 herding 현상이라고 부른다.

이와 같이 herding 현상이 일어나는 이유는 예측이 잘못된 것으로 판명되었을 때 개별 재무분석가 혼자 동떨어진 예측치를 발표하여 비판받

2) Dechow, P. M., & You, H.(2020), "Understanding the determinants of analyst target price implied returns," *The Accounting Review*, 95(6), pp. 125~149.

기보다는 재무분석가들이 집단적으로 비판받는 것이 낫다고 생각하기 때문이다. 즉, 재무분석가로서 자신의 능력이 부족해서라기보다 모든 재무분석가들이 고려하지 못하였던 요인에 의해서 예측이 잘못되었다고 주장하는 것이 비난을 덜 받을 수 있다. 이는 주식투자로 1달러를 벌 때 느끼는 기쁨보다 1달러를 잃을 때 느끼는 슬픔이 더 크다는 **전망이론**(prospective theory)과도 일맥상통한다.[3] 전망이론에 따르면 인간은 이익을 추구하기보다는 손실을 회피하는 방식을 선호하는 성향이 있다. 재무분석가도 본인 혼자 소신 있는 예측치를 발표하면서 이 예측치가 정확함으로 인한 혜택을 누리기보다는 잘못된 예측을 혼자 수행하면서 입을 손실을 최소화하려는 경향이 있다.

경영자의 이익예측

자본시장에서는 회사의 주식을 살지 말지, 회사에 돈을 빌려줄지 말지가 그때그때 결정되기 때문에 회계연도가 끝나고 결산이 이루어져서 회사가 실적을 보고할 때까지 기다릴 수가 없다. 그렇기 때문에 실적이 다소 부정확하더라도 이를 미리 알고 싶어 한다. 이에 따라 결산하기 전 회계기간 중에 경영자가 내놓는 기업의 전망치를 **경영자의 이익예측**(management earnings forecasts)이라고 한다. 경영자는 재무분석가와 달리 기업 내부자라는 점에서 정보의 우위를 지닌다. 경영자는 향후 경쟁전략과 투자계획 그리고 원가정보 등 기업에 대한 세세한 내부정보를 알고 있기 때문에 재무분석가의 예측보다는 정확할 것이다. 반면에 경영자는 시장에서 회사가

3) 2002년 노벨경제학상을 수상한 대니얼 카너먼에 의해 발표된 전망이론(prospective theory)은 인간은 합리적 추론이 아니라 고정관념에 기초한 추론적 판단에 의존해 답을 구하는 경향이 있다는 이론이다.

좋은 평가를 받도록 다소 낙관적인 전망을 내놓으려는 경향이 있다는 점에서 재무분석가의 예측보다 부정확할 수 있는 요인도 존재한다. 수많은 연구에 의하면 전반적으로 경영자의 예측치가 재무분석가의 예측치보다 정확하다.

경영자의 예측정보는 경영자와 외부 이해관계자 간의 정보비대칭을 완화하고 투자자들의 정보획득비용을 낮추는 긍정적인 역할을 수행한다. 경영자가 미래 손익전망을 제시하면 그 회사에 대한 불확실성이 줄어들기 때문에 회사는 좀 더 낮은 금리로 돈을 빌릴 수 있고 주가도 제대로 평가받을 수 있기 때문에 회사의 경영자는 자발적으로 예측정보를 제공할 이유가 있다. 그러나 경영자의 자발적 공시에는 나름의 경제적 유인

신경과학과 사회과학 분야 모두에서 사람은 현실을 직시하기보다는 다소 낙관적인 경향이 있다고 진단하였다.

이 있으므로 반드시 신뢰성 있는 정보가 제공된다고 확신할 수 없다. 보상을 주식으로 받은 경영자가 주가를 올리기 위해 낙관적 예측정보를 제공할 수도 있고 스톡옵션의 행사가액을 낮추기 위해 비관적 예측정보를 제공할 수도 있다. 또한 낙관적 예측정보는 최대한 빨리, 비관적 예측정보는 최대한 늦게 공시해 투자자를 오도할 수도 있다.

회사 입장에서 이익예측정보를 제공하는 장점은 향후 수년간 미래 손익전망에 관한 정보를 제공함으로써 투자자가 장기적인 시각으로 바라보고 투자의사결정을 하도록 유도할 수 있다는 점이다. 반면에 경영자 예측치와 실적치가 너무 차이가 나면 소송 등의 위험도 있고 경영자의 평판에 금이 갈 수도 있기 때문에 경영자가 이를 맞추려고 이익을 부풀리거나 줄이려는 부작용이 발생할 수 있다.

한편 경영자가 예측정보를 지나치게 **낙관적**(optimistic)으로만 발표할 수는 없게 만드는 요인들이 몇 가지 있다. 첫째는 미래전망을 좋게만 예측했을 때 그 예측정보에 기초해 투자를 한 투자자나 돈을 빌려준 금융기관이 소송을 제기할 위험이 있기 때문에 경영자는 이를 감안하여 예측을 할 것이다. 둘째는 예측정보의 제시는 한두 해만 하고 그만두는 게 아니라 지속적으로 이루어지는 것이기 때문에 만약 한두 해 지나치게 낙관적인 정보로 투자자를 오도하였다면 그 이후에는 경영자의 평판이 좋지 않아 예측정보로서의 기능을 상실할 것이다.

핵심 포인트

주가를 예측하기 어렵기 때문에 주가와 상관성이 높은 이익예측이 이루어진다. 이 익예측이 정확하면 상당한 혜택이 돌아온다. 그러나 이익예측은 아무래도 부정확할 수밖에 없으며 이익예측을 생성하는 주체의 예측능력의 한계로 측정과정에서 발생하는 오류(error)와 경제적 유인으로 발생하는 편의(bias)가 들어 있음을 예측정보 이용자는 인식해야 한다.

제 17 장

회계정보로 회사의 가치를 평가해 보자

가격은 지불하는 것이고, 가치는 얻는 것이다.
Price is what you pay. Value is what you get.
—Warren Buffett

가치(value)는 일반적으로 거래(deal)의 과정에서 도출되는 값이며 가격(price)은 거래의 결과로 나타나는 값이라 할 수 있다. 따라서 거래에서 가치는 있어도 거래가 깨질 경우 가격은 없을 수 있다.

세계적으로 통용되는 다이아몬드의 가치는 중량(carat), 색상(color), 투명도(clarity), 연마(cut) 네 가지 요소(4C)에 의해 결정된다. 중량이 무거울수록, 채색이 무색에 가까울수록, 내 · 외부적으로 하자가 없이 투명할수록, 이상적인 비율로 잘 연마되었을수록 가격이 높아진다. 기업의 가치도 수익성, 유동성, 활동성, 성장성 등 그 가치를 결정하는 여러 가지 요인들이 존재한다. 기업을 회사 전체(firm)로 파악하여 기업 전체의 가치를 평가할 때에는 **기업의 가치**(enterprise value)로 본다. 그러나 평가목적에 따라 기업의 순자산(equity)이나 주식(share)평가로 볼 수 있으며, 이 경우에는 그 기업의 **주식가치**(equity value)가 투자자의 관심사라고 할 수

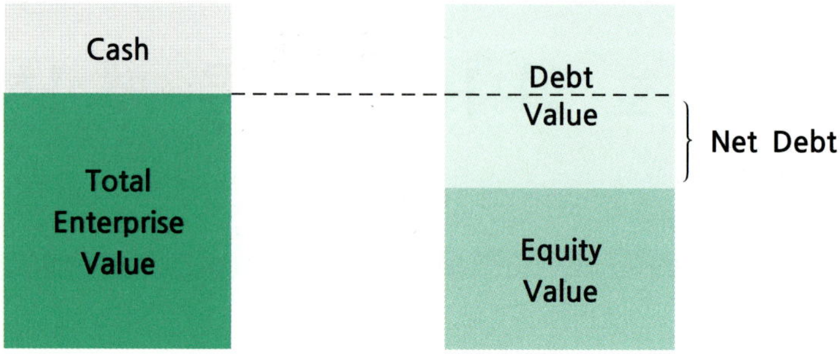

기업가치 vs 주식가치

있다. 또한 기업의 미래현금흐름을 창출하는 종합능력을 현재에서 파악하는 것이라면 미래현금흐름의 유지능력(원리금 상환능력)을 분석하는 신용평가와는 차이가 난다.

그렇다면 과연 주가를 예측할 수 있는가? 주식의 가격도 유통시장에서의 수요와 공급의 균형점으로 맞추어진다. 여기에 경기상황 및 금리와 환율 변동 등 거시경제요인에 의해 끊임없이 영향을 받는 주가를 예측한다는 게 쉽지 않기 때문에 그 흐름과 추세를 봐가면서 끊임없이 추정을 해야 한다. 사실 주식의 가격예측 또는 기업의 가치평가는 회계분야의 영역은 아니었다. 기업의 가치는 미래의 배당흐름을 현재가치로 표시하여 합한 값이라고 하여 주로 재무관리에서 가르치는 분야 중의 하나로 간주하였다. 회계는 자산을 취득 당시의 가격으로 기록하고 그 이후 공정가치 평가보다는 기간손익을 제대로 산출하기 위해 감가상각의 원가배분에만 국한해옴에 따라 회사가치에 대한 평가를 회계지식을 이용해서 제대로 할 수 있다는 인식을 하지 못하였다. 그러나 주가를 직접적으로 예측하기는 어렵지만 주가와 상관성이 매우 높은 이익은 상대적으로 예측하기가 쉽다는 인식이 확산됨에 따라 가치평가에 있어서 회계의 역할이 커지게 되었다.

측정적 관점에서의 회계정보와 가치평가

기업의 진짜 가치, 즉 **내재가치**(진실된 가치, intrinsic value)가 존재하는지는 알 수가 없다. 또한 있다손 치더라도 그 가치를 관찰할 수도 확인할 수도 없다. 그러나 나름대로 합리적이고 과학적인 방법에 의해서 그 가치를 추정해내는 틀을 **가치평가모형**(valuation model)이라고 한다. 가치평가모형이 우수한지 아닌지 여부는 그 가치평가모형에서 추정된 기업의 가치를 현재의 주가와 비교하여 돈을 벌 수 있는지에 달려 있다. 가치평가모형은 절대적 가치를 제시할 수도 있고, 회계수치와 비율로 표시하는 상대적 가치로 예측할 수도 있다.

주가는 그 증권이 미래에 창출해내는 모든 현금을 추정한 후에 그것을 현재가치로 할인한 액수이다. 기업의 내재가치는 기업이 잔여기간에 벌어들일 수 있는 현금을 할인한 값이다. 문제는 이러한 미래현금흐름과, 그 현금을 할인할 때 쓰이는 각종 수치들이 상당히 주관적이라는 점이다. 애초에 그 기업이 미래에 현금을 어느 정도 확보할 것인지 예상하는 것은 결코 쉬운 작업이 아니다. 또한 그러한 현금을 할인하는 기준도 어떻게 산정할지 그 신뢰성이 많이 부족한 상태이다.

1960년대 중반에 제기된 효율적 시장가설이 널리 수용됨에 따라 자본시장 회계연구는 주가와 회계정보의 관련성을 검증하는 방향으로 진행되어 왔다. 그러나 지나치게 주가관련성에 편중된 재무회계연구로 인하여 회계학의 연구범위는 상당히 제한되었고, 특히 연구결과가 실무에서 활용할 수 있는 도구를 구체적으로 제시해 주지 못한다는 점에서 큰 한계에 부딪히게 되었다. 그러던 중 1980년대에 들어 재무관리 분야에서는 효율적 시장가설에 배치되는 실증연구결과가 빈번하게 보고됨에 따라 당연하게 수용되어 왔던 효율적 시장가설에 대하여 의문이 제기되었다.

효율적 시장가설(efficient market hypothesis)하에서는 주가가 기업가치와 관련된 정보를 이미 충분히 반영하고 있다고 보기 때문에 주가가 존재하는 한 대체적인 기업가치평가가 별로 필요하지 않았다. 그러나 주가가 기업의 진정한 내재가치를 정확히 반영하지 못하고 기업의 내재가치를 정확히 추정하는 모형을 개발할 수 있다면 이를 기초로 한 투자전략을 통하여 **초과수익률**(실제수익률에서 기대(정상)수익률을 초과해서 벌어들인 수익률, abnormal returns)을 획득할 수 있을 것이다. 사실 실무에서는 기업의 가치를 평가하기 위해 다양한 방법을 적용해 왔으나 보다 더 신뢰성 있는 방법에 대한 수요가 있어 왔다.

이러한 즈음에 Ohlson(1995)은 회계정보를 기업가치와 연결시키는 이론적 모형을 제시하였다. 이러한 회계정보평가모형은 회계수치와 기업가치의 직접적인 연결고리를 제시하였다는 점에서 종진의 평가모형과 크게 차이가 난다. 기존의 자본시장연구의 시각은 회계정보가 자본시장에 유용한 정보를 전달해 주는지에 대한 **정보적 관점**(information perspective)에서 요약적 지표로서 회계정보와 주가의 **가치관련성**(value relevance)을 평가하는 수동적 관점이었다. 주가는 배당할인모형(dividend discounted model : DDM)에 따라 미래배당액의 현가의 합으로 결정된다고 보았기 때문에 가치평가를 위해서는 미래배당액이 추정되어야 하였다. 즉, 회계정보는 기업가치를 결정하는 직접적인 변수라기보다는 미래배당을 추정하는 데 유용한 정보를 제공하는 변수로 해석하였다.

그러나 회계정보가 기업의 현 주가와 내재가치 간의 괴리를 파악하는 데 도움을 줄 수 있다는 효율적 자본시장 가설에 반하는 여러 가지 증거가 발견되었다. 이로 인하여 회계정보 그 자체가 고유한 **가치관련성**을 지닌다는 견해가 설득력을 얻게 되었다. 이에 따라 기업가치평가모형의 개발로 회계연구는 가급적 기업의 가치를 자산과 부채의 공정가치를 적절하게 평가하고자 하는 **가치측정의 시각**(measurement perspective)으로 이전되었으며 회계정보에 기초한 기업가치평가를 주된 주제로 삼게 되었다. 그전에는 사후적 · 요약적 지표로서 회계정보와 주가의 가치관련성을 평가하는 데 집중되었으나 측정적 관점은 회계정보가 현 주가에 독립적으로 기업의 내재가치에 대한 정보를 함유하고 있을 수 있다는 회계정보의 가치관련성에 대한 능동적인 관점이다. 이는 효율적 자본시장 가설의 타당성에 의문을 제기하면서 현 주가가 내재가치에서 일탈할 수 있으며 회계정보가 현 주가와 내재가치 간의 괴리를 파악하는 데, 즉 미래주가를 예측하는 데 도움을 줄 수 있다는 견해이다. 이에 따라 회계정보의 기업 내재가치 예측력을 검증함으로써 회계정보의 독자적인 유용성을 제고시키고자 하였다.

자산가치와 수익가치

배당할인모형(DDM)은 재무관리 분야에서 주주가치를 나타내는 이론적 모형으로서 가장 널리 받아들여지고 있다. DDM에 따르면 주주지분의 가치는 미래 기대배당의 현재가치의 합으로 표시된다. 이 관계식에 순증관계를 이용하여 DDM의 배당을 순자산가액과 회계이익으로 대체하면 잔여이익모형을 도출할 수 있다.[1] 구체적으로, 아래 등식에서 보는 바와 같이 주주지분의 가치는 현재의 순자산장부가액과 미래 기대되는 초과이익의 현가 합으로 구성되는 잔여이익모형(residual income model : RIM)이다. 초과이익은 해당기간의 이익에서 기초 투자액에 자기자본비용을 곱하여 산정된 자본사용대가를 차감함으로써 산정되는 잔여이익(residual income)의 개념이다. 이 잔여이익모형은 1938년에 Preinreich, 1961년에 Edwards와 Bell 등에 의해 제시된 바 있으며 1990년대에 들어 Ohlson에

1) 순증관계란 기말의 순자산가액은 기초 순자산가액에 회계이익을 가산하고 배당을 차감하여 산출되는 등식관계이다.

의해 가치평가모형으로 정립되어 보편화되었다.

$$P = BV_0 + \sum_{t=1}^{\infty} \frac{(ROE_t - r)BV_t}{(1+r)^t}$$

여기서 P는 주식가치, BV는 순자산장부가액, r은 자기자본비용이다. $(ROE-r)BV$는 초과이익을 표시한다. ROE는 기업문화와 전략 그리고 사업포트폴리오를 반영하며, 자기자본비용 r은 기업의 재무정책, 경영 투명성, 투자자 관계 등을 나타내고, 순자산장부가액 BV는 전략기획에 따른 투자정책 그리고 투자선별기준에 대한 정보를 제공한다.

잔여이익모형이 제시되기 전까지 회계정보와 기업가치 간의 관계는 DDM을 기초로 한 간접적인 관계였다. 기업의 주주지분가치는 미래 기대배당의 할인된 현재가치의 합으로 결정된다고 했기 때문에 기업의 주주가치를 평가하기 위해서는 미래 배당을 예측해야 했다. 회계정보는 미래 기대배당을 예측하는 데 유용한 정보에 불과하였으며, 회계정보와 기업가치는 단지 이러한 간접적인 과정을 통해 연관되는 것으로 이해하였다. 예를 들어, 당기의 재무제표 정보는 미래의 재무제표 정보와 관련을 가지며 미래 재무제표 정보는 미래 배당과 관계를 가지므로 결국 당기의 재무제표 정보는 미래의 배당을 예측하는 데 유용한 정보가 된다는 논리이다.

이에 반해 잔여이익모형은 미래 재무제표 정보와 주주지분가치를 직접적으로 표현하고 있다. 주주지분가치는 순자산장부가액(자산가치)과 미래 초과이익의 현가(수익가치)의 합으로 구성되고, 미래 초과이익을 파악하기 위해서는 미래이익과 미래 순자산장부가액을 예측해야 한다. 그러나 여기서 미래 기대되는 이익과 장부가액은 주주지분가치를 직접적으로 결정하는 변수이며 배당과 관련지을 필요가 없다. 전통적 시각에 비해 훨씬 덜 제약적인 가정에 기초하면서도 가치평가에 있어서 회계정보의 역할을 명확히 제시해 주고 있다.

Ohlson 교수는 1995년에 발표한 논문에서 RIM에다 정보변수에 대한 선형 시계열 가정을 추가하여 기업가치를 평가시점의 관찰가능한 회계변수로 나타내는 모형을 도출하였다. 즉, 기업간 경쟁으로 인해 초과이익이 점차 줄어드는 현상을 가정하여 기업가치를 관찰가능한 회계변수로 구성된 폐쇄해(closed form solution) 형태로 나타내었다. 이에 따라 RIM을 이용한 주주지분가치를 산정할 때 가장 핵심적인 과제는 기업의 미래이익과 장부가액에 대한 정확한 예측이었다.

이러한 **자산가치**와 **수익가치**의 개념은 상식적이면서 직관적인 관점에서 볼 때 설득력이 있다. 주식의 가치는 기업이 현재 보유하고 있는 순자산의 가치와 앞으로 벌어들일 초과이익의 현재가치의 합이라는 의미이기 때문이다. 실무에서도 상장사와 비상장사의 합병에서 비상장사의 기업가치는 자산가치와 수익가치의 가중평균으로 추정한다. 이때 자산가치는 주당순자산이고, 수익가치는 현금흐름할인모형, 배당할인모형 등 미래의 수익가치 산정에 관하여 일반적으로 공정하고 타당한 것으로 인정되는 모형을 적용하여 합리적으로 산정한다.

인적자산인 사원을 선발하거나 승진시킬 경우 지금 당장 가지고 있는 역량(자산가치) 이외에 앞으로 얼마나 성장가능성이 있는지(수익가치)도 보는 아주 극히 상식적인 이치와도 상통한다고 할 수 있다. 배우자를 선택할 때 역시 사랑뿐만 아니라 지금 현재의 재산(자산가치)과 앞으로 성공할 가능성(수익가치)을 보는 것도 유사한 맥락이다. 관건은 현재의 자산가치와 미래의 수익가치 중에 어디에 더 많은 비중을 둘 것인지 여부이다. 그것은 이익이 가득되는 과정을 이해하고 의사결정자가 판단하여 결정할 수 있을 것이다.

가치평가에 대한 잘못된 인식

필자는 비상장주식을 저평가하여 최대주주인 최고경영자가 자식들에게 싸게 팔아넘김으로써 편법으로 증여하였다는 혐의로 검찰이 기소한 사건에 대해 비상장주식의 가치평가가 적정한지 여부를 판단해 달라는 의뢰를 받은 적이 있다. 그 비상장주식은 매각 이후에 공교롭게도 지속적으로 성장하여 엄청난 이익을 거두고 있었다. 몇 달에 걸쳐 가치평가를 수행하는 과정에서 종전의 가치평가 수행자가 범한 오류를 관찰할 수 있었다. 그 첫 번째는 사후적으로 가치평가의 적정성을 검증하는 과정에서 매각 이후의 사후적인 성과 정보를 이용해서 매각시점의 주식가치를 추정해서 그 비상장주식이 저평가되었다고 단언했다는 점이다. 그 회사는 매각시점 이후에 엄청난 투자와 우수한 인력의 영입과 조직혁신을 통해 완전히 다른 회사가 되어 좋은 성과가 나왔는데 그렇게 성과가 좋다고 해서 매각시점에 저평가되었다고 판단할 수는 없는 것이다. 가치평가의 기본은 평가시점에서 이용가능한 정보만을 가지고 평가해야 하며, 사후적인 평가에서 평가시점 이후에 일어난 정보를 활용하는 것은 **사후인지 편견**(hindsight bias)의 전형적인 사례이다.

가치평가과정에서 갖고 있는 두 번째 잘못된 인식은 진실된 가치가 절대적으로 존재한다고 생각하는 것이다. DDM이나 DCF 그리고 RIM의 가치평가모형은 합리적인 가격을 하나의 절대적인 기준 축에 맞추어 환산해낸다는 점에서 절대가격 분석법이라고 한다. 그러나 모든 가치평가는 주관적인 판단이 들어가고 갖고 있는 정보가 다르다보니 약간의 편의가 있을 수밖에 없으며 가치평가는 가능한 한 객관적인 수치를 찾아가는 과정이라고 볼 수 있다. 문제는 그러한 편의를 얼마나 줄이느냐가 관건인 것이다. 좋은 평가방법일수록 정확한 절대가치를 제시해 주는 것이 아니라 어느 정도 범위 안에서는 수용할 수 있는 가치를 제시해 준다는 점이다.

세 번째로 가치평가모형이 복잡할수록 더 나은 가치평가모형인 것으로 인식하는 경향이 있다는 점이다. **절대가격 분석법**에서 나온 가격들은 결국 현재의 수요와 공급선에서 맞춘 가격들과 필연적으로 괴리될 수밖에 없다. 따라서 요즈음에 널리 쓰이는 DCF나 RIM도 대략적으로 맞는다고 보는 것이 타당하다. 그렇기 때문에 이렇게 복잡한 모형에서 산출된 가격을 기준으로 매수 또는 매도하기보다는 하나의 의사결정과정에서 참고사항으로 받아들이는 것이 보다 현명하다고 할 수 있다.

시장배수법

오히려 손쉽게 계산할 수 있는 간단한 평가모형이 더 나은 추정치를 제시해 주는 경우도 많이 있다. 흔히 쓰이는 벤치마크로는 주당이익과 순자산장부가액이 있다. 주가를 주당이익으로 나누면 **주가수익비율**(price-to-earnings ratio : PER), 순자산장부가액으로 나누면 **주가순자산비율**(price-to-book value ratio : PBR)이라고 한다. 이와 같이 주식의 상대적인 가격을 이용하여 추론하는 방법을 **시장배수법**(market multiples) 또는 **상대가격 분석법**이라고 한다.

예를 들어, 한 주식의 적정한 PER가 20이라고 할 경우 주당순이익이 주당 1,000원이라면 주식의 적정가격은 20,000원으로 추정된다. 만약 현재가격이 20,000원에 비해 훨씬 못 미치고 있다면 그 주식을 매수해야 한다는 것이고, 반대로 20,000원보다 훨씬 높게 형성되어 있다면 바로 매도해야 한다는 의미이다. 그러나 문제는 적정 PER가 20이라는 게 어떻게 산정되었으며, 설령 그렇다 하더라도 미래의 PER가 20이어야 하는지를 어떻게 알 수 있느냐 하는 것이다. 특히 회사가 급변하는 환경에 있거나 예상하지 못한 영구적인 악재가 출현하였다면 상대가격 분석법이 오도할 수 있는 소지가 충분히 있다. 그럼에도 불구하고 상대가격 분석법은 역사적인 주가 추이라는 것에 맞추어 공정하게 주식의 가격을 평가할 수 있는 장점이 있다.

한편 절대가격 분석법이 반드시 맞는 것은 아니지만 재무분석가들의 수많은 조사에 근거한 수치일 뿐만 아니라 그 가격들에 근거하여 매수·매도를 행하는 기관투자자가 있을 수 있기 때문에 분명히 주가평가에 있어 장점을 지니고 있다. 따라서 실무적으로는 상대가격 분석법과 절대가격 분석법의 장단점을 고려하여 두 방법을 상호보완적으로 사용하는 경향이 있다. 예를 들어, 상대가격 분석법으로 현재의 가격이 역사적인 평균가격에 비하여 많이 싸졌고, 절대가격 분석틀에서도 상당히 높은 가격이 나왔으며, 질적인 조사에서도 회사가 호재라면, 이는 상당히 괜찮은 추론이 될 수 있는 것이다. 이러한 상황에서는 여러 가지 분석법이 투자 결정을 내리는 데 확인을 해주는 역할을 하게 되는 것이다.

가치평가 적용분야

가치평가는 여러 분야에서 다양한 목적으로 활용되고 있으며 꾸준히 그 수요가 증가하고 있다. IMF 금융위기 시절 해외투자자의 국내 기업 인수 목적으로 본격적으로 기업가치평가가 사용되기 시작하였으며, 2011년 국제회계기준 전면시행으로 가치평가 시장은 급격하게 커지게 된다.

첫째, 경영권 획득을 위한 기업인수합병(M&A)에 있어서 매수자와 매도자는 대상기업의 공정한 가치를 결정하기 위해 가치평가를 수행해야 한다. 수익가치 평가방법 중 DCF를 가장 많이 사용한다. 일반적인 투자에 비해 경영권 획득을 위한 경영권 프리미엄(control premium)이 발생한다. 국내의 경우 통상 20～30%의 프리미엄이 발생하는 것으로 보고 있다.

둘째, 주식시장에 상장을 추진하는 기업은 신주 또는 구주의 공정가치인 공모가를 산정해야 한다. 상장 예정기업의 주주 입장에서는 중요한 의사결정과정이라고 볼 수 있다. 상장을 예정하고 있으므로 이미 상장된 유사기업과 비교하는 PER를 가장 많이 사용한다. 공모주 투자에 대한 적정한 수익률 제공과 평가시점의 비상장에 따른 저가(under-pricing) 발행이 특징이라고 볼 수 있다. 국내의 경우 통상 10～30%의 할인이 발생하는 것으로 보고 있다.

셋째, 기업의 신규 사업 추진 결정시 타당성 검토 및 해당사업의 가치를 결정하는 데 이용된다. 현금흐름할인모형이라고 할 수 있는 순현재가치법(Net Present Value Method : NPV Method)이 이용된다. 기업을 대상으로 한 주식가치평가는 계속기업을 전제로 하지만, 프로젝트를 대상으로 한 사업타당성 검토는 일정기간을 전제로 한다.

넷째, 가치경영 분야로서 주주를 위한 가치창출은 기업경영의 궁극적인 목표라고 할 수 있으며 이러한 가치를 측정하는 도구로 이용된다. 경영진은 가치창출에 대해 이론적으로 이해해야 할 뿐만 아니라, 경영전략과 가치창출 사이에 유형의 고리를 만들 수 있어야 한다. 영업상의 경영성과인 투하자본이익률(ROIC)과 최소한의 투자수익률인 자본조달비용(WACC)을 이용한 경제적 부가가치모형(Economic Value Added Model : EVA Model)을 가장 많이 사용한다.

다섯째, 2011년부터 전면적으로 시행된 국제회계기준(IFRS)은 공정가치(fair value) 개념이 엄격하고 광범위하게 재무상태표를 구성하는 자산 및 부채에 적용된다. 특히 무형자산의 평가에 있어서 적정한 가치평가방법은 중요한 과제이며 논란의 대상이 되고 있다. 또한 관련 주석사항 공시에 상당한 어려움과 부담감을 느끼고 있다.

여섯째, 세무분야로서 상증법에 의한 주식가치평가방법에 의하면 상장주식의 경우 시가를 기준으로 하며, 비상장주식의 경우 보충적 평가방법이라는 방식을 사용한다. 원래 상속세 및 증여세 과세목적으로 사용하나, 법인세법에서도 준용해서 사용하는 경우가 많고 일반적인 거래를 위해서도 많이 사용한다. 상장주식의 경우 시가 기준, 비상장주식의 경우 자산가치와 수익가치의 혼합형인 보충적 평가방법을 사용한다.

일곱째, 자본시장법에 의한 주식가치평가로 합병가액 산정이 목적이며, 합병가액을 산정하기 위해서는 합병 당사기업들의 주식가치평가가 이루어져야 한다. 합병가액 산정시 상장법인의 경우 시가를 기준으로 하며, 상장법인과 합병하는 비상장법인의 경우 자본시장법에 의한 본질가치를 사용한다.

여덟째, 기업회생(법정관리)제도에서 청산가치와 계속기업가치를 산정하여 의사결정을 하며, 기업회생제도의 인가를 위해서는 계속기업가치가 청산가치보다 커야 한다. 계속기업가치의 경우 DCF를 사용하며, 청산가치의 경우 (순)자산가치를 사용한다. 기업회생에 대한 의사결정을 위해서 유일하게 기업의 청산을 전제로 한다.

핵심 포인트

자본시장이 효율적인지 여부에 관계없이 기업의 가치평가모형으로 산출된 기업의 가치는 인수합병과정에서의 협상가격을 결정하는 데 지침이 될 수 있고, 주가를 추정하여 현재의 주가와 비교하여 투자전략을 실행할 수도 있다. 잔여이익모형은 주가를 순자산장부가액과 초과이익의 현가의 합으로 표시하여 가치평가에 필요한 가정과 추정치를 최대한 줄일 수 있다는 장점이 있다.

제 Ⅲ 편

기업경영과 회계정보

제 18 장

보상이 경영자의 행동에 어떤 영향을 미치나 – 회계와 보상계약

올바른 행동으로 보상을 받지 않는다면 그 행동에 대해 가치를 두지 않는다.
Men do not value a good deed unless it brings a reward.
– by Ovid, B.C. 43–18, Roman Poet

한비자는 이병(二柄) 편에서 명군(名君)은 상벌로써 신하를 잘 다스린다고 하였다.[1] 뛰어난 지도자는 두 개의 자루를 잡고 있는 것만으로 부하를 잘 부릴 수 있다는 것이다. 여기서 '두 개의 자루'란 형(刑)과 덕(德)을 일컫는다. 한비자는 형이란 벌(罰)을 가하는 것이고, 덕이란 상(賞)을 주는 것이라고 말하고 있다. 부하는 벌을 두려워하고, 상을 좋아하는 게 보통이므로, 지도자가 벌과 상 두 가지의 권한을 쥐고 있으면, 부하들을 움츠러들게 하거나 길들여 뜻대로 조종할 수 있다. 즉, 신상필벌로 임하는 것, 이것이 부하를 잘 부리기 위한 핵심이라는 뜻이다.

보상(compensation)의 역사는 기원전 2100년경 수메르어로 점토판에 기록된 우르-남무의 법전(Code of Ur-Nammu)에 이미 나와 있다. 법전에

1) 明主之所導制其臣者(명주지소도제기신자) 二柄而己矣(이병이이의). 여기서 도제(導制)는 잘 부린다는 뜻이고, 이병(二柄)은 두 개의 자루(핸들)를 의미한다.

는 공평하게 나라를 다스리고 폭력과 가난에서 벗어나게 하기 위해 채찍과 당근을 그 당시의 화폐단위로 정확하게 표시하고 있다. 이렇듯 인류는 이미 오래전부터 개인의 행동에 영향을 주기 위해 보상이라는 수단을 사용해 왔다. 중국 삼국시대 위나라의 시조인 조조는 능력 위주로 인재를 발탁함으로써 도덕적 사고와 행동에 큰 가치를 두었던 당시로서는 파격적인 능력과 성과 중시의 경영을 펼쳤다. 그는 현대 기업의 성과체계 모습처럼 상벌과 인센티브제를 도입하였으며 인간심리, 감성리더십을 이용하여 조직을 장악하였다.

그렇다면 오늘날 경영자와 종업원에 대한 보상은 회계와 어떤 연관이 있는가? 그 연관성은 대리인비용을 줄이기 위한 수단으로서 회계정보를 활용한다는 데에서 찾을 수 있다.

대리인비용과 보상

주식회사에서 주인은 바로 주주이다. 경영자는 주인이 고용한 대리인으로, 주주의 부가 최대한 커지도록 노력해야 할 것이다. 그러나 대리인은 금전적인 보상도 중요하지만 한 인간으로서 삶의 질도 중시하기 때문에 여가를 즐기려 한다. 따라서 주인이 원하는 만큼 열심히 일을 하지 않을 수도 있고, 또한 회사의 입장에서 멀리 내다보지 않고 자신이 재임하는 동안의 눈앞의 성과에만 신경을 쓸 수 있다. 제2장에서 논의한 바와 같이 대리인인 경영자가 주인처럼 최선을 다해 일하지 않고 자신의 효용 극대화를 우선시함으로써 회사의 가치가 줄어드는 것을 **대리인비용**(agency cost)이라고 한다. 대리인비용이 존재할 때 관건은 주인인 주주가 원하는 방향으로 경영자를 어떻게 잘 유도할 것인가에 있다. 결국은 주인인 주주의 부를 극대화하는 것이 대리인 자신의 부를 극대화하는 일이 되도록 보상체계를 디자인해야 한다.

이와 같이 주인-대리인의 문제가 있을 때 어떻게 계약을 설계할 수 있는가. Milgrom과 Roberts(1992)는 계약설계시 지켜야 할 네 가지 원칙을 제시하였다.

첫째, 대리인이 얼마나 노력을 기울이는지를 완전하게 알 수 없을 때 대리인의 노력을 가늠하게 하는 성과치를 고려하여 대리인의 보상을 결정한다. 즉, 비슷한 대리인과 비교해서 상대적으로 얼마나 잘했나를 판단하는 것으로 이는 시장에서 대리인이 통제할 수 없는 많은 공통적인 요소를 걸러내는 역할을 한다. 경기가 안 좋아 경쟁업체도 성과가 좋지 않다면 경영자에게 안 좋은 결과에 대해 지나치게 책임을 지워서는 안 된다. 이를 **상대성과평가**(relative performance evaluation : RPE)라고 하는데, 주인-대리인이론(principal-agency theory)에서는 보상에 따른 위험을 어느 정도 완화시켜 주기 위한 목적으로 자주 활용된다.

둘째, 보상계약을 설계할 때 **민감도**(sensitivity), **측정가능성**(measurability), **위험회피 정도**(risk aversion), **유인 정도**(incentives) 등을 감안해야 한다. 즉, 추가적인 노력에 따라 얼마나 이익이 증가하는지(노력에 대한 이익의 민감도), 회사가 바라는 결과나 활동을 얼마나 정확하게 측정해낼 수 있는지(측정가능성), 대리인이 위험에 얼마나 잘 견뎌낼 것인지(위험회피 정도) 그리고 대리인이 인센티브에 얼마나 민감하게 반응하는지(인센티브 유인 정도)를 고려해야 한다. 만약 아무리 노력을 기울여도 이익이 증가하지 않는다든지, 결과나 활동을 측정하기가 어렵다든지, 대리인이 지나치게 위험회피적이거나 인센티브에 별로 민감하게 반응을 보이지 않을 경우에는 보상계약이 별 효과가 없을 수 있다.

셋째, 인센티브에 대한 비중을 높일수록 모니터링의 강도도 높아진다. 인센티브가 전체 보상에서 차지하는 비중이 커지면 그만큼 성과를 좀 더 정확하게 측정해야 하고 경영자의 행동과 노력이 성과와 직결되는지 등을 모니터링해야 하므로 이에 대한 비용이 많이 소요된다. 회사가 좀 더 위험을 감수하고 성장해나가야 될 때, 단기적인 성과보다는 장기적인 안목이 중요할 때 인센티브에 대한 비중은 높아진다.

넷째, 계량화할 수 없는 비재무적인 요소(non-financial element)도 보상에 고려해야 한다. 만약 중요한 임무임에도 불구하고 보상과 연관이 없다거나 모니터링이 이루어지지 않으면 그 의무에 대해 소홀해질 수 있다. 예를 들어, 선생에 대한 보상이 학생들의 시험점수에 따라 결정된다면 시험점수가 잘 나오는 수업방식을 택하게 되고, 시험보다도 오히려 더 중요할 수 있는 '교육'을 소홀히 할 수도 있다. 이와 같이 여러 가지 임무(multi-tasking)가 주어졌을 때 한 임무에 대해서만 보상이 이루어지면 다른 임무에 소홀해질 수 있다.

보상방식(compensation schemes)

경영자의 보상은 일반적으로 월급성격의 기본급과 성과에 따라 차등해서 지급하는 성과급으로 이루어져 있다. 단기 성과급은 재무제표에 보고되는 ROA(총자산이익률)나 ROE(자기자본이익률)와 같은 회계지표와 연계되어 있고, 장기 성과급은 주식가격과 연결되어 있다. 경영자의 보상을 공식으로 표시하면 다음과 같다.

$$\text{COMP} = \alpha + \beta \times \text{ROA} + \gamma \times \text{RETURN}$$

여기서 COMP는 경영자의 보상이고, α는 기본급, β와 γ는 성과급의 강도를 나타낸다. 경영자의 보상은 원래 경영자의 노력에 따라 결정되어야 한다. 그러나 경영자의 노력을 관찰할 수 없기 때문에 회계수치 또는 주식가격과 같은 관찰가능한 성과지표에 기초하여 보상을 결정한다.

ROA와 같은 회계수치에 기초한 성과지표는 경영자가 통제할 수 있기 때문에 경영자에게 책임을 부과할 수 있다는 장점이 있다. 그러나 필요에 따라서 경영자가 그 성과지표를 자신에게 유리하게 조작할 수도 있다는 단점을 지니고 있다. 한편 RETURN과 같은 시장 성과지표는 시장메커니즘에 의해 결정되기 때문에 경영자가 조작할 수 없다는 장점을 갖고 있다. 그러나 경영자의 노력이나 능력에 관계없이 경영자가 통제할 수 없는 외부요인에 의해 영향을 받는다는 단점이 있다. 예를 들면, 2008년의 금융위기나 2020년 코로나 팬데믹의 경우 경영자의 노력과 무관하게 주가가 폭락하였기 때문에 경영자의 보상이 이러한 주가변동과 연계되어 있다면 경영자가 통제할 수 없는 요인에 대해 책임을 지게 하여 매우 비합리적일 수 있다.

여기서 한 가지 의문은 회계 성과지표와 시장 성과지표 중 어디에 더 비중을 두어야 하느냐 하는 문제이다. 이에 대해서는 제14장에서 논의한 바와 같이 기업수명주기에 따라 그 비중이 달라진다고 할 수 있다. 회사가 성장단계에 있을 때는 설비투자가 많이 이루어지지만 영업이 정상궤도에 들어서 있지 않기 때문에 회계수치에 기초한 지표는 아직 회사의 성과를 제대로 반영할 수 없다. 반면에 주가는 미래전망을 선반영하기 때문에 미래성장기회가 높은 기업들은 주식가격이 성과지표로 적절하다. 따라서 성장기 기업들은 시장 성과지표에 더 높은 가중치를 두어야 하므로 β에 비해 γ가 커야 한다. 반면에 성숙단계의 기업들은 추가적인 설비투자가 많지 않고 영업을 통한 수익창출이 안정적이므로 회계 성과지표가 상대적으로 중요하다. 따라서 성숙기 기업들은 회계 성과지표에 더 높은 가중치를 두어야 하므로 γ에 비해 β가 커야 한다.

왜 조작이 가능한 회계수치에 기초하여 성과급을 줄까?

경영자의 성과급이 회계수치와 연계되어 있을 경우, 경영자는 성과급을 많이 받으려고 회계수치를 인위적으로 조작할 유혹에 빠지기 쉽다. 주가와 달리 회계수치는 경영자의 판단에 따라 자의적으로 조정가능한 부분이 있기 때문에 상대적으로 조작이 쉽다. 그럼에도 불구하고 회계수치에 근거해서 경영자 보상을 하는 이유는 무엇인가?

첫째, 너무나도 당연한 이야기처럼 들리지만 회계수치는 불완전하지만 성과를 명확히 계량화해 측정할 수 있는 가장 좋은 대안이라는 점이다. Peter Drucker는 "계량화하지 못하면 관리할 수 없다"라고 지적했다.

둘째, 비상장기업의 경우 주식이 활성시장에서 거래되지 않으므로 주식가격을 성과급 결정을 위한 성과지표로 사용하기 어렵다. 기업가치의 변화를 정확히 측정하기 어려운 비상장기업의 경우 회계이익이 기업가치의 변화를 나타내는 지표로 사용될 수 있다.

셋째, 평가대상이 기업의 중간관리자인 경우 회사 내의 부서별 시장가치는 관찰될 수 없기 때문이다. 기업의 주가는 부서별로 나누어 산출이 불가능하지만, 회계이익은 부서별로 계산될 수 있기 때문에 이익을 성과지표로 사용하면 부서별로 영업성과에 따라 성과급을 차등지급할 수 있다.

넷째, 주가 등에 기초하여 성과급을 부여할 경우 자신이 **통제할 수 없는**(uncontrollable) 부분에 연계하여 보상이 결정되는 위험에 대해 추가적인 보상을 요구하게 되어 돈이 더 많이 들 수 있다. 경영자의 노력 외 다양한 외부적인 요인에 의해 영향을 받는 주식가격과 달리 회계수치는 경영자의 행동의 결과를 더 직접적으로 반영할 수 있다는 장점이 있다.

보상이 경영자의 행동에 미치는 영향

통상적으로 경영자의 보상은 ROE와 같이 회계수치와 연계되어 있다. 그러나 성과급으로 이어지기 위해서는 최소한 달성해야 하는 하한선과 아무리 달성해도 일정수준을 넘어서서는 더 이상 성과급이 늘어나지 않는 상한선이 있다. 예를 들어, 성과급이 ROE에 기초하고 하한선과 상한선이 각각 5%와 15%라면 최소 5% 이상이 되어야 성과급을 받을 자격이 있고, 15%를 초과해서는 성과급이 더 이상 증가하지 않는다.

이러한 보상제도하에서 경영자는 성과급을 많이 받기 위해 이익을 늘리려고만 할까? MIT 대학의 Healy 교수는 실제 성과급제도를 조사하여 경영자가 자신의 보상을 극대화하려고 하는지를 살펴보았다. Healy 교수는 이익이 상한선과 하한선 사이에 있을 때에는 가급적 이익을 늘리려는 경향이 있음을 확인하였다. 또한 상한선보다 높을 때에는 이익을 이연시켜 상한선을 초과한 이익에 대해서는 다음 연도에 성과급으로 받도록 하려 한다는 것을 관찰하였다. 반면에 이익이 하한선보다 낮을 때에는 보고이익을 늘리려 하지 않고 미래의 이익이 높아질 수 있도록 오히려 줄이는 현상이 관찰되었다. 이는 이익이 들쑥날쑥하는 것을 줄이려는 이익의 유연화 가설과 상반된다는 점에서 주목을 끌었다.

위에서 살펴본 Healy의 연구에서 이익이 하한선보다 낮을 때 보고이익을 줄이는 것을 **Big bath**라고 한다. 이익이 기대에 한참 못 미칠 때 경영자가 미래에 성과를 개선하기 쉽도록 하기 위해 금년에 가급적이면 온갖 비용을 인식하는 경향이다(clearing the deck). 새로 부임한 경영자가 그동안 누적된 손실이나 잠재적인 부실을 부임한 첫해에 모두 반영해서 이익을 줄여 금년의 나쁜 성과는 전임자의 탓으로 돌리고 다음 해부터 이익을 늘려 성과가 좋아진 것으로 보이려 하는 것도 Big bath의 사례이다. 새로운 지도자가 위기의식을 고취시켜 옷깃을 고쳐 잡는 것도 결국에는 위기를 헤쳐 나갔다는 리더십을 추후에 인정받기 위한 방법이다.

앞의 사례들은 회계이익을 성과지표로 사용했을 때 생길 수 있는 경영자의 기회주의적 행동들이다. 그러자 보상을 높이려는 동기에서 행해지는 경영자의 이익조정을 억제하고 주주와 경영자의 이해관계를 일치시킬 수 있는 수단으로 주가에 기초한 보상에 관심이 모아졌다. 하지만 경영자들은 이익조정을 통해 주가에까지 영향을 미쳤다. **총알을 재빨리 피하기**(bullet dodging)는 주가 하락을 초래할 악재가 있을 때까지 스톡옵션 부여를 늦추는 것을 말한다. **뒤늦게 시간 포착하기**(late timing)는 실제 스톡옵션을 부여한 날짜보다 주가가 낮은 날짜로 소급하여 스톡옵션 부여 날짜를 정하는 조작행위이다. **튀어오를 때 짐 싣기**(spring loading)는 호재가 공시되기 바로 직전에 스톡옵션을 부여하여 경영자가 즉각적으로 이득을 챙길 수 있게 하는 것을 일컫는다. **급격히 올려 털썩 내리기**(pump and dump)는 스톡옵션을 행사하기 바로 전에 주가를 올리기 위해 이익을 과대계상하는 행위이다. 주가가 기업의 가치를 편의 없이 반영한다는 효율적 시장가설에서 이러한 수단이 과연 효과적인지는 의문이 있지만, 주가에 기초한 보상제도 역시 경영자의 이익조정을 유발하는 부작용이 잠재적으로 존재하는 것이다.

보상제도를 디자인할 때 무엇을 유의해야 하나?

대리인비용을 최소화하려면 보상제도(compensation scheme)를 설계할 때 다음과 같은 사항들을 추가적으로 고려해야 한다.

첫째, 보상계약은 이익이 증가하면 보상도 증가하는 선형관계라기보다는 실제로는 비선형관계라고 보는 것이 보다 정확한 설명이다. 그 이유는 승자 진출전(tournament)처럼 승진하는 구조에서 직급별로 보상체계가 다르기 때문이다. 특히 어느 정도의 수입이 되면 금전적인 보상으로 일을 더하라고 독려하기가 더 어려워진다. 따라서 작업장의 생산근로자보다 CEO를 열심히 일하게 하는 게 더 어렵다. 물론 CEO는 금전적인 보상 이외의 명예와 같은 비금전적 보상을 고려해 열심히 일할 수도 있다.

둘째, 성과와 수익성의 관계가 때로는 명확하지 않은 점이 성과평가를 어렵게 만드는 요인이다. 평가란 불완전한 평가자가 불완전한 피평가자에 대해 불완전한 지표로 평가하는 것이라고 한다. 회사가 추구하는 목표와 성과지표의 연계성이 명확하지 않은 경우에는 칼로 무 자르듯이 평가하는 것이 아니라 다소 애매하게 평가하는 것이 낫다. 예를 들면, 야구선수의 경우 홈런을 친 횟수, 축구선수의 경우 골을 넣은 횟수 등에 기초해서 보상하는 것이 아니라 '올해의 가장 우수한 선수'와 같이 더 두루뭉술한 측정치로 평가하는 것이 좋다.

셋째, 보상이 반드시 금전일 필요는 없으며, 지나친 성과지상주의는 기업의 장기 성장에 부정적 영향을 미칠 수 있다. 성과에 기초한 금전보상은 때로는 주인과 직원 간의 관계를 경제적인 관점에서 바라보기 때문에 심리사회적인 보상을 아무것도 아닌 것처럼 만들어 버릴 수 있다. 그러므로 직원 충성도나 자긍심 등도 매우 중요한 사회문화적인 요소임을 유념해야 한다. 아울러 도덕이 결여된 경영자는 자기모순에 빠지기 쉬우며 진정한 경영의 모습을 갖추기 어렵다. 혁신적인 경영성과에도 불구하고 사람들이 조조의 한계로 논하는 것은 경영자의 도덕성을 고려하지 못하였기 때문이다. 성과주의는 조직원의 욕망을 충족시킬 수는 있지만 직원의 인품을 훼손시키기도 한다. 이렇듯 도덕성이 결여된 채 출세에만 집중하는 성과 위주의 인물들로 구성된 조직이었기에 그의 인재들 사마의, 사마소 등에 의해 조조의 후손들이 유린당하는 비극을 맞이한 것이다.

넷째, 업종에 따라서는 개인별 성과도 중요하지만 **팀 단위의 협력**이 중요할 수 있다. 그런데 문제는 각 개인의 공헌도가 어느 정도인지를 구분해내기가 쉽지 않아 어쩔 수 없이 팀의 성과에 따라 보상하는 경우이다. 이렇게 되면 누군가 하겠지 하면서 무임승차(free-ride)하려는 심리로 인해 전체적인 성과가 안 좋게 나타날 수 있다. 이 경우 동료간의 압박감(peer pressure)이 문제를 해결할 수 있지만, 이것 역시 동료간에 모니터링하는 비용이 많이 소요되지 않을 때나 가능하다.

기업들은 경영자 보상을 어떻게 결정하고 있을까?

과거에는 경영자 보상계약에 어떤 내용이 들어 있는지 알 수 없었다. 그러다가 미국은 2006년부터, 우리나라는 2013년부터 경영자 보상계약에 실제 사용된 성과지표의 공시가 의무화되었다.[2] 상장기업은 경영자가 얼마의 보수를, 어떤 명목으로 받았으며, 성과급은 어떤 성과지표를 사용하여 결정되었는지 구체적으로 공시해야 한다. 최근 연구[3]결과를 바탕으로 미국 기업들이 경영자 보상을 어떻게 결정하고 있는지 살펴보면 다음과

2) 국내 상장기업의 임원보수 공시는 2013년 5억원 이상 고액 보수를 받는 등기이사를 대상으로 시작된 이후 2018년부터 미등기임원을 포함한 상위 5명으로 확대 시행되고 있다.

3) 안재환 · 최선화(2022), 경영자 보상계약에서 회계성과지표의 사용 : 시계열적 변화를 중심으로, 회계저널, 31(3), pp. 97~126.

같다.[4)]

첫째, 10개 중 9개 기업이 절대평가제도를 사용하고 있었다. 절대평가제도는 사전에 설정한 목표를 달성한 정도에 따라 보상이 결정되는 반면 상대평가제도는 실제 성과가 기대에 못 미쳐도 경쟁기업보다 잘했으면 보상한다. 상대평가제도는 경영자가 통제할 수 없는 시장 전반의 공통적인 영향을 제거할 수 있다는 장점이 있지만, 의외로 이를 사용하고 있는 기업은 많지 않았다.

둘째, 경영자 보상총액 중 78%가 성과급이었으며, 성과급을 주식으로 지급하는 비율이 현금보다 2배가량 높았다.[5)] 주목할 점은 현금지급 성과급 비중은 예전이나 지금이나 큰 변화가 없는 반면 주식기반 성과급 중 스톡옵션의 비중이 크게 줄고 양도제한조건부(RSU) 주식보상이 늘었다는 것이다. 스톡옵션은 사전에 약속한 행사가액으로 회사 주식을 살 수 있는 권리를 주는 것인 데 반해, RSU는 회사 주식을 성과급으로 지급하되 일정기간 양도를 금지하는 제도이다. 약세장에서 주가가 행사가액 이상으로 오를 것 같지 않으면 스톡옵션은 그 가치가 0이므로 스톡옵션을 아무리 많이 주어도 경영자를 주주가 원하는 방향으로 이끌 수 없다. 반면 RSU는 약세장에서 보상이 줄기는 하지만 아예 없는 것은 아니므로 경영자를 원하는 방향으로 유인하는 효과가 상대적으로 더 크다.

셋째, 성과급 결정을 위한 성과지표로는 압도적으로 회계지표의 활용도가 높았다. 현금 성과급 및 주식 성과급을 결정하기 위해 회계지표를 사용하는 기업이 각각 전체의 99%와 88%에 달해 기업 실무에서 회계지표가 성과급 결정을 위한 중요한 성과지표로서 활용되고 있음을 확인

---

4) 2006년부터 2019년까지 14년간 S&P 700에 속하는 미국기업의 경영자 보상계약을 분석하였다.

5) 경영자 총보상 중 기본급이 18.1%, 현금지급 성과급이 25.5%, 주식기반 성과급이 52.4%, 기타 보상이 4.1%를 차지했다.

할 수 있었다. 반면 주식가격을 성과지표로 활용하고 있는 기업은 현금 성과급의 경우 2%, 주식 성과급의 경우 19%에 불과하였다.[6)]

넷째, 대부분 기업들은 회계지표 중에서도 특히 회계이익을 가장 중요한 성과지표로 사용하고 있으나, 기타 회계지표의 사용빈도 역시 점차 증가하는 추세이다. 회계이익을 성과지표로 사용하면 경영자가 이익을 많이 내기 위해 기업의 장기적 성장에 도움이 되는 연구개발 투자를 줄일 위험이 있지만, 매출액을 성과지표로 사용하면 이러한 과소투자 위험을 제거할 수 있다.

경영자의 보상이 과다한가?

KOSPI 기업의 등기임원의 1인당 평균 보수를 분석한 결과[7)]에 따르면, 엔씨소프트의 임원 보수가 64억원으로 가장 많았다. SK바이오사이언스가 59억원으로 2위를 기록하였으며, 삼성전자와 SK가 그 뒤를 이었다. 또 상위 20위권 기업 중 SK그룹 계열사가 5곳으로 가장 많았고 이들 5곳의 SK그룹 계열사 임원 평균 연봉은 44억원 정도로 드러났다. 이 정도의 보상은 평범한 직장인이 평생을 모아도 못 만져볼 금액이다. 대기업 대졸 신입사원의 연봉이 5천 5백만원 정도인 점을 감안하면 SK그룹 계열사 임원은 신입사원 연봉의 81배 정도를 받는 셈이다. KOSPI 200 기업의 CEO는 평균적으로 일반 직원보다 19배 더 많은 보수를 받는다.[8)] **경영자의 보상**(management compensation)이 과다한 것은 아닌지, 경영자가 그렇

6) 기업들은 성과급 결정을 위해 다수의 성과지표를 사용하기 때문에 회계지표 사용기업과 주식가격 사용기업의 비중의 합계가 100%를 초과할 수 있다.
7) 2022년 기준, 사외이사, 감사위원회 위원을 제외한 등기이사
8) 2021년 기준

CEO-to-worker compensation ratio, 1965–2021

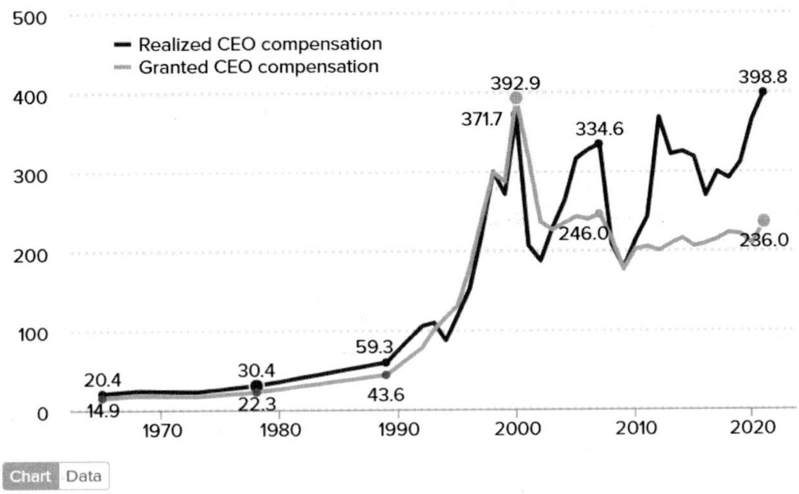

Notes: Average annual compensation for CEOs is for CEOs at the top 350 U.S. firms ranked by sales. Typical worker" compensation is the average annual compensation (wages and benefits of a full-time, full-year worker) of production/nonsupervisory workers in the industries that the top 350 firms operate in. ...

Source: Authors' analysis of data from Compustat's ExecuComp database, the Bureau of Labor Statistics' Current Employment Statistics data series, and the Bureau of Economic Analysis NIPA tables.

Economic Policy Institute

게 많이 보상받는 만큼의 역할을 하는지 충분히 논란의 여지가 있다.

이러한 논란은 미국에서도 지난 수십 년간 이어져 왔다. 위 그림에서 보는 바와 같이 미국의 경우 1964년에는 CEO가 평균근로자의 15배 정도의 보상을 받았는데 시간이 지나면서 그 차이는 더욱 늘어나서 2020년에는 236배에 달했다. 스톡옵션 행사로 실제 지급된 보수를 기준으로 하면 CEO와 평균근로자의 보수 차이는 무려 399배에 달한다. 과연 CEO 등 임원진에게 이 정도로 많은 보상을 해주는 게 충분한 가치가 있는 것인지, 그렇다면 그 이유는 무엇인지 살펴볼 필요가 있다. Jensen과 Murply[9]는 CEO들이 과다하게 보상을 받는 것은 아니지만 보상이 성과와 밀접하게 연계되어 있지 않은 게 문제라고 진단하였다. 그들은 대기업의 경우 워낙 규모가 커서 회계수치로 표시한 비율이 조금만 늘어나도 절대금액으로 따지면 엄청나기 때문에 성과가 개선된 만큼 CEO의 보상을 늘리기가 어렵고, 성과가 안 좋을 경우 이에 비례해서 보상을 줄일 수 없기 때문에 보상과 성과의 연계성이 떨어진다고 보았다. 후속연구에서 그들은 **위험회피적**(risk-averse)인 CEO가 열심히 일하도록 동기부여를 하기 위해서는 스톡옵션을 통해 충분한 보상을 해 줄 필요가 있다고 주장하였다. 또한 CEO 보상이 과다하다고 보기 어려운 이유로 CEO 보상의 74%가 스톡옵션이고 옵션 행사가 상당 기간 동안 제한되어 있기 때문에 기업고유의 위험에 노출되어 있으며, 이 스톡옵션을 현금등가액으로 환산하면 보상총액의 40%가 줄어든다고 설명하였다.

이러한 설명에도 불구하고 보상을 더 많이 받기 위해 경영사들이 분식회계를 자행하고 스톡옵션을 부여하거나 행사할 때 가장 좋은 시점을 포착하려 함에 따라 과다한 보상에 대한 우려가 세간에 있는 것은 사실이다. 특히 무슨 이유로 회사를 떠나든 상관없이 수백만 달러의 퇴직금을 경영자에게 지불하도록 하는 **황금낙하산**(golden parachutes) 규정을 악용하여, 2008년 금융위기로 구제금융을 받은 기업들이 엄청난 금액의 보너스를 지급하자 급기야는 정부가 개입하기에 이르렀다.[10]

미국은 2008년 글로벌 금융위기를 계기로 2010년 도드-프랭크법(Dodd-Frank Wall Street Reform and Consumer Protection Act)을 제정하고 성과와 무관한 경영자의 과도한 보상을 규제하고 있다. 동 법은 임원 보수에 대한 공시를 확대하고, 독립적인 이사로 보상위원회를 설치할 것과 경영진의 보수에 대해 주주총회에서 비구속적 주주승인투표(say on pay

9) Jensen, M. and K. Murply, "CEO Incentives – It's not how much you pay, but how," *Harvard Business Review*(May/June 1990), pp. 138~149.

10) AIG는 2008년 4사분기에 600억 달러의 손실이 나면서 미국정부로부터 1,700억 달러의 구제금융을 받았음에도 불구하고 10억 달러의 보너스를 지급하겠다고 공시하면서 엄청난 비난에 직면하였다.

vote)[11]를 받도록 의무화하는 것을 주요 내용으로 한다. 동 법에 따라 2015년부터 CEO의 보수와 직원 보수의 비율 공시가 의무화되었으며, 2022년에는 임원 보수와 경영성과 간 관계 설명 의무가 추가됨으로써 낮은 경영성과에도 불구하고 경영진이 고액의 보수를 받는 것을 방지할 수 있게 되었다. 아울러 상장기업이 재무제표를 잘못 작성한 경우, 임원이 실제 받은 보수와 재작성된 재무제표를 기준으로 받아야 했을 보수 차액을 환수하는(claw-back) 제도를 도입함으로써 단기적으로 이익을 부풀려 막대한 성과급을 챙기는 잘못된 관행을 차단하였다.

핵심 포인트

정보비대칭하에서 도덕적 해이로 인한 대리인비용을 줄이기 위한 노력으로 경영자 보상은 고정비 성격의 월급 이외에도 성과급을 부여하고 있다. 그러나 성과측정치의 불완전성으로 인하여 보상계약을 체결할 때 상대적 성과평가, 성과측정치와 보상의 연계성을 감안하여 보상계약을 설계한다.

---

11) 경영진 보수에 대한 주주승인투표는 투표 결과에 대한 법적 구속력이 있는 것은 아니지만 이사회 의결시 권고사항으로 참고가 될 수 있으므로 과도한 경영자 보상 책정을 견제하는 기능을 한다. PWC에 따르면 S&P 500 기업 중 2019년 7개, 2021년 15개, 2022년 9월 현재 21개의 기업이 임원 보수에 대해 과반수 이상의 주주지지를 얻어내지 못했고, Russell 3000 기업 중에서는 71개의 기업이 지지를 받지 못하였다.

제 19 장

부채가 회사에 어떤 영향을 미치나 – 회계와 부채계약

은행에서 10만원을 빌리면 빌린 사람의 문제지만
10억원을 빌리면 은행의 문제가 된다.
If you owe the bank $100 that's your problem.
If you owe the bank $100 million, that's the bank's problem.
– American industrialist, richest American in 1957, J. Paul Getty

이슬람 율법인 샤리아법에서는 이자지급을 금지하고 있으나, 정당한 상업활동을 통한 합당한 이윤추구까지 인정하지 않는 것은 아니다. 이와 같이 이자를 금지하는 근본적인 이유는 어려운 사람들에게 주는 부담으로 인해 사회가 재앙으로 치달을 수 있음을 우려했기 때문이다. 또한 이슬람 교리뿐만 아니라 일상적인 생활규범까지 규정한 경전 꾸란(Qur'an)은 채무문제에 관해 "만일 채무자가 (돈이 없이) 어려운 시기라면, 상황이 호전될 때까지 그에게 시간을 주어라"(꾸란 ; 2 : 280)라고 언급하고 있다. 따라서 이슬람금융에서는 주로 파트너십 관계 형성을 통해 리스크와 이익을 분담하거나 실물자산에 기초한 리스계약 방식을 통한 자금거래가 주로 활용되고 있다. 이와 같이 채무자의 이자부담을 채권자가 배려하라고 하는 이슬람의 율법과 경전은 경제학적인 관점에서 볼 때 그렇게 하는 것이 채권자에게도 오히려 더 낫다고 보는 현명한 지혜가 담겨 있다고 해석할 수 있다.

본격적인 논의에 앞서 부채의 특성을 간단히 살펴보자. 부채는 타인으로부터 자금을 빌려오는 것을 의미하며, 상환의 의무가 있다는 측면에서 자본과 구분된다. 자금을 빌려준 사람들을 채권자라고 하며 이들은 약속된 시기에 정해진 원금과 이자를 받는다. 또 다른 자금의 제공자인 주주와 비교하면 이들은 사업의 성패와 무관하게 수익이 고정적이며, 청산 시 주주에 비해 우선 변제받을 권리가 있어 투자금을 지키는 데 유리하다.

타인으로부터 자금을 빌려오는 방법은 은행 등 금융기관으로부터 자금을 조달하는 간접금융과 사채(社債, bond) 등을 발행하여 자본시장에서 직접 조달하는 직접금융 방식이 있다. 일반적으로 기업이 금융기관을 통하지 않고 자금을 직접 조달하면 금융기관에 지불해야 하는 비용을 절감하는 효과가 있어 이자비용이 낮아질 수 있다. 대규모의 자금을 조달하는 경우 낮은 이자율의 효과는 매우 크다. 따라서 신용도가 높고 큰 자금을 조달해야 하는 대기업 등은 채권시장을 통한 직접 자금조달을 선호한다.

채권도 주식처럼 거래시장이 존재한다. 한국거래소에는 국채전문 유통시장, 환매조건부 채권매매시장, 일반채권시장, 소액채권시장이 존재한다. 채권의 발행액은 2000년대 들어 급격히 성장하고 있다. 금융감독원이 발표한 2021년 기업의 직접금융 조달실적을 보면 주식이 약 29조원, 회사채가 약 202조원 규모인 것으로 나타났다. 채권시장 인프라의 발전과 자산유동화증권 등 신종 증권의 지속적 등장으로 채권시장의 성장은 계속될 것으로 전망된다.

전 장에서는 주주와 경영자 간의 이해관계가 일치하지 않아 발생하는 문제에 대해 살펴봤다. 본장에서는 채권자와 경영자(또는 회사) 간의 이해가 일치하지 않아 발생하는 문제에 대해 살펴본다. 또한 채무자는 대리인비용을 줄이기 위해 자발적으로 기회주의적인 행동을 취하지 않으려는 유인이 있으며, 채권자는 채무자가 재무적 곤경에 처할 때 채권채무조정을 통해 채무자의 숨통을 트이게 하려는 유인이 있음을 설명한다.

채권자와 채무자 간의 이해의 충돌

채권자의 청구권이 있는 경우 회사는 투자·재무결정에 있어 채권자의 부를 줄이는 기회주의적 행동을 취할 수 있다. 예를 들어, 회사가 은행에서 돈을 1억원 빌리고 나서 강원도 정선의 카지노에 갔다고 하자. 1억원을 판돈으로 밤새 도박을 해서 돈을 벌면 원금과 이자를 갚고 나머지를 회사가 가지면 되지만, 1억원을 다 잃을 수도 있다. 회사에서 이렇게 도박과 같이 위험힌 사업에 투자해서 돈을 다 잃게 되면 회사는 문을 닫으면 그만이지만 돈을 빌려준 은행은 고스란히 손해를 떠안아야 하는 것이다. 이와 같이 회사는 현금흐름의 분산을 늘리는 위험한 사업(risky project)을 채택하여 부채상환이 어렵게 만들어 채권자가 이자는 고사하고 원금조차 회수하지 못하게 할 수 있다. 따라서 채권자들은 그들이 빌려준 돈을 받을 수 있는 가능성을 높여주는 위험회피적인 전략을 선호한다. 반면에 주주는 좀 더 위험한 프로젝트를 진행시키기 원한다. 그 이유는 다소 위험한 프로젝트가 성공하게 되면 빌린 돈과 일정수준의 이자만 갚으면 나머지는 다 자기 몫으로 돌아오는 반면, 프로젝트가 실패하면 채권자와 그 위험을 공유하면 되기 때문이다.

정선 카지노까지는 안 가더라도 빌린 돈을 전부 청산배당으로 주주에게 나눠주거나 자산을 매각하여 그 대금을 현금으로 배당할 수 있다. 극단적인 경우 회사는 채권자에게 껍데기(shell company)만 남겨줄 수도 있다. 배당은 원래 이익이 나면 주주들에게 그 일부를 나눠주는 것인데, 빌린 돈으로 배당을 해버리면 은행은 닭 쫓는 개처럼 지붕만 쳐다볼 수밖에 없다.

또는 빌린 돈으로 회사의 대주주가 소유하고 있는 다른 회사를 비싼 값에 사들일 수 있다. 빈번하게 일어나는 사례 중 하나가 회사의 대주주이자 최고경영자가 100% 지분을 갖고 있는 비상장회사의 주식의 일부를 터무니없이 높은 값으로 사들이는 경우이다. 그 소유경영자는 비상장회사 지분을 판 대가로 들어온 자금으로 다시 비상장주식을 사들인 회사의 지분을 추가로 매입함으로써 경영권을 견고히 하는 데 쓰기도 한다.

회사가 은행에서 빌린 돈 이외에 추가로 회사채를 발행할 경우 기업이 부실해질 확률이 높아져 원리금 부담이 높아진다. 더욱이 사채시장에서 급전을 가져다 쓸 경우 회사를 더욱 위험하게 만들 수 있다. 이러한 경우에 은행은 이자는 고사하고 원금을 돌려받기가 어려워질 수도 있다.

그러나 은행도 매번 이렇게 당하고만 있지는 않을 것이다. 합리적인 기대가 형성되는 자본시장에서는 회사가 투자·재무정책을 기회주의적으로 선택함으로써 채권자는 사후적인 부의 이전을 예상하여 사전에 부채의 가격을 결정한다. 따라서 부의 이전은 발생하지 않고 기회주의적 행동으로 인한 기업가치의 감소를 소유경영자 자신이 부담하게 된다. 그러므로 회사는 자금을 기업 내에 유보하고 신규 부채발행의 규정을 사전에 명시하여 배당지급과 재무활동을 경영자 스스로가 제한하는 계약을 체결하려 할 것이다. 이 계약이 바로 **부채계약서**(loan agreements)이고, 이 계약서에 명시된 조항을 **채무이행조항**(debt covenants)이라고 한다.

채무이행조항

이와 같이 회사가 은행 등의 금융기관으로부터 돈을 빌린 다음에 취하는 결정에 따라 돈을 돌려받지 못하게 되는 것을 방지하기 위해 대출시점에 부채계약서를 작성한다. 이 계약서에 명시된 채무이행조항은 회사의 가치를 감소시킬 수 있는 투자와 재무 관련 결정을 제한하기 위한 것이다.

구체적으로 살펴보면, 이익이 나지 않으면 배당을 지급하지 못하도록 하여 배당으로 자금이 사외로 유출되는 것을 억제하도록 한다. 또한 일정수준 이상의 자본을 유지하도록 하여 청산배당을 지급하지 못하도록 하기도 한다. 합병이나 다른 기업에 투자활동 및 자산처분을 제한하는 조항은 기업의 위험부담과 청산배당의 지급을 방지하기 위함이다. 또한 부채계약 조항에 명시된 부채비율이나 이자보상비율이 충족되지 않을 경우 우선권이 높은 부채의 발행을 포함하여 신규 차입을 금지하기도 한다. 이러한 조항들을 위반할 경우 **기술적으로 채무불이행**(technical default)한 것으로 간주되어 채권자는 담보차압과 같은 조치를 취할 권리를 갖게 된다. 채무기업은 재무제표를 검토하여 계약을 위반하지 않았다는 이행조항증서를 회계사의 서명과 함께 매년 제출해야 한다.

아래 그림에서 채무이행조항에 총부채(total debt)를 **법인세 · 이자 · 감**

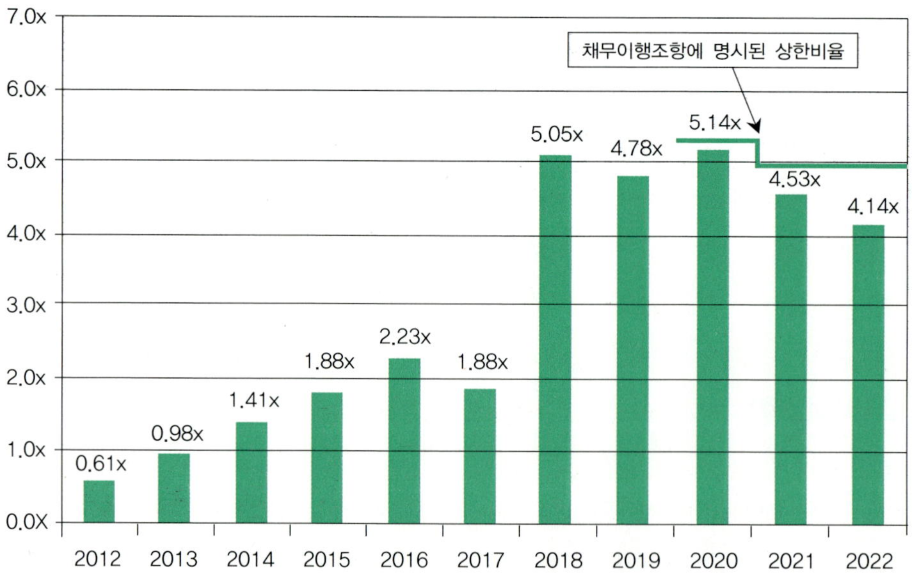

채무이행조항 : 총부채 / EBITDA

가상각비차감전영업이익(EBITDA)으로 나눈 부채비율이 5를 초과하지 않도록 상한비율을 두고 있다. EBITDA는 이자비용, 세금, 감가상각비를 차감하기 전의 순이익을 측정하여 기업이 영업활동을 통해 벌어들인 현금창출능력을 나타내는 수익성 지표이다. 이 회사의 경우 2020년에 이 부채비율이 5.14를 기록하여 기술적으로 채무불이행에 처해 있었다. 이러한 경우에 채권금융기관은 회사에 조기상환을 요구하거나 금리를 상향조정할 수 있으며 때로는 추가로 담보를 설정하도록 요구하기도 한다. 이러한 상황에 처했을 때 회사의 입장에서는 채권금융기관과의 채무조정이 결코 쉽지 않은 과정이기 때문에 가급적이면 채무이행조항에 명시된 조항을 위반하지 않으려 한다.

이러한 형태의 조항들은 감사보고서의 회계수치를 이용하며 일반적으로 인정된 회계원칙(GAAP)에 의거하여 또는 일부 절차를 수정하여 작성한다. 부채계약서가 왜 재무보고상에 보고되는 회계수치에 기초하여 작성되고, 회계처리방법 등을 선택할 수 있는 재량권(discretion)을 왜 기업에 인정해 주는 것일까? 그 첫 번째 이유는 통제의 용이성이다. 즉, 어떠한 회계처리방법을 적용해야 하는지를 사전에 명시하기가 쉽지 않기 때문이다. 두 번째로 채권자가 채무이행조항에 명시된 비율을 산정하기 위하여 적용할 회계원칙을 미리 엄격하게 정해놓지 않는 변동 회계기준(flexible GAAP)은 기업의 경영활동에 지나치게 많은 제약을 가하지 않는다는 장점이 있다. 채권자의 입장에서 회사가 망해서 원금도 못 받는 것보다는 회사에 다소 재량권을 주더라도 숨통을 트이게 하는 것이 채권자의 입장에서 오히려 나을 수도 있기 때문이다. 이것은 이슬람 경전에 담긴 상생의 혜안과 일맥상통한다고 할 수 있다. 세 번째는 부채계약서를 작성할 당시에 채무이행조항에 명시된 비율을 산출하는 방식을 모든 상황을 고려하여 사전에 정하기 어려운 경우가 발생하기 때문이다.

하이브리드 채권의 부채 · 자본 논란

신종자본증권(영구채, perpetual bond)은 채권과 주식의 중간적인 특성을 가지고 있는 증권으로서 주식처럼 만기가 없으면서 매매가 가능하며, 채권처럼 매년 일정한 이자를 받을 수 있다. 최근 들어 상법개정과 IFRS 도입 등 제도변화로 금융기관에만 허용되던 신종자본증권을 일반기업도 발행할 수 있게 되었다. 이에 2012년 10월 국내 일반기업으로는 최초로 두산인프라코어가 신종자본증권을 발행하였다.

두산인프라코어의 신종자본증권 발행조건에 대한 구체적 내용은 다음과 같다. 첫째, 만기는 발행자 선택에 따라 매 30년 기준으로 자동연장되며 발행자가 발행 5년 시점 및 그 이후에 매 이자지급일마다 중도상환이 가능하다(발행자 콜옵션). 둘째, 발행자가 발행 5년 경과시점에 중도상환하지 않는 경우 보유자가 독립된 제3자인 유동화전문회사(SPC)에 발행증권의 매수청구가 가능하다(이하, 투자자 풋옵션). 셋째, 발행자는 기준금리에 발행시점의 스프레드를 고려하여 산정한 고정금리로 표면금리를 지급하며 기준금리는 발행 5년 후에는 스프레드가 높아지는(step-up 구조)

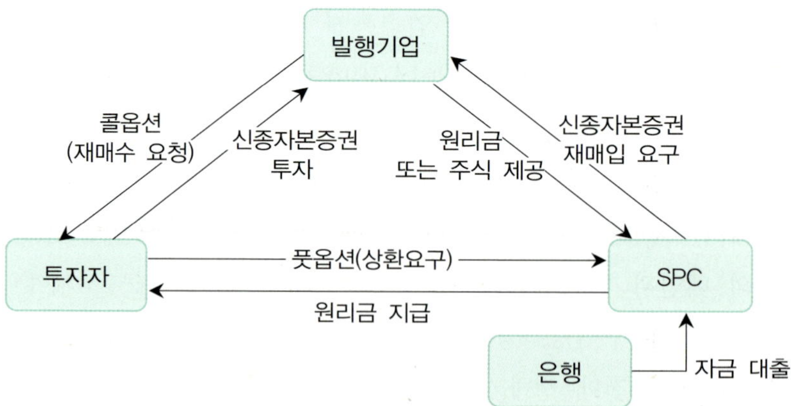

신종자본증권 구조

특징을 갖는다. 넷째, 발행자는 이자지급을 연기할 수 있으나 누적이자에 대해서는 복리를 적용하여 지급해야 한다. 다섯째, 투자자는 발행사 파산 시에 주주보다 상환을 우선하는 기타채권자들과 같은 지위를 얻는다(청산시 선수위조건).

국내외 취급사례가 없던 금융상품이기 때문에 두산인프라코어는 발행 전 신종자본증권의 자본인정가능 여부에 대해 적극적으로 검토하고 관계당국과의 질의 · 회신을 바탕으로 증권발행을 진행하였다. 그러나 정부당국은 청산시 선순위조건 및 만기의 영구성 등 세부적인 발행조건이 자본으로 보기에는 무리가 있다고 판단하여 두산인프라코어의 신종자본증권을 자본으로 인정할 수 없다는 방침을 정함에 따라 신종자본증권의 분류에 대한 논란이 시작되었다.

두산인프라코어가 발행한 신종자본증권은 만기의 영구성과 이자지급의 임의성 측면에서 자본적 특성이 강하다고 할 수 있다. 그러나 채무상환의 후순위성이 아니고 조기상환청구권과 스텝업이 있는 조항이 부채적 특성을 지니고 있다고 할 수 있다. 그러나 청산시 채권자와 동 순위로 현금상환 의무를 갖는 것에 대해서도 계속기업의 가정을 전제로 해야 한다는 점과 청산시 현금결제의무는 부채요소가 아니라는 점이다. 이런 관점에서 두산인프라코어가 발행한 신종자본증권은 부채적 특성이 없는 것은 아니나 IFRS에 충실하게 따져본다면 자본으로 분류할 수밖에 없다고 보인다.

두산인프라코어가 왜 신종자본증권을 발행했고, 시장에서는 이를 부채로 분류하는지, 자본으로 분류하는지에 대한 이슈는 여전히 남아 있다. 신용평가기관에서는 부채냐 자본이냐의 이분법적 관점에서 벗어나 채권부도율과 회수율을 고려하는 신용의 시각에 따라 채권의 신용등급과 차주인 발행기업의 신용등급에 반영하겠다는 입장이어서 두산인프라코어의 신종자본증권 발행이 그리 긍정적으로 평가되지는 않고 있다. 한편, 두산인프라코어는 미국의 밥캣회사(현재 DII)를 인수하는 과정에서 급격하게 늘어난 부채비율로 이자지급에 대한 부담이 있어 자금을 조달할 필요가 있었을 뿐만 아니라 차입약정에 명시된 금융부채/EBITDA가 6배수를 넘기지 못하도록 하는 비율을 위반하지 않으려는 유인이 강했기 때문인 것으로 보인다.

최근 발생한 홍국생명 사건은 영구채 분류와 관련하여 또 다른 시사점을 제공한다. 홍국생명은 2017년 11월 재무건전성 보강을 위해 5억 달러 규모의 영구채를 발행했으며 여기에는 5년 뒤 콜옵션 상환조건이 포함되어 있었다. 2022년 홍국생명은 콜옵션 상환을 위한 노력을 하였으나, 자금조달이 여의치 않아 콜옵션을 행사하지 않기로 했다. 그러나 국내외에서 영구채 발행회사가 보통 중도상환일에 콜옵션을 행사하는 것이 불문율처럼 되어 있었기에, 홍국생명이 콜옵션을 행사해 투자자금을 회수할 것으로 믿었던 영구채 투자자들은 혼란에 빠졌다. 홍국생명의 콜옵션 미행사가 국내 및 국제 자본시장에서 한국 금융사들에 대한 신뢰를 추락시킬 것이라는 우려가 제기되었고, 결국 당국이 개입하여 홍국생명은 콜옵션을 행사하게 되었다.

영구채를 자본으로 분류하는 관점은 원금의 상환의무가 없기에 이를 자본으로 보아야 한다는 논리이다. 그러나 중도상환일에 콜옵션을 행사하는 것이 시장의 관행이어서 실질적으로 이를 이행하지 않는 것이 불가능하다면, 영구채의 성격을 판단하는 데 있어 추가적으로 고려해야 할 사항인 것으로 보인다.

회계에 기초한 채무이행조항과 기회주의적 행동 아니면 효율적 계약?

부채계약서에 명시된 채무이행조항들을 위반하게 되면 채권자는 추가적인 담보를 설정하도록 요구하거나 금리를 인상하고 상환기간을 단축하려 할 것이다. 회사 입장에서는 부채계약서에 명시된 재무비율을 지키지 못해 이런 일이 발생하면 시간이 소요되고 비용이 과다해질 수 있다. 따라서 회계수치에 기초하여 명시된 채무이행조항으로 인해 이를 지키기 어려워지면 계약조항의 위반시 발생하는 비용을 감안하여 위반하지 않게 하는 다른 회계절차를 선택할 것이다. 만약 부채계약에 명시된 조항이 부채비율 또는 이자보상비율과 같은 회계수치로 규정되어 있고 이러한 비율에 대해 계약의 제한규정을 위반할 가능성이 높으면 회계처리를 변경하려 할 것이다. 부채비율이 크면 클수록 경영자는 보고이익을 미래로부터 당기로 이전하거나 증가시키는 회계절차를 선택하여 제한규정을 위반하지 않으려 할 것이라는 부채계약가설이 대두하게 되었다.

초기 연구는 부채비율이 높을수록 보고이익을 높이기 위해 가급적이면 연구개발비, 리스료, 건설이자 등을 자본화하려는 경향이 있다는 결과를 보여주었다. 그러나 부채비율이 채무이행조건을 위반할 가능성을 측정하는 데 다소 정교하지 못한 대용치라는 문제점이 지적되었다. 이에 따라 실제 부채계약서를 살펴본 결과 채무이행조항에 부채비율에 대한 제약을 두는 경우가 많았다. 그러나 부채비율이 높은 기업이 이익을 증가시키는 회계선택을 한 이유는 부채계약의 위반을 회피하기 위해서보다는 재무적 곤경을 반영하는 것으로 관찰되었다.

최근에 와서는 부채계약서와 **회계상의 보수주의**(accounting conservatism)를 연계하는 연구흐름이 활발하게 이루어지고 있다. 보수주의는 채권자 청구권의 하한선을 검증가능하게 해줄 뿐만 아니라 채무기업의 신용위험에 대한 조기경보장치와 같은 역할을 함으로써 부채계약의 효율성을 높인다고 보는 것이다. 보수주의는 bad news가 일어날 때 채무이행조항을 가능한 한 빠르게 위배하도록 함으로써 채권자가 기업이 어려워져서 발생할 수 있는 채권회수의 위험을 사전에 보호할 수 있게 한다는 것이다.

또한 보수적인 회계처리를 하는 기업에 대해 대출시 금융기관이 금리를 상대적으로 낮춰주는 경향이 있는 것으로 관찰되었다. 기업의 입장에서도 차입이 한 번에 그치는 것이 아니라 지속적으로 일어나는 경영활동이기 때문에 미래에 더 좋은 차입조건을 얻기 위해 차입 이후에도 지속적으로 보수적인 회계처리를 유지하는 것으로 보인다. 이러한 결과는 보수주의가 채무이행조항을 보완하는 역할을 하고 있는 것을 나타낼 뿐만 아니라 보수주의가 왜 수백 년 동안 실무에서 살아남았는지를 보여준다고 할 수 있다.

핵심 포인트

정보비대칭하에서 기업은 은행에서 돈을 빌린 후에 위험한 프로젝트에 투자하거나 청산배당 등 사후적으로 기회주의적 행동을 취함으로써 채권자의 부를 감소시킬 수 있다. 이를 감안하여 자금을 조달할 경우 기업이 오히려 손해라고 인식하여 자발적으로 부채계약을 체결하여 투자·재무·영업 정책을 제한할 뿐만 아니라 보수적인 회계처리를 함으로써 도덕적 해이로 인한 대리인비용을 줄이고자 한다.

제20장

회계도 화장을 한다!

회사의 부정이 규모에 있어 점점 커지고 있다. 부시 대통령은 월가에서 기업의 책임에 대해 연설하였으며 경영자들에게 장부를 조작하지 말 것을 경고하였다. 나중에 마사 스튜어트는 올바른 용어는 장부를 튀기는 것이라고 말했다.

The corporate scandals are getting bigger and bigger. In a speech on Wall Street, President Bush spoke out on corporate responsibility, and he warned executives not to cook the books. Afterwards, Martha Stewart said the correct term was to saute the books.

— Conan O'Brien

회계부정

회계는 자본시장에서 정보의 비대칭을 낮추어 시장실패를 막는 역할을 수행한다. 그러나 이러한 역할은 어디까지나 회계정보가 신뢰할 수 있을 때 가능하다. 중국의 스타벅스라 불리며 2017년 사업을 시작해 2019년 나스닥에 상장된 루이싱 커피(Luckin Coffee)는 2020년 매출을 부풀린 것이 밝혀져 상장폐지되었다. 이들은 매장에서 주문번호와 주문금액을 부풀리는 1차원적 방식으로 매출을 조작했으나, 일반 개인투자자뿐만 아니라 BlackRock 같은 기관투자자들도 이를 알아차리지 못해 큰 손실을 입었다. 문제는 자본시장의 신뢰를 붕괴시킬 수 있는 회계부정이 국가와 시대를 가리지 않고 발생한다는 사실이다.

외환위기를 겪었던 나라들의 경우 미국식 경영과 회계기준은 반드시 따라야 할 불문율이 되었고 우리도 예외가 아니었다. 그런데 속속 드러나는 미국기업들의 회계부정사건은 우리를 당황하게 하였다. 외환위기 이후 우리에게 Global Standard처럼 여겨지던 미국의 경영방식이 엔론의 회계부정으로 빛을 바랬다. 처음 엔론사태가 발생했을 때 우리는 그것을 일회성 사건으로 치부하며 가볍게 넘기려 했지만 회계부정사건은 월드컴 등의 다른 기업으로 확산되면서 그 파장의 끝을 예측하기조차 어려웠다.

엔론이 부채를 숨기고 이익을 늘리기 위해 10억 달러 이상의 회계조작을 함이 밝혀진 이후에도 Global Crossing, Quest Communications, Worldcom, Dynergy, Reliance Energy, Tyco, ALO Time-Warner, Merck 등의 회계부정이 연이어 터져 나왔다. 유럽에서도 세계 2위의 미디어 업체인 프랑스 비방디의 15억 유로에 달하는 **회계부정**(accounting fraud)이 만천하에 드러나게 되었다. 회계부정 또는 분식회계란 기업이 회사의 실적을 좋게 보이기 위해 고의로 자산이나 이익 등을 크게 부풀려 회계장부를 조작하는 것을 말한다.

미국의 서브프라임 위기가 세계 경제위기로 확산되고 있는 가운데 충격적인 사실이 2000년대 말에 또 드러났다. 자산규모 세계 1위로 알려진 AIG 보험회사가 서브프라임 손실규모를 실제보다 4분의 1이나 축소 보고한 것으로, 실제 손실액수가 49억 달러에 달한 것이다. AIG는 주가하락을 염려해 사실대로 금융당국에 보고하지 않았는데, 월가는 사실 보고를 하지 않은 금융업체가 다수인 것으로 파악했다. 이같이 기업윤리가 이익추구라는 최대 목표 앞에 유명무실해져 버리는 경우가 허다하다.

우리나라에서 사상 최대의 회계부정은 대우그룹의 23조원에 달하는 분식결산이다. 대우그룹은 주로 외국에서 돈을 끌어 쓰고도 장부상에 기재하지 않는 부외부채를 통해 분식결산을 했다. 또 재고자산이 없는데도 있는 것처럼 속여 자산을 과대하게 부풀린 것으로 조사되었다. 부채계정에 넣어야 할 대목을 오히려 자산으로 돌려 뻥튀기 회계처리를 해놓고,

감가상각을 제대로 기록하지 않으면서 비용을 대폭 줄인 수법도 함께 쓰였다.

코스닥시장 상장기업에서의 회계부정은 규모에 있어서는 유가증권시장 상장기업에 비해 작지만 주주 각각에게 미치는 피해만큼은 결코 작지 않다. 코스닥의 한 기업은 유상증자에 미칠 악영향에 대한 우려 때문에 최고경영자의 지시로 100억원의 적자를 허위 매출전표로 10억원의 흑자로 조작하였다. 또, 몇몇 벤처기업 대주주들은 코스닥 기업들을 인수합병(M&A)한 뒤 회사 통장과 인감을 훔쳐 달아났다. 그 여파로 다른 코스닥 기업들까지 연쇄부도 내지 자금악화 상태로 내몰려 코스닥 시장이 망가지기까지 하였다. 최고경영자와 대표이사들의 회계부정 내지 횡령 사건은 기업들의 재무제표에 대한 신뢰를 떨어뜨리고, 이는 증권시장의 침체로 이어져 기업의 자금조달을 어렵게 하고 있는 것이다. 그렇다면 이러한 회계부정은 왜 일어나는 것일까? 기존의 회계기준들은 모두 허깨비였다는 것인가?

회계부정은 달성하고자 하는 목표가 있고 의도가 있다는 점에서 실수에 의한 의도되지 않은 **회계오류**(accounting errors)와는 다르다. 오류는 오기, 오산, 누락에 의해 일어나지만 회계부정은 은폐, 변경, 가공에 의해 일어나기 때문에 상대적으로 발견하기가 용이하지 않다. 회계부정은 회계기준에서 허용하는 범주를 벗어난 회계처리를 자행하기 때문에 회계기준 안에서 회계처리를 선택하여 이익의 변동성을 줄이려는 이익조정과는 구분된다. 회계부정은 영어로 window-dressing(창문장식)이라고도 한다. 사실 드레싱은 샐러드에 뿌려 먹는 소스로, 양념의 역할을 하지만 먹음직스럽게 만드는 효과가 있다. 결국 window-dressing이란 적자를 줄이고 수익을 부풀림으로써 회사를 볼 수 있게 하는 창구를 잘 장식해서 재무상태나 경영실적을 실제보다 더 좋게 보이려 하는 것이다. 여자가 화장을 하는 이유도 좀 더 아름답고 매력적으로 보이도록 하는 것처럼 실제

보다 거짓으로 꾸민다는 의미에서 회계부정을 분식회계라고도 한다.

회계부정 기업들은 대부분 경영내용을 좋게 보이기 위해 여러 가지 방법을 동원해서 자산과 이익은 늘리고 부채와 비용은 줄이는 방식으로 장부를 조작한다. 허위매출을 기록한다든지 비용을 적게 계상하거나 누락시키는 등 기업 경영자가 결산재무제표상의 수치를 고의로 왜곡시킨다는 점에서 **분식결산**이라고도 한다.

이런 회계부정이 사회적으로 큰 관심사가 되는 이유는 주가폭락, 심지어는 파산으로까지 연결되어 선의의 투자자들과 종업원들에게 큰 손실을 줄 뿐만 아니라, 개별 기업 차원을 넘어 경제 전체에 대한 신뢰를 떨어뜨리고, 나아가 세계 경제의 주요 불안요인으로 작용하기 때문이다. 실제로 외환위기 이후 여러 도산기업과 부실기업의 회계정보가 조작되었거나 신뢰성이 없음이 밝혀지고, 금융기관의 부실채권에 대한 대손충당금 설정과 보유 유가증권의 평가가 적정하지 않음이 나타나면서 큰 문제점으로 대두되었다.

분식회계는 회사의 재무상태가 거짓으로 만들어지기 때문에 투자자나 채권자들의 판단을 흐리게 할 수 있어 엄격히 금지되고 있다. 분식회계를 막기 위해 회사는 감사를 둬야 하고 외부감사인인 공인회계사에게서 회계감사를 받도록 되어 있다. 또한 규제당국이 분식회계를 줄이거나 없애는 방안과 조치를 발표하고 정부도 기업의 분식회계 관행을 근절시키려는 의지를 굳건히 하고 있다. 그러나 회사가 조직적으로 회계부정을 자행할 때 외부감사인이 2~3주 감사업무를 수행하면서 낱낱이 파헤쳐내기는 쉽지 않은 게 현실이다.

회계부정은 어떻게 이루어지나?

회계부정에서 흔히 쓰이는 방법은 재무상태나 경영성과를 좋게 보이도록 하는 금액분식이다. 재무상태를 건실하고 수익성이 좋도록 나타내기 위하여 자산과 수익은 과대하게 표시하고, 부채와 비용은 과소하게 표시하려는 것이 기업의 일반적인 분식경향이라고 할 수 있다. 따라서 재무상태나 경영성과가 기대에 미치지 못할 경우에는 위의 방법을 모두 시도하거나, 여의치 않을 경우 적어도 어느 한 가지 방법만을 택하여도 그 분식의 정도에 따라서는 소기의 목적을 달성할 수 있다.

금액분식 이외에 또 다른 회계부정은 계정과목을 의도적으로 잘못 분류하여 재무비율분석을 좋게 보이도록 하는 분식이다. 계정과목의 분류 분식으로서 계정과목 분류를 부당하게 함으로써 금액분식보다 더욱 손쉽게 분식의 효과를 높이는 경우가 많다. 예를 들면, 자산은 유동성이 높게, 부채는 고정성이 높게, 이익은 가급적 영업이익으로, 비용은 제조원가에 포함하고, 자본은 이익잉여금으로 분류하는 방식이다. 투자자들이나 재무분석가들이 비율분석에 많은 관심을 갖고 있어 이 방법에 의한 분식이 많이 이루어지고 있다. 이 경우 당기의 손익에 영향을 미치지 않는다 해도, 차기 이후에는 손익에 영향을 미치게 되는 경우가 있다는 점을 유의해야 한다.

대부분의 회계부정은 위의 금액과 계정분류 분식 두 가지를 동시에 이용하여 이루어진다고 볼 수 있다. 회계부정을 유형별로 보면 다음과 같다.

첫째, 수익의 가공계상으로, 재무제표분식 방법 중에서 가장 많고 손쉬운 방법 중의 하나이다. 투자자들이나 신용공여자들이 중요시 여기는 단기지급능력과 수익성을 일거에 호전시킬 수 있는 방법이다.

둘째, 비용의 축소로, 매출원가의 과소계상, 자산평가손실의 과소계상, 감가상각비, 기타 비용의 과소계상 등이 포함된다. 비용의 축소는 비용을 누락시키거나 적게 계상하는 것으로, 수익의 가공계상보다는 그 방법이 다소 복잡하다.

셋째, 각종 충당금과 준비금의 조작으로, 이것은 기업회계기준이나 세법에서 인정한 충당금이나 준비금을 분식하는 것이다. 부채로 계상해야 할 수출손실준비금 등을 이익잉여금으로 계상하는 것 등이 있으며, 충당금이나 준비금을 이용한 재무제표분식은 관계법령이나 기업의 사정을 잘 모르면 확인 및 발견하기 어렵다는 특징을 갖고 있다.

넷째, 계속성의 변경으로, 정당한 이유 없이 회계처리의 원칙 또는 방법을 변경하여 좋게 보이려는 것도 분식회계방법 중의 하나이다.

다섯째, 해외지사를 포함하여 많은 관계회사를 거느리고 있는 내기업은 재무제표의 분식을 위해 해외지사를 포함한 관계회사를 이용할 수 있다. 예를 들어, 모회사가 자회사에 재고자산이나 비유동자산을 매각하여 손익을 조작하는 것은 잘 쓰이는 수단이다. 관계회사간에는 영향력을 행사할 수 있는 관계에 있을 수 있으므로 관계회사간의 거래는 독립성이 결여된 투명하지 않은 거래가 이루어질 가능성이 매우 높다.

여섯째, 계정과목의 부당한 분류로, 손익에 영향을 미치지 않는 경우가 많아 기업들이 부담 없이 동원하는 방법이다. 이 분류법은 재무비율, 재무상태, 수익성 등이 좋은 상태를 유지할 수 있도록 임의로 계정과목을 분류하는 방법이다.

회계부정을 어떻게 발견할까?

재무제표분식을 한눈에 발견하는 기법은 없으나, 현재까지 가장 많이 사용되고 있는 기법으로는 최근 수년 동안의 각 계정과목 금액을 추세표로 만들어 비교하는 기법과 각종 재무비율을 전년도 또는 동 업계의 비율과 비교하는 기법, 계정과목별 분식 발견기법, 현금흐름표 및 기타 발견기법 등으로 나눌 수 있다. 이러한 분석을 통해 이상증감 항목이나 비율이 발생한 원인을 확인하고 납득할 만한 이유가 없을 때에는 분식의 가능성이 있다고 판단한다.

구체적으로, **계정과목 추세분석기법**으로는 추세재무제표 작성기법과 중요 계정과목 추세분석기법이 있다. 추세재무제표 작성기법은 한 기업의 일정기간의 추세를 연구하는 시계열분석이다. 이 기법은 각 계정과목의 추세를 보고, 전체적인 계정과목의 증감 상황을 파악하면서 비정상적인 변화가 있는 계정과목을 발견하는 방법이다. 중요 계정과목 추세분석기법은 각 계정과목 중 몇 개의 중요 과목만을 검토(백분율 구성, 동 업계 평균비율, 경쟁사와 선두회사 비교)하여 이상 유무를 확인하는 기법으로 많은 경험을 필요로 한다.

재무비율 분석기법은 일정시점에서 여러 기업의 재무제표 자료를 비교분석하는 것으로, 횡단면분석이라 한다. 재무분석이나 경영분석에서도 가장 많이 활용하고 있는 이 기법은 각종 재무비율을 전기 또는 동 업계

"We're in good shape. Nobody understands our financial statement."

의 비율과 비교하여 재무제표의 분식을 발견하는 기법이다. 이 기법을 활용하기 위해서는 우선 각 계정과목의 특성은 물론 계정과목 상호간의 연관성에 대한 지식이 있어야 한다. 많은 계정과목 중에서 상호 분식과 연관이 많은 과목들로 지급이자와 차입금, 구속성예금과 차입금, 선급비용과 차입금, 유형자산과 감가상각비, 매출액과 매입액, 매출액과 매출채권, 매출액과 판매수수료, 생산실적과 전력료, 인건비와 퇴직급여충당부채, 당기순이익과 법인세 등의 계정과목간에 매년 일정한 관계에 있었으나 특별한 원인이 없이 크게 변화하였다면 그 원인을 확인해야 한다. 또한 각종 자산 또는 부채의 매출액과의 관계비율을 말하는 회전율은 각종 자산 등이 얼마나 효율적으로 활용되었는가 하는 기여도를 측정하는 비율이다. 만약 이러한 회전율이 지나치게 변동이 심하거나 산업평균과 현저하게 다르게 나타난다면 분식의 가능성을 검토할 수 있다.

현금흐름표는 영업활동, 투자활동 및 재무활동이 자금에 미친 영향을 그 원인별로 나타내 주므로 일정기간 동안 기업에 나타난 재무적 사건 및 투자에 관한 정보를 제공한다. 따라서 현금흐름표는 다른 재무제표와 연계할 때 이상징후를 발견하는 데 유용하다. 현금흐름표를 포괄손익계산서와 연계해 보면 분식회계를 하여 이익을 냈다 하여도 영업활동으로 창출한 현금을 파악할 수 있다. 회계이익이 많이 났음에도 영업활동으로 인한 현금흐름이 마이너스(－)라면 당기순이익과 영업활동으로 인한 현금흐름에 차이가 생긴 원인을 분석해 보아야 한다. 그 차이의 원인인 대규모의 자금차입 결과가 외상매출이나 재고자산의 증가로 인한 것이라면 재무제표가 조작되었을 가능성이 높다. 이는 수익성 없는 매출활동을 외부 차입금까지 조달하여 계속하기는 어렵기 때문이다.

수익성 제고를 위해서 자금을 조달하였다면 기계장치 등의 생산설비와 적정수준의 운전자산 획득에 운용했을 것이므로, 기계장치 등의 증가와 운전자산의 증가추이를 분석해 보아야 한다. 자본증자, 자금차입으로 조달한 자금으로 대주주에 대한 가지급금, 임원 및 종업원 단기대여금, 관계회사 대여금 등으로 현금유출이 이루어졌다면 대규모의 적자를 은폐하기 위한 재무제표분식일 가능성이 매우 높다. 왜냐하면 높은 금융기관의 문턱을 넘어 조달한 자금으로 주주, 종업원에게 대여하거나 관계회사에 투자한다는 것은 상식적으로도 납득하기 어렵기 때문이다.

회계부정은 범죄행위(CRIME)

회계부정은 Rezaee(2002)에 의하면 **요리사**(Cooks), **조리법**(Recipes), **경제적 유인**(Incentives), **통제장치**(Monitoring) 그리고 **결과**(End results) 등 다섯 가지 요소로 되어 있으며, 통상적으로 각각의 요소의 영어 첫 번째 철자를 모아서 CRIME이라고 불린다.

CRIME의 첫 번째 철자 C와 관련하여 회계부정을 저지르는 요리사는

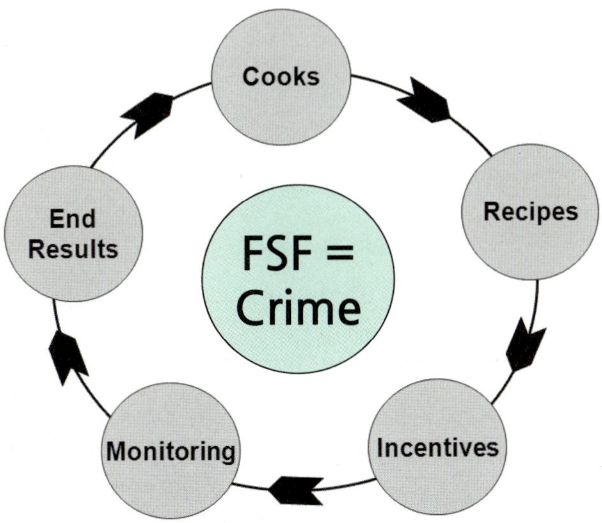

FSF = Financial Statement Fraud

최고경영자(CEO)나 또는 재무담당임원(CFO)인 경우가 대부분이라는 것이다. 두 번째 철자 R에 대해서 회계부정을 저지르는 방법은 상황에 따라 다르지만 관계회사와의 부적절한 거래나 비합법적인 판매거래, 본협약 이외의 이면계약, 부적절한 수익인식 등을 들 수 있다. 세 번째 철자 I와 관련하여 회계부정을 저지르려는 유인은 시장의 기대치를 맞춰야 하는 부담감, 일정수준의 성장률을 유지해야 하는 압박감, 감사인의 경우 고객기업을 잃지 않으려는 동기 등이 포함된다. 또한 경영자의 보상이 회사의 성과와 연계되어 있어 이를 달성하려는 유인이 큰 것도 또 다른 요소로 작용하고 있다. 네 번째 철자 M은 통제장치를 의미하는데, 건전한 지배구조와 효과적인 내부통제장치는 회계부정을 방지하거나 적발하는 데 있어서 가장 중요하다는 것이다. 마지막으로 다섯 번째 철자 E는 회계부정이 발견되든 안 되든 관계없이 가져다주는 결과를 의미한다. 회계부정을 저지른 대부분의 기업의 경우 주가가 폭락하였고, 파산절차를 밟았거나, 엄청난 금액의 벌금을 물었으며, 고객을 한 번에 잃게 되기도 하였고, 대부분의 경영자들은 징역형을 면하지 못하게 되었다.

사람의 특성을 보고 그 사람이 믿을 만한 사람인지 채용해도 되는 사람인지, 결혼해도 되는 사람인지 알고 싶은 경우가 많다. 예를 들어, 학창시절의 학점을 보면 성실성을 알 수 있고, 구체적으로 수학이나 체육 과목의 성적을 보면 그 사람의 수리적인 능력이나 활동적인 성향을 파악해낼 수 있는 것이다. 이와 유사하게 어떤 기업들이 이익조작을 하고 분식결산을 하는가 여부를 사전에 알 수 있는 방법은 없는가가 관심거리이다. 위에서 언급한 회계부정의 요소 CRIME을 이해하면서 회계부정을 저지르는 기업들의 공통적인 특징을 찾아보는 것은 향후의 회계부정기업을 사전에 파악하는 데 도움이 될 것이다.

전반적으로 지난 절에서 언급한 바와 같이 재무비율의 시계열, 횡단면 분석을 통해 이상징후가 발견된다면 회계부정 가능성이 높은 기업이라 할 수 있다. 특히 받을 돈이 갑자기 증가한다든지, 마진이 감소하거나 부채비율이 지나치게 높으면 이익조작의 조짐이 보인다고 생각할 수 있다. 또한 매출액 성장률은 감소하는데 발생액이 증가하면 이익조작의 가능성이 높아지는 것으로 보이며, 전기손익수정손익이 크면 이익조작하는 기업으로 분류될 수 있다.

기업의 지배구조가 좋으면 이익조작이 감소하는 것으로 나타나 바람직한 지배구조의 건전성을 확인할 필요가 있다. 최고경영자가 이사회에서의 의사결정의 영향력이 클수록, 감사위원회가 없거나 있어도 제대로 운영이 되지 않을 경우에 이익조작이 빈번하게 일어난다. 사외이사의 비중이 높고, 또 사외이사 중에서 기업과 특수한 관계가 없는 독립적인 구성원이 많을수록, 그리고 독립적인 감사위원회가 있는 경우에 분식회계 가능성이 낮아진다. 그러면 경영자의 독단적인 회계선택을 방지하여 투명하고 객관적인 회계보고를 할 수 있기 때문이다.

대부분의 경우(72%) 최고경영자가 분식회계에 관여하며, 감사위원회가 제 구실을 못하고, 이사회 구성원 중에서 사외이사가 차지하는 비중이 낮은 것으로 나타났다. 또한 창업자나 소유자가 이사회의 구성원일 때 이러한 문제가 발생했다. 따라서 지배구조가 분식회계와 밀접한 관련이 있음을 알 수 있다.

기관투자자의 지분율이 높을수록 기업에 대한 기관의 감시와 감독이 강화되므로 경영자가 이익조작을 시도할 가능성이 줄어들고, 소액주주지분율이 많을수록 기업에 대한 사회적 관심이 높아지므로 경영자가 이익조작을 시도할 가능성이 감소할 수 있을 것이다.

우리나라는 기업집단이 사회에서 차지하는 비중이 큰데, 재벌에 속하는 기업들은 기업집단 속에서 상호출자와 지급보증, 내부거래를 빈번히 행하고 있다. 이러한 기업구조 속에서는 특수관계가 있는 기업들 사이에 내부거래를 통하여 이익을 조작할 수 있는 여지가 많으며, 심한 경우 거액의 분식회계를 행할 가능성도 있다. 특수관계자와의 채권이 총자산에서 차지하는 비중이 큰 기업일수록 회계부정의 가능성이 큰 것으로 볼 수 있다.

회계부정 방지 방안 – 적절한 규제와 윤리의식 고취

회계부정을 억제하기 위해 강력한 규제, 민・형사 처벌 등 경제적 유인에 대한 제재방안을 강구해 왔다. 예를 들면, 대리인비용을 완화하기 위해 도입한 이익과 연계된 경영자 보상제도가 오히려 회계부정을 조장하기도 하였다. 이에 따라 과다하게 보니스를 지급하는 것을 제새하고자 **다시 뱉어내는 보너스 정책**(Clawback policy)을 도입하였다. 지난 2008년 전 세계적으로 금융위기가 왔을 때 뉴욕 금융기관들의 실적에 대한 보너스는 우리나라 돈으로 약 18조원을 훌쩍 뛰어넘어 예전 경기가 호황이었던 수준으로 지급하였다. 이에 따라 공적자금을 수혈한 미국 은행들의 임원들에 대한 보너스가 이슈가 되었고, 오바마 대통령까지 나서서 무책임의 절정이라고 표현할 정도로 이들의 행태를 비난하였다. Clawback policy는 만약 향후 몇 년 내에 직원이 회사를 떠나거나 회사에 해를 끼치는 행위를 한 것이 발견되면, 그 직원은 보너스의 일부분을 되돌려주기 위해서 따로 보관하기로 한 규정으로, 보너스 때문에 회계부정을 자행하려는 유인을 다소 억제하는 효과적인 방안으로 인식되고 있다.

그러나 회계부정을 방지하기 위한 정부의 대책과 제도적 장치만으로는 근절할 수 없으며, 결국에는 경영자의 **사회적 책임**과 **윤리의식**이 근간을 이루어야 한다. 헤지펀드를 만들어 막대한 부를 쌓은 조지 소로스는 엔론, 월드컴 등 대형기업들의 회계부정 파문은 도덕적 원칙보다는 성공만을 중시하는 미국 문화에도 책임이 있다고 비판하였다. 미국에서는 재정적 성공이라는 하나의 원칙에만 집착하게 되면서 도덕적 원칙을 잃게 되었다고 지적했다. 소로스는 이러한 성공제일주의 문화가 바뀌지 않는 한 기업의 부정사건은 계속될 것이라며 미국식 자본주의의 치부를 경고하였다.

이러한 소로스의 진단은 회계부정이 공정하고 정확한 업무를 강조하기보다는 규제 위주의 시스템을 피해 나가기만 하면 된다는 인식에서 비롯된다는 시각이다. 유동성위기와 금융위기를 겪으면서 우리나라 기업의 투명성이 많이 개선되었다고는 하지만 아직도 미흡한 점이 많은 것은 사실이다. 무엇보다도 소유경영자와 기업의 전문경영인이 합리적인 사고와 높은 윤리의식으로 사업을 운영하는지 되돌아보아야 할 것이다. 도덕성을 무시한 성공제일의 사고에서 벗어나 직업윤리를 중시하는 풍토가 정착되어야 한다.

경영자의 윤리의식만큼 중요한 것이 바로 회계사의 **전문가로서의 윤리의식**(professional ethics)이다. 기업윤리나 산업윤리가 이익 극대화라는 명제 앞에 세계 최대 회계법인 중 하나인 아더 앤더슨이 회계부정에 공조하였다는 사실은 가히 충격적이었다. 전문직, 더구나 무엇보다도 숫자로 진실을 말하는 회계 전문법인이 엔론과 공모했다는 사실은 전문가의 직업윤리의식을 저버리고 그 사회와 공공에 대한 책임을 파괴하는 행위이다. 전문직은 오랜 기간의 교육과정을 거친 지적기술을 가진 자들이 광범위한 자율권을 가지고 판단, 행동하여 중상류층의 사회적 지위를 갖고 있는 동시에 고도의 기술과 지식을 사회에 유용하게 써야 할 책임과 의무가 있는 계층이라 하겠다.

이에 더해 최근에 회계부정 방지와 관련하여 강조되고 있는 것은 내부통제제도(internal control system)이다. 회계정보도 하나의 제품이라는 관점에서 보면 회계부정은 고의적인 불량품 생산이다. 이를 방지하기 위해서는 검수체계를 엄격하게 하는 방법도 있겠지만, 불량이 발생하지 않도록 생산과정을 구조적으로 개선하는 것이 근본적인 해결책일 것이다.

미국에서는 엔론사태 이후 회계부정을 방지하기 위해 2003년 사베인스-옥슬리법(Sarbanes-Oxley Act)이 제정되었는데, 이 법의 큰 특징 중의 하나는 외부감사인이 재무제표에 대한 감사의견과 별도로 내부통제제도에 대한 취약점이 있는지에 대한 의견을 제시하도록 규정한 것이다. 내부통제제도란 법규의 준수, 재무보고의 신뢰성, 영업의 효율성 등 조직목표 달성을 위해 조직이 자체적으로 운영하는 절차를 의미하는데, 이의 적절한 운영이 회계부정 방지를 위해 중요하다고 본 것이다.

우리나라도 이러한 관점을 수용하여 2003년 '주식회사 등의 외부감사에 관한 법률'에 내부회계관리제도의 운영에 관한 법규와 규정을 마련하였다. 내부회계관리제도는 내부통제제도의 일부분으로 재무제표의 오류와 부정 및 비리를 막기 위해 재무보고와 관련된 기업의 업무를 관리통제하는 회계통제시스템을 의미한다. 처음에는 외부감사인이 이에 대한 검토보고서만 제출하도록 했던 것이, 2018년 신 외감법 도입에 따라 감사보고서 제출로 관리가 강화되고 그 대상 기업도 전체 상장사로 확대되었다.

핵심 포인트

회계부정은 경영자라는 요리사가 경제적 이득을 취하기 위한 유인을 갖고 분식회계라는 조리법을 자행하는 행위이다. 이러한 회계부정은 통제장치가 제대로 작동되지 않을 때 일어날 가능성이 크며 경영자가 민형사상 책임을 지게 된다. 회계부정의 방법과 발견기법은 어느 정도 정형화되어 있으나 적절한 규제와 회계사의 전문가로서의 윤리의식이 중요하게 작용한다.

제21장

이익을 조정해?

차를 부드럽게 운전하고 가면 편안할 뿐만 아니라
운전사의 전문성에 대해 승객이 확신을 갖게 한다.
A smooth car ride is not only comfortable,
but it also reassures the passengers about the driver's expertise.
–Yale school of management professor, Sham Sunder

이익조정

대학에서 교수들의 재임용, 승진, 호봉승급의 업적평가시 가장 중요한 부분을 차지하는 기준은 바로 논문을 몇 편이나 저명한 학술지에 게재했는지이다. 예를 들어, 매년 한 편의 논문을 써야 한다고 할 때 조교수에서 부교수로 승진하기 위해서는 5년 동안 다섯 편의 논문을 게재해야 한다. 그런데 어떤 교수는 논문 다섯 편을 채우고 나면 진행하고 있는 논문을 천천히 진행시키거나 학술지에 바로 게재하지 않고 미루기도 한다. 그 이유는 부교수에서 교수로 승진할 때 필요한 논문은 부교수로 승진하고 나서 게재되어야 인정되기 때문에 진행되는 논문을 추후에 사용하기 위해서이다. 이와 같은 현상은 회사에서 기업의 성과나 개개인의 성과에 있어서도 흔히 나타난다.

이익은 사업의 최종 성과로 모든 정보이용자가 가장 궁금해하는 중요한 정보이지만 동시에 가장 측정하기 어려운 정보이다. 회계에서 이익은 수익에서 비용을 차감하여 계산된다. 사업을 시작할 때부터 폐업할 때까지 전체 기간에 대한 수익과 비용을 집계하여 이익을 계산하는 것은 쉬운 산수이다. 하지만 이를 기간별로 나누어 해당기간에 이익을 얼마로 보고하는 것이 적정한지를 정하는 것은 논쟁을 유발할 수 있는 어려운 문제이다.

산업혁명 초창기에 철도사업이 등장하였다. 이 사업은 철로를 설치하고 기관차를 구입하여 승객과 화물을 운송하고 돈을 버는 구조를 가진다. 과거에 비해 획기적으로 빠르고 많은 양을 수송할 수 있는 새로운 도구의 등장이기에 투자자들로서는 수지가 맞는 사업으로 보였을 것이며 기회만 된다면 투자를 하고 싶었을 것이다. 그러나 초창기 철도사업 투자자들은 배당을 받을 수가 없었다. 이유는 철로 설치나 기관차 구입 등에 사용된 금액을 차감하면 이익이 나지 않았기 때문이다. 반면 나중에 투자한 사람들은 이미 투자된 시설에서 가만히 앉아서 돈을 거두어들이는 화수분과 같은 사업이었다.

이러한 상황에서는 아무도 사업 초창기에 투자하지 않을 것이다. 자본을 모아 사업을 확장해야 하는 사업 주체는 새로운 논리를 찾아야 했고, 투자된 자본을 수익이 창출되는 기간에 나누어 비용으로 인식하는 감가상각의 개념을 만들어 낸다. 이처럼 회계는 기간별로 수익과 비용이 합리적으로 측정될 수 있도록 조정하는 장치들을 만들어 왔다.

그러나 이러한 장치들은 구조적으로 가정이나 평가 등 정보작성자의 자의성이 개입될 개연성이 높다. 예를 들어, 기관차 및 철로 투자의 비용을 몇 년으로 나누어 인식할 것인가? 이를 10년으로 잡는 것과 20년으로 잡는 것은 기간별 비용의 인식에 있어서 두 배의 차이를 만들 것이다. 회계는 기간별로 경제적 실질을 적절히 반영하기 위한 인위적 장치들을 만들며 발전해 왔지만, 이로 인해 보고이익이 인위적으로 가감될 여지가 생기는 구조적 모순도 존재한다.

이익조정(earnings management)은 개인적인 이득을 얻기 위해 재무보고 과정에 의도적으로 개입하는 행위이다. 이익조정은 회사의 경영활동과 재무상태에 대해 보다 긍정적인 그림을 그릴 수 있도록 재무제표를 만들면서 회계상의 기법을 사용한다. 이익조정은 GAAP 범위 내에서 재무나 생산에 관한 의사결정을 조정하거나 회계추정이나 회계처리방법의 선택을 통하여 보고이익을 조정하는 것을 가리킨다. 반면에 회계부정 또는 분식회계의 일종인 **이익조작**(earnings manipulation)은 GAAP를 위반하여 이익조정을 하는 것을 가리킨다. 실무적으로는 회계기준에서 용인이 되는지가 애매모호하여 이익조정과 이익조작을 구분하기가 어려운 경우가 종종 발생한다. 그러나 명백한 범죄행위인 회계부정과는 달리 이익조정은 실무적으로 수용되고 사용되는 개념이다.

한편 이익조정과 유사하면서도 다른 개념이 바로 이익유연화이다. 이익을 늘릴 수도 있고 줄일 수도 있다는 점에서 비슷하지만, 이익조정으로 이익의 변동폭이 늘어날 수도 있는 반면, 이익유연화는 이익의 변동폭을 줄이기 위해 노력을 기울인다. 이익을 유연화하려는 이유는 세금 때문이다. 세무당국은 과세표준을 수입금액으로 나눈 과세표준율을 과세기준으로 삼는다. 만약 과세표준율이 매년 현저하게 달라지면 세무당국이 조사를 강화하게 되므로 경영자는 가급적이면 전년도와 유사한 과세표준율을 유지하려고 한다. 또한 경영자는 이익이 너무 낮으면 경영상의 책임을 추궁당할 수 있고, 이익이 너무 높으면 시장의 기대치가 높아져 추후에 부담이 되므로 이익을 일정수준에서 유지하기를 원하기도 한다. 그 밖에도 불확실성이 낮아져 기업의 미래현금흐름에 낮은 할인율을 적용하여 기업가치 산정에 긍정적인 영향을 미칠 수 있다. 더욱이 이익유연화로 기업의 파산가능성을 낮게 평가하여 자본조달비용을 낮추며, 고

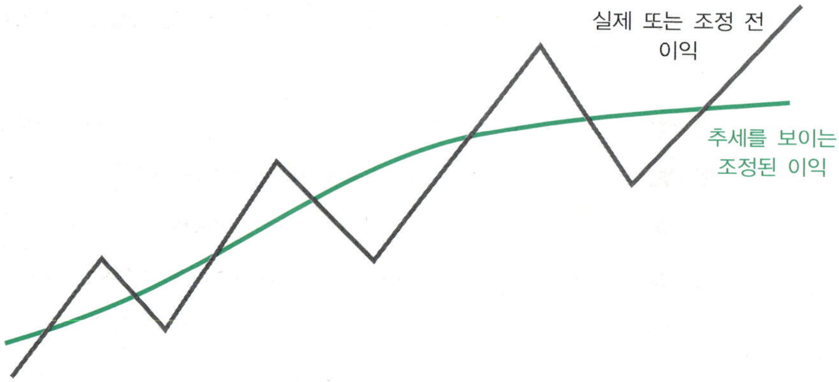

객, 종업원, 원재료 공급자 등의 이해관계자들과 유리한 계약을 체결할 수 있다.

이익조정을 행하기 위한 방법은 **실제로의 결정**(real decision)을 변경해서 이익을 조정하는 방법과 **회계상의 결정**(accounting decision)을 변경해서 이익을 조정하는 방법 두 가지가 있다. 첫 번째는 회사가 실제 자원의 흐름을 변경하여 이익을 조정하는 방법이다. 구체적으로, 기업들은 재무보고상의 손실을 회피한다거나 시장의 이익기대치에 부응하기 위해 경영상의 정책을 바꾸기도 한다. 예를 들어, 경영자는 일시적으로 매출을 증대하기 위해 가격할인을 단행한다거나 이익이 안 좋으면 연구개발비를 줄이거나 광고선전비를 조정하여 순이익을 늘릴 수도 있고, 연말에 매출시기를 조정하거나 유가증권을 처분하는 등의 방법으로 순이익을 조정할 수 있다. 또는 경영자는 원가흐름을 선입선출법으로 적용할 경우 매출원가를 낮추기 위해 과다하게 제품을 생산·구매하기도 하고, 토지, 건물 등의 비유동자산과 주식, 사채 등의 투자자산 처분 시기를 조정하여 이익을 조정하기도 한다.

두 번째는 실질적인 자원의 흐름과는 관계없이 회계처리방법을 변경하여 회계상으로 이익을 조정하는 방법이다. 예를 들어, 경영자는 재고자산의 단가산정방법이나 감가상각방법의 선택과 변경을 통하여 순이익에 영향을 줄 수도 있고, 부실채권의 대손상각비 추정이나 유형자산의 잔존가액이나 내용연수 추정을 통해서도 순이익을 조정할 수 있다. 회계처리 변경을 통한 이익조정은 상대적으로 눈에 띌 뿐만 아니라 빈번하게 활용하기에는 많은 제약이 따를 수밖에 없다. 반면에 수익과 비용의 인식시기 등 발생액을 통한 이익조정은 상대적으로 수월할 뿐만 아니라 반복적으로 활용할 수 있다는 이점이 있다.

회사는 이익이 지나치게 오르락내리락 변동하는 것을 막기 위해 수익이 떨어질 때를 대비한 '**쿠키 자**' 계정(cookie jar reserve)을 관리하기도 한다. 예를 들어, 이익이 너무 많이 날 것 같으면 미래의 채무를 고의로 과대계상해서 비용을 늘려 이익을 줄였다가 그 이후에 이익이 덜 날 것으로 예상되면 이전에 많이 쌓아두었던 채무를 조금만 계상해 비용을 덜 인식함으로써 이익을 늘릴 수 있다. 이러한 쿠키 자는 경영자에게 목표이익을 달성할 수 있는 여지를 주며, 이러한 행위가 과다해지면 정보이용자를 오도할 소지가 있다. 쿠키 자 계정으로는 매출환입, 대손, 보증비용을 주로 활용한다.

이익조정이 얼마나 만연하게 이루어지나?

이러한 이익조정이 얼마나 광범위하게 행해지고 있는가? 미국의 Burgstahler와 Dichev 교수는 미국 상장기업의 80% 정도가 이익을 조정한다고 주장하였다. 순이익 감소기업의 8~12%가 이익조정으로 순이익이 증가하는 것으로 보고하는데, 근소하게 순이익이 하락한 경우에는 이익을 조정하여 근소하게라도 순이익이 상승하도록 조정한다. 또한 근소하게 순손실이 발생하는 기업의 30~44%가 이익조정으로 순이익을 보고하는데, 근소하게 순손실이 발생하는 경우에는 손익을 조정하여 근소하게라도 순이익이 발생하도록 조정하는 것을 알 수 있다. S&P 500 기업의 영업이익도 최소한 10%는 과대계상된 것으로 보고되었다. 전반적으로 많은 기업들이 일관되게 이익이 증가하는 추세를 유지하기 위해서 또는 적자회피를 위해서 이익조정을 행하는 것으로 나타났다.

General Electric(GE)은 2000년에 계속영업이익이 100분기 동안 연속으로 증가한 대기록을 세웠다. 이 기록은 1996년에 Wal-Mart가 세운 99분기 연속 이익증가를 갈아치웠다. Value Line 투자설문조사에 따르면 GE의 이익이 예측하기가 가장 좋은 것으로 평가되었다. 어떻게 이렇게 이익예측가능성이 높은지에 대해서는 우선 GE가 하는 8개 제조분야 사업과 24개 금융분야 사업의 근본적인 성장을 들 수 있다. 그러나 또 다른 각도에서 보면 이익이 들쑥날쑥하지 못하도록 이익과 손실을 잘 조화롭게 편성하여 이익을 조정하는 것으로 설명하고 있다. 이와 같이 오랫동안 이익이 지속적으로 증가하는 추세가 우연히 일어날 가능성은 극히 희박하다. 실제로 일부 재무분석가들은 GE를 아주 공격적으로 이익조정에 나서고 있는 대표적인 기업으로 보았다. GE의 경영진은 사업별로 지속적인 성장도 중요하지만 회계상의 이익조정을 통한 이익의 예측가능성이 GE의 주가를 받쳐주는 원동력이라고 믿고 있다.

이익조정을 하는 경제적 유인

이익조정의 경제적 동기에 대해서는 아직 포괄적인 이론이 개발되어 있지 않다. 그러나 다음 여러 가지 상황하에서 기업의 이익조정을 어느 정도 설명하고 예측하고자 하고 있다.

(1) 계약비용에 따른 유인

제18장에서 논의된 바와 같이 경영자는 자신의 보상을 최대화하기 위해 이익을 조정하기도 한다. 또는 제19장에서 살펴본 바와 같이 회계수치에 근거를 둔 부채계약 위반시 부채를 조기에 상환해야 되거나 차입이자율이 높아지게 되고 추가로 담보를 설정하도록 할 수 있기 때문에 이를 피하기 위해 이익을 상향조정하기도 한다. 경우에 따라서는 기업은 높은 **정치적 비용**(political cost)을 지불할 가능성이 클 경우 현재의 이익을 줄이려 하기도 한다. 오일쇼크 기간 동안 정유사들이 높은 순이익을 내면 많은 사람들이 정유사가 기름가격을 너무 높게 책정했다고 비난받을 소지가 있기 때문에 가급적 이익을 낮춰 정치적으로 눈에 띄는 것(political visibility)을 하지 않으려고 한다. 정권이 바뀔 때마다 서민정책의 일환으로 도마에 오르는 게 통신요금 인하이다. 따라서 이동통신회사의 입장에서는 지나치게 이익이 나는 것은 소비자로부터 과다하게 요금을 책정한 것으로 간주되어 통신요금 인하에 시달릴 수 있기 때문에 가급적 일정수준의 이익을 유지하려는 경향이 있다. 이와 같이 규제산업이나 소비자 생활에 긴밀하게 영향을 미치는 산업의 경우 많은 사람들의 관심의 대상이 되기 때문에 높은 정치적 비용을 부담할 가능성이 높아 이익을 하향조정하는 경향이 있다.

(2) 정부규제에 따른 유인

기업은 정부의 규제정책에 따라서 이익을 조정할 동기를 가질 수 있다. 정부가 독점산업이나 과점산업의 높은 초과이익에 대하여 추가로 과세하기 위해 조사한다면 기업들은 세금을 줄이기 위하여 이익을 하향조정하는 회계선택을 할 것이다. 정부가 반독점규정 위반을 심사할 때에도 회계이익이 지나치게 높을 경우 독점력이 있다고 판단하기 때문에, 독점관련 규정 위반에 관한 조사를 받은 기업들은 독점판정을 피하기 위하여 이익을 줄이기도 한다. 또한 케이블 TV 산업에 속한 기업들이 케이블 요금을 지나치게 높게 책정하여 높은 이익을 얻고 있다고 사회적 불만이 고조될 때 정부나 국회의 조사에 대비하여 경영자가 이익을 줄이기도 한다.

반대로 정부규제나 관련 규정으로 이익을 증가시키려 하기도 한다. 정부에 물자를 조달하기로 한 기업이 원가가산(cost-plus) 금액으로 조달물품의 대가를 지급받는다면 기업은 원가를 증가시키는 회계조정을 실시할 것이다. 은행들은 회계수치로 정해진 최소 자본요구액을 만족시켜야 하고 보험회사들은 최소한의 재무건전성을 유지해야 하는 규정이 있다. 이런 경우에 경영상태나 재무구조가 취약하여 최소 자본유지액을 겨우 유지하는 은행들은 대손충당금의 상각을 과소계상하고, 유가증권처분을 통하여 이익을 추가로 실현시켜 이익을 부풀리기도 한다.

이익조정이 이루어질 수 있는 아주 구체적인 상황을 살펴본 연구가 활발하게 이루어졌다. 시카고 대학의 Jones 교수는 외국기업들이 미국시장에 진출하면서 원가 이하로 가격을 책정(dumping)함으로써 미국기업들이 피해를 입게 됨에 따라 국제무역위원회(International Trade Commission : ITC)에 제소를 하는 경우를 살펴보았다. 미국 국내기업들은 외국기업들의 덤핑 공세로 인해 피해를 입었다는 점을 ITC에 입증해야 하기 때문에 외국기업의 공세로 시장질서가 교란되고 시장점유율이 하락하여 이익이 급감하였음을 보여주어야 한다. 따라서 ITC가 수입제한 조치를 위한 조사를 하는 동안 기업들은 이익을 하향조정해서라도 피해를 입었다는 점을 명확하게 보여줌으로써 정부가 관세 인상이나 수입물량감소 등의 수입제한 조치를 취하도록 유도하는 것이다. Jones는 이익조정의 대용치로 **재량적 발생액**(discretionary accruals)을 개발해냈는데, 오늘날에도 널리 쓰이는 이 이익조정 측정치는 크면 클수록 경영자가 이익조정을 많이 행사하는 것으로 간주하고 있다.[1)]

(3) 자본시장과 관련된 동기

회계정보는 기업의 주가와 자본비용에 영향을 줄 수 있기 때문에 경영자는 이익을 조정하여 자신의 부를 극대화하거나 주주의 부에 영향을 줄 수 있다. 구체적으로, 회사는 공시된 이익이 재무분석가의 이익예측치를 **충족시키거나 그 이상을 달성하기**(meet or beat) 위해 이익을 조정하기도 한다. 설문조사에 의하면 재무담당임원들은 재무분석가의 이익예측치를 달성하지 못했을 때 시장에서 주가가 떨어질 것을 우려하며 실제로 떨어진다고 믿고 있는 것으로 나타났다. 또한 재무분석가의 이익예측치를 달성했을 때에는 주가가 상승하여 시장에서 충분한 보상을 한다는 것이다. 이러한 현상은 시장에서의 정보비대칭이 존재하기 때문에 일어나는 것으로, 경영자는 재무분석가의 이익예측치를 달성하기 위해 노력을 기울이며 여의치 않은 경우에는 이익을 조정해서라도 달성하려고 하는 것이다. 또한 전술한 바와 같이 경영자는 자신의 보상을 더 많이 받고 평판을 좋게 하기 위해서 시장의 이익기대치를 달성하려 하기도 한다.

이익을 조정할 이유가 분명할 때 이익조정이 이루어지는지 여부를 보다 명확하게 알 수 있다. 경영자는 **경영자 매수**(management buyout)[2)]를

---

1) Jones는 총발생액 중에서 영업활동 수준과 경제적 여건 변화로 인한 발생액을 제외한 나머지가 경영자가 재량권을 행사하는 재량적 발생액으로 이익조정의 정도를 측정해낸다고 보았다.

하기 전에 주식을 좀 더 싸게 사기 위하여 이익을 낮추기도 한다. 또는 한 회사가 주식을 교부하여 다른 회사를 인수하고자 할 때 주가를 높일 목적으로 합병 직전에 이익을 상향조정하려 한다. 회사를 거래소에 상장시키는 경우에는 주식시장에서 기업의 가치가 아직 정해지지 않은 상태이다. 이때 신규로 상장하는 기업의 이익이 높으면 발행가액이 높게 책정될 수 있기 때문에 신규상장 전에 가급적이면 이익을 높게 조정하려는 경향이 있다.

(4) 부실기업의 이익조정

재무상태나 경영성과가 악화된 **부실기업**(financially distressed companies)의 경영자는 자신의 위치를 확고히 하고, 이사회 등의 간섭을 배제하며, 부채계약을 위반하지 않기 위하여 이익을 부풀리려 할 수 있다. 한 연구에 따르면 부실기업의 수익성은 부실이 일어나기 3년 전까지 계속 악화되다가 부실 2년 전부터는 오히려 향상되는 것으로 나타났다. 그러다 부실 1년 전에는 매출은 줄어드는데 이익은 늘어나는 등 재무제표 항목들 간의 논리적 연관성이 잘 설명되지 않는 것으로 관찰되었다. 이는 부실기업들이 부실 2년 전부터 이익을 심하게 조정하여 나아지는 것처럼 보이지만 부실발생연도에 가까워질수록 어떻게 이익을 조정해도 기업의 부실화를 지연시킬 수가 없기 때문인 것으로 보인다.

한편으로는 이들 부실기업들이 오히려 재고자산을 급격히 감소시키거나, 현금이 지출되지 않는 비용을 증가시킴으로써 순이익을 감소시키는 것으로 관찰되었다. 이러한 현상은 재고자산을 매각함으로써 현금을 확보하고자 하는 의도이고, 채권자 등의 이해관계자들에게 기업의 어려운 상황을 오도하지 않고 있는 그대로 보이기 위함으로 해석하였다. 기

---

2) 경영자 매수란 상장기업의 경영자가 자신이 일하는 기업의 주식을 모두 매입하여 기업을 사(私)기업으로 만드는 것(going private)을 말한다.

업의 채권자들이 부실로 인한 파이를 어떻게 처리할 것인지에 대해 직접적인 이해관계가 있기 때문에 주의 깊게 들여다보고 있어 이익조정이 쉽지 않은 이유도 있을 뿐만 아니라 경영자가 오히려 기업의 어려운 상황을 이해관계자들에게 인식시켜서 해결책을 모색하고자 하는 의도도 있기 때문이다.

좋게 보이려는 게 나쁜가?

경영자는 이익을 조정하려 하고 실제로 이익조정을 하고 있다. 그러면 이익조정은 좋은 것인가 나쁜 것인가? 이에 대한 대답은 간단하지 않다. 이익조정은 기업의 이해관계자들을 오도하여 그릇된 의사결정을 하게 할 수 있고, 회계정보의 신뢰성을 떨어뜨릴 수 있으므로 '나쁜 것'이라고 생각할 수 있다. 그러나 만약 GAAP를 벗어나지 않은 범위 내에서 이익조정을 통하여 기업이 불필요한 비용을 치르지 않도록 할 수 있다면 주주의 입장에서 오히려 '좋은 것'일 수 있다. 예를 들면, 이익을 조정해서 부채계약에 엄격하게 명시된 비율을 위반하지 않음으로써 원금상환이나 추가담보의 요구를 피할 수 있을 것이다. 또한 이익이 오르락내리락하지 않도록 함으로써 회사의 속사정을 정확하게 알기 어려운 외부투자자들에게 회사가 지나치게 위험하게 보이지 않도록 할 수도 있다.

이익조정에 대한 이해는 투자자나 채권자로 하여금 회계정보의 신뢰성을 판단하는 데에도 도움을 준다. 만약 신규상장이나 유상증자 시 경영자가 이익을 조정한다면 이를 감안하여 평가할 것이다. 또한 부실기업이 수년 전부터 이익조정이나 분식결산을 행한다면 이들 기업에 대한 투자나 대출 의사결정에 큰 도움이 될 것이다. 감사인은 이익조정의 중요한 수단을 잘 이해함으로써 해당 재무제표 항목에 충분한 주의를 기울여 감사범위를 결정하는 데 도움을 줄 수 있다. 정부의 정책에 따라서 기업이 이익조정을 할 수 있음을 감안하여 정부는 정책을 입안하고 실시할 때 기업에 어떠한 영향을 주고 어떻게 대응할지를 미리 고려할 수 있을 것이다.

이익조정은 양날의 검(double-edged sword)이라고 불린다. 언론에서 사회악이라고 보는 이익조정은 이익조작에 가까운 개념이다. 이익조정은 이익을 실제 증가시키는 것도 아니고 때로는 영업활동을 왜곡시키기도 하기 때문에 근시안적인 행위라는 단점으로 보기도 한다. 또한 회계자료를 일부러 왜곡시키기 때문에 재무제표의 정보 신뢰성, 공정성, 비교가능성을 줄여 투자자 등의 의사결정을 오도할 수 있는 소지가 있다. 더 나아가서 상호간의 신뢰와 진실된 기업문화를 형성하는 데 문제를 일으킬 수도 있다.

반면에 적당한 수준의 이익조정은 오히려 많은 긍정적인 면이 있다. 정보적인 측면에서 볼 때 이해관계자에게 회사의 재무상태와 경영성과를 보다 적절하게 보여줄 수 있는 방법이기도 하다. 예를 들어, 아주 흔하지 않은 일이 벌어졌을 때 그 사건이나 거래가 좋은 뉴스이든 나쁜 뉴스이든 지속성이 없는 관계로 그로 인한 이익을 제외하거나 조정하는 것이 기업의 미래를 전망하는 데에는 오히려 더 나을 수 있다. 이익조정은 과다한 이익의 변동성을 줄여 보다 지속적이고 장기적인 미래의 이익을 전망할 수 있게 한다는 점에서 어느 정도의 이익조정은 불가피하다고 볼 수 있다.

핵심 포인트

이익조정은 GAAP 범위 내에서 재무나 생산에 관한 의사결정을 조정하거나 회계추정이나 회계처리방법의 선택을 통하여 보고이익을 조정하는 것을 가리킨다. 이익조정은 계약비용을 최소화하기 위해서 또는 정부규제나 자본시장에 따른 경제적 유인으로 이루어지기도 한다. 이익조정은 적정한 수준으로 이루어진다면 일시적인 이익의 변동성을 줄이고 미래를 예측하는 데 이익정보가 오히려 유용하게 되는 긍정적인 면이 있다.

제 22 장

회계는 보수주의?

남에게 너그럽고 자신에게 엄격하라.[1)]

– 묵자

보수적으로 회계처리하라

중국 전국시대의 사상가인 묵자는 자신을 반성하고 돌아보며 스스로를 단속하고 너그러운 인간의 마음을 가지라는 가르침을 전파하였다. 오늘날에도 자신에게 엄격하고 남에게 관대한 태도는 인간관계 속에서 발생하는 불필요한 마찰과 분쟁을 줄여줄 수 있는 삶의 윤활제이다. 관대함은 상대방을 이해하는 마음에서부터 비롯되며, 객관적으로 남을 평가하는 과정을 통해 자신의 부족함을 정확하게 알 수 있게 해주기 때문이다. 그러나 한편으로는 왜 남에게 너그러운 것처럼 자신에게 너그러우라고

1) 묵자는 친사에서 君子自難而易彼 衆人自易而難彼라는 말을 남겼다. 이는 “보통 사람은 자신에게 너그럽고 남에게 엄격하다. 그러나 군자는 오히려 자신에게 엄격하고 남에게 너그러움을 베푼다”는 뜻이다.

그러지는 않는지 또는 거꾸로 자신에게 엄격한 것처럼 남에게도 엄격하게 하라고 하지는 않는지 하는 의문이 든다. 공평하고 객관적인 잣대가 더 바람직한 게 아닌가? 자신이든 남이든 동일하게 엄격하든 관대하든 해야 하는 것 아닌가?

이에 대한 답은 아무리 자신에게 엄격하려 해도 자기 자신에게 관대한 경향이 있기 때문이다. 자신이 볼 때에는 엄격한 것 같아도 남이 볼 때에는 여전히 관대할 수가 있다. 또한 남에게 아무리 관대하려 하여도 남이 볼 때에는 여전히 엄격한 것으로 비칠 수 있다. 자신의 잣대로 남에게 너그럽게 하고 자신에게 엄격한다고 해도 겨우 남에게 엄격하지 않은 수준 그리고 자신에게 너그럽지 않은 정도가 되기 때문이 아닐까. 그러기에 더욱더 자신에게 임격하고 남에게 관내하라는 경구에는 선인의 지혜가 스며 있다.

실제로 인간관계에서 보면 누가 누구에게 서운한 감정이 있다는 것은 상대방에 대해 서로 느끼는 온도차가 있어서일 것이다. 잘해준 것 같아도 상대방 입장에서는 기대수준에 못 미칠 수도 있고, 상대방이 해준 것에 대해서도 상황이나 사정을 들어보면 이해가 가는 것도 있을 것이다. 결국 서로 의사소통하고 입장을 알게 되면 다 이해가 되는 것이다. 따라서 그런 의사소통이 원활하게 이루어지도록 하는 게 최선이고, 그게 그렇게 쉽지 않다면 가급적 상대방을 이해해 보려는 것이 사실은 객관적이고 공평한 처사일 수 있다.

회계에도 '손실은 가급적 빨리 인식하고, 이득은 엄격하게 인식하라'는 비슷한 구절이 있다. 이는 현재 진행 중인 소송이나 불확실한 사건으로 인해 결과가 불분명하더라도 가급적이면 이로 인해서 발생할 것으로 예상되는 손실은 바로 인식하지만, 미래의 예상되는 이득은 확인하고 또 확인해서 확실할 때에야 비로소 인식을 하라는 뜻이다. 이를 회계에서는 **보수주의**(conservatism)라고 하는데, 여러 개의 선택가능한 회계처리 중에서 자산이나 수익이 과대평가되지 않고 부채나 비용이 과소평가되지 않도록 하는 회계처리를 선택하도록 하는 원칙을 일컫는다.

여러 가지 이유가 있겠지만 이와 같이 보수적으로 회계처리하는 가장 설득력 있는 설명은 회사 스스로가 재무제표를 작성하기 때문에 불확실한 경영환경하에서 아무래도 낙관적으로 생각하려는 경향이 있기 때문이다. 그래서 회사 입장에서 아무리 보수적으로 장부를 작성한다손 치더라도 외부이용자가 보기에는 그제야 객관적이라 할 수 있는 것이다. 또한 과세와 배당 등의 사외유출 등을 고려하여 기업재정의 충실과 건전을 꾀하기 위하여 비용, 수익의 계상을 신중히 하고자 하는 것이다. 그래서 보수주의는 손익계산에 관한 원칙의 하나로 안전성의 원칙이라고도 불린다.

보수주의 관점에서 이루어지는 회계처리의 예를 들어 보자. 미래에 일어날 가능성이 높고 금액을 추정할 수 있으면 우발손실을 인식하지만 우발이익은 인식하지 않는다. 연구개발에 많은 지출을 하게 되면 새로운 제품을 출시할 수 있게 되어 회사의 수익을 올릴 수 있다. 그러나 모든 연구개발이 다 성공하는 것은 아니기 때문에 연구개발비를 자산으로 인식하지 않고 바로 상각해서 비용으로 처리하는 것도 보수적인 회계처리이다. 또한 건물이나 기계, 공구 등을 실제로 사용할 수 있는 내용연수보다 짧은 기간 동안 감가상각 처리하는 것도 한 해에 비용이 더 많이 인식되므로 보수주의의 한 예라 할 수 있다. 고객으로부터 받을 돈(매출채권)도 과거 경험에 비추어 일부는 못 받을 것을 예상하고 못 받을 돈(대손충당금)을 충분히 적립하는 것도 보수적인 회계처리이다.

만약 회사가 환경폐기물로 인해 처리비용을 부담하게 되었거나 소송으로 패소할 가능성이 높아지고 그 금액을 추산할 수 있는 경우에는 그 즉시 해당비용을 인식해야 한다. 반면에 수익이나 이득이 발생할 때에는 실제로 일어나기 전까지는 인식하지 않는다. 인터내셔널 제지의 뉴욕 본

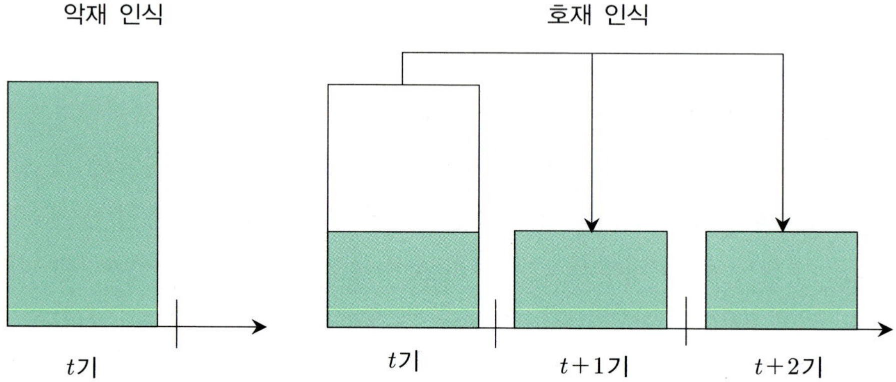

보수주의회계에서 악재는 당기에 바로 인식하는 반면 호재는 미래의 여러 회계기간에 걸쳐 인식된다.

사는 부동산 붐이 한창일 때 그 가치가 하늘 높이 솟아올랐다. 그러나 1600년대 미국 인디언들에게 장신구 몇 개를 쥐어주고 취득한 이 부동산에서 발생한 엄청난 이득을 보수주의회계하에서는 재평가를 하지 않는 한 인식하지 않는다.

이러한 보수주의적인 생각은 우리 일상생활에서 흔히 찾아볼 수 있다. 시험을 봤을 때 맞았는지 틀렸는지를 확인하면서 혹시 어떻게 답을 썼는지 기억이 나지 않으면 일단 틀린 것으로 간주하기도 한다. 그래야 나중에 기분 좋은 놀라움(pleasant surprise)이 있지 않을까. 회사에서도 신규 사업을 검토하는 과정에서 수많은 사안을 검토하지만 그 시점에서 불확실한 요소들이 많을 때 비관적으로 보아 회사의 존망을 결정할 정도로 심각한 것인지를 반드시 살펴볼 것이다. 그래야 이를 해결하기 위해서는 사전에 어떻게 대처를 해야 할지에 대한 방안도 모색할 수 있기 때문이다.

아무리 보수적으로 장부를 작성해야 한다고 하더라도 이익을 부풀리고 자산을 과대계상해서 투자자를 현혹하는 사례가 동서양을 막론하고 끊임없이 일어나고 있다. 이런 것을 보면 왜 보수주의 원칙이 500년 이상 전해 내려오고 실무에서 받아들여진 관습으로 건재해 왔는지를 알 수 있다. 어쩌면 자신에게는 보수주의로 보여도 남에게는 간신히 공정하게 비칠지도 모를 일이다.

정보비대칭과 불확실성하에서는 보수적인 회계처리가 답

회계상의 보수주의는 현재 진행 중인 사건의 결과에 대하여 불확실성이 있을 때 이에 관련된 순자산 및 순이익의 금액을 모든 불확실성과 이에 따른 위험을 충분히 고려하여 평가하는 것이라 할 수 있다. 또는 둘 이상의 선택가능한 회계처리방법이 있는 경우에는 보다 재무적 기초를 견고히 하는 방법으로 회계처리하는 것으로 규정하기도 한다. 결국 보수주의는 기업이 처한 상황의 불확실성과 위험을 적절히 고려할 수 있도록 불확실성에 대해 신중한 회계처리를 하는 원칙이라고 간주할 수 있다.

이해관계자간에 서로 공유되지 않는 정보가 있을 때에도 보수주의가 발생하는 경향이 있다. 회사 내부에서 돌아가는 사안들을 외부에 있는 투자자나 금융기관에서 자세히 알 수도 없는 일이다. 따라서 투자자가 회사의 주식을 매입할지를 고려할 때나 금융기관이 회사에 돈을 빌려줄지를 결정할 때 회사가 작성한 재무제표에 대해 약간의 의구심을 가지고 살펴볼 것이다. 만약 그러한 의구심이 해소되지 않으면 투자자는 혹시라도 숨어 있을지 모르는 부실을 반영하여 회사의 가치를 좀 더 낮게 책정해서 주식을 살지 말지를 결정할 것이다. 마찬가지로 금융기관도 혹시 있을지도 모르는 회사의 부실로 인해 원금은 고사하고 이자도 못 받을 수 있는 확률을 감안하여 이자를 높게 책정하거나 상환기간을 단기로 요구할 것이다.

결국 회사의 입장에서는 이러한 의구심을 불식시키는 것이 오히려 회사에 득이 되는 것이다. 따라서 회사는 투자자나 금융기관에 회사에 대한 정보를 더 많이 알려주려고 노력할 것이다. 특히 회사가 당장은 손해가 나더라도 장기적으로 회사에 도움이 되는 프로젝트를 추진할 경우 Investor Relation(IR)을 통해서 정보의 비대칭을 해소시키고자 노력한다. 이와 더불어 회사는 장부를 작성할 때 보수적으로 작성함으로써 부실로 인해 투자자와 금융기관이 손실을 입게 되는 가능성이 낮다는 것을 보여주고자 한다. 이와 같이 회사와 회사의 이해관계자 간의 정보비대칭이 크면 클수록 회사는 더욱더 공시를 많이 하고 보수적인 회계처리를 하려는 경향이 커지는 것이다.

세계적인 기업인 마이크로소프트는 부풀리기는커녕 오히려 줄이려고 노력해서 실적에 관한 한 보수적인 것으로 유명하다. 경영진은 투자자들에게 낙관적인 전망보다는 장래 실적에 대해 어둡고 조심스러운 전망을 내놓으면서 경고를 하곤 하였다. 최고경영자 빌 게이츠와 영업최고책임자 스티브 발머가 또다시 우울한 설명회를 마친 뒤 투자자들을 겁주는데 성공했다고 좋아했다는 일화는 실적 발표에 대한 경영진의 태도를 상징적으로 보여준다. 물론 경영진의 태도만 보수적이었던 건 아니라 두 가지 보수적인 회계원칙을 갖고 있었다. 첫째, 대부분의 소프트웨어회사들은 개발비를 언젠가 회사에 수익을 안겨줄 것이라 보고 자산으로 기록하는 데 반해 마이크로소프트는 소프트웨어 개발비를 발생하는 즉시 비용으로 처리하였다. 둘째, 소프트웨어 판매 후 얻는 수입의 일부를 매출로 기록하지 않고 업데이트나 패치 등 사후관리에 들어가는 비용과 대응시키기 위해 나중에 매출로 기록하였다. 마이크로소프트는 이익을 줄이려는 엄청난 노력에도 불구하고 매출액 성장률이 15% 이하로 떨어져 본 적이 없을 만큼 놀라운 성과를 이룩하였다. 소프트웨어산업이 지난 수십 년간 상당한 변동을 겪었고, 주식시장이 요동을 쳤어도 이 엄청난 성장기업은 보수주의회계를 견지할 수 있었다.

보수주의가 여러 가지 의미로 해석되고 있지만, 수익과 비용의 관점에서 보면, 회계처리에 불확실성이 존재할 때에 기간이익에 경제적 손실을 가능한 한 빨리 인식하고 경제적 이득은 수익이 실현될 때까지 인식을 지연하는 것으로 해석할 수 있다. 그래야 기업의 자산·수익이 과대평가되지 않고 부채·비용이 과소평가되지 않아서 재무적 기초를 견고히 하는 관점에 따른 회계처리를 할 수 있다. 또한 이러한 방법이 진행 중인 사건에 대한 불확실성과 위험을 감안하는 회계처리방법이 된다.

이런 관점에서 보수주의를 기업에 관한 bad news보다 good news를 재무제표에 인식할 때 보다 엄격한 검증가능성(verifiability)이 요구되는 현상으로 해석하였다. 따라서 보수적 회계처리에서는 기업의 경제적 손실이 순이익에 더욱 신속하고 적극적으로 반영된다. 예를 들어, 우발이득보다는 우발손실을 보다 쉽게 인식하고, 유형자산의 가치증가는 인식하지 않아도 감액손실은 인식하는 것이다. Basu는 보수주의 현상을 순이익과 주가수익률의 관계로 회계정보의 성격에 따라 살펴본 결과 회계처리가 보수주의에 입각하여 행해지고 있음을 검증하였다. 한편, Givoly와 Hayn은 보수적 회계처리의 추세에 대해 시계열적으로 연구한 결과 장기간에 걸쳐서는 현금흐름과 감가상각 전 당기순이익의 합계액이 같아져야 하는데, 장기간에 걸쳐서 누적된 현금흐름이 당기순이익보다 계속 많아져 보수적인 회계처리가 이루어진다고 보았다.

보수주의를 측정하여 수행한 연구는 다양한 시사점을 제시하고 있다. **판례법 채택 국가**(common law country)는 **성문법 채택 국가**(code law country)에 비해 이해관계자간에 발생한 정보의 불균형을 해소하는 방법으로 규정이나 제도 대신 공시된 재무제표에 더 의존하는 경향이 있어서 보다 보수적인 회계처리를 채택하는 경향이 있는 것으로 관찰되었다. 또한 우리나라의 경우 외환위기 이후에 이익의 적시성과 보수성이 모두 증가한 것으로 나타났다. 특히 이익의 적시성의 증가는 경제적 손실에 대한 보다 적시적인 인식에 기인하는 것으로 밝혀졌다. 이는 금융위기 이후 우리나라의 회계제도 개혁이 경제적 손실에 대한 인식에서 보수성이 증가되었다는 것을 보여주는 증거이며, 기업 재무제표의 투명성을 높이는 데에도 기여한 것으로 보인다.

왜 보수적으로 회계처리할까?

Watts 교수는 보수주의회계가 효율적 계약, 주주소송과 조세부담의 완화 동기 및 회계기준의 제정기구나 감독기구의 선호에 의해 선택될 수 있다고 하였다. 대부분의 학술연구는 보수주의가 지속되어 온 이유를 다음과 같은 세 가지 관점에서 설명하고 있다.

첫 번째, 회사가 보수주의회계를 고수하는 것이 오히려 득이 되기 때문이다. 각종 계약에 사용되는 회계측정치들에 대하여 경영자가 기회주의적 행동을 취할 것을 감안하여 이로 인해 발생하는 비용을 결국에는 회사가 부담하게 한다는 것이다. 예를 들면, 이자보상비율을 200%로 유지할 것을 채무이행조항에 명시할 때 경영자가 이익을 부풀리거나 조정해서 이를 맞출 것을 감안하여 210%나 220%로 올려 명시한다는 것이다. 과다하게 제약적인 조항은 회사의 입장에서 불필요하기 때문에 보수주의에 입각한 회계처리를 함으로써 그러한 의구심을 불식시키고자 하는 것이다.

두 번째, 이익과 자산을 과다하게 보고할 때 과소하게 보고하는 경우에 비해서 소송에 휘말릴 가능성이 커지고, 투자자가 소송을 걸 경우 패소할 가능성이 높아지기 때문에 가급적 보수적으로 장부를 작성하려 한다는 것이다. 우리나라의 경우 소액 다수 투자자들의 집단적 피해구제의 효율화를 도모하고 기업경영의 투명성 제고를 위해 증권시장에서 발생하는 기업의 분식회계・허위공시・시세조종・미공개정보 이용과 같은 각종 불법행위에 대한 증권관련 집단소송제도가 2005년에 전격 도입되었다. 이로 인하여 회사는 물론 이들을 감사하는 회계법인 역시 부실감사로 인해 집단소송에 노출되어 있다. 학술연구에 의하면 집단소송제도를 도입한 이후 소송위험이 증가함에 따라 보수주의가 크게 강화된 것으로 관찰되었다.

세 번째, 세금을 덜 내기 위해서 수익을 지연하여 인식하고 비용을 빨리 인식한다. 회사가 법인세 지급을 지연시키면 세금의 현재가치가 줄어드는 유인이 있다. 그 밖에 규제당국에서도 회사가 이익이나 자산을 부풀려 나중에라도 사고가 발생하면 감독소홀에 대한 비난을 받을 수 있기 때문에 회계기준을 제정할 때에도 가급적 보수적으로 처리하도록 유도하기도 한다. 코스닥등록을 위해 공모청약을 하는 기업의 경우 자금의 사용도, 주주구성, 재무상태 및 시장전망을 사업보고서에 공시하면서 향후 2년간 수익예측을 하도록 되어 있는데, 수익예측이 크게 어긋날 경우 증권사의 책임도 따르기 때문에 매우 보수적으로 예측을 하는 경향이 있다.

기업과 채권자 사이에 정보비대칭이 존재할 때 회사가 보수주의를 채택하는 유인은 배당과 연계시켜서 생각해 볼 수 있다. 보수적 회계처리는 순이익과 이익잉여금을 감소시키므로 주주에게 과도한 배당을 해야 하는 기업은 보수적 회계처리를 채택하여 배당가능이익을 감소시켜서 채권자의 위험을 경감시키는 경향이 있다. 따라서 채권자는 보수주의를 채택한 기업에 대해 이자를 낮추거나 자금을 장기로 빌려줄 용의가 있게 된다. 실제 연구결과에 의하면 보수적 회계처리가 장기적으로 기업의 자본비용감소로 이어지며, 장기적인 주가수익률도 높여주는 것으로 관찰되었다.

재무적 성과를 지나치게 강조하지 않게 되면 자산과 이익은 늘리고 손실은 줄이려는 기회주의적인 행동은 감소되고, 보수주의는 자연스럽게 강화될 것이다. 더욱이 회사가 소송위험에 노출되면서까지 굳이 이익이나 자산을 과다하게 보고할 유인이 줄어든다. 또한 법인세를 절감하고 정치적 비용이 존재할 때 이익을 불필요하게 극대화할 유인이 없게 된다.

오늘날의 회계는 투자자 등의 이해관계자가 보다 나은 의사결정을 내릴 수 있도록 미래지향적인 정보를 제공하는 데 주안점을 두고 있다. 이런 차원에서 IFRS에서도 불확실한 상황의 경우 자산과 수익이 과대평가되지 않고 부채와 비용이 과소평가되지 않도록 추정하는 신중함(prudence) 개념을 재무보고의 질적 특성에서 제외시켰다. 그러나 보수주의와 거의 동일한 개념인 신중함이 IFRS에 명시되지 않았다고 해서 보수주의 원칙을 회계처리에 적용하지 않는 것은 아니다. IFRS의 도입으로 자산과 부채의 공정가치 평가가 확대되었음에도 불구하고 보수주의는 여전히 고수되고 있다. 재고자산과 유・무형자산의 손상검사(impairment test), 저평가법, 우발채무 등에서 볼 수 있는 바와 같이 여전히 보수주의가 도처에 적용되고 있음을 알 수 있다. 또한 기업가치를 평가하는 데 있어 보수주의로 인해 이익만으로는 기업가치의 충분한 통계치(sufficient statistic)가 아니다. 그러나 회계정보는 가치평가 이외에도 신용분석과 계약체결 등 다양한 목적을 위해 만들어지는 것이기 때문에 이러한 비판적 시각이 커다란 문제라고 할 수 없다. 지난 수백 년간 보수주의 원칙이 살아남은 것처럼 앞으로도 살아남을지는 지켜보아야 할 것이다.

보수적 회계처리의 문제점은 무엇인가?

마지막으로 보수적 회계처리가 유발할 수 있는 잠재적 문제들에 대해 생각해 보기로 하자. 대부분의 사회 현상들과 마찬가지로 보수적 회계처리도 순기능과 함께 역기능이 존재한다. 보수적 회계처리가 야기할 수 있는 구조적인 문제들에 대해 생각해 보는 것도 회계정보를 바르게 이해하는 데 도움이 될 것이다.

첫째, 시장 전체의 관점에서 보수적 회계처리는 기업간 비교가능성을 저해할 수 있다. 보수적 회계처리는 본질적으로 기업의 자의성에 좌우되기 때문에 기업간 적용 정도가 다르며 이로 인해 회계정보의 비교가 왜곡될 수 있다. 2023년 금융감독원은 국내 23개 보험회사의 CFO들을 모아 회의를 개최했는데, 2022년부터 도입된 보험 국제회계기준(IFRS17)의 적용 결과 보험계약서비스마진(Contract Service Margin : CSM) 비율이 기업마다 과도하게 차이가 났기 때문이다. 이는 보험계약서비스마진 비율을 산정할 때 사용되는 사망률, 손해율 등 보험수리적 가정들이 기업의 보수적 회계처리 정도에 따라 너무 달랐던 데 기인한다. 이처럼 보수적 회계처리 정도에 따라 동일한 경제적 실질에도 불구하고 기업마다 보고하는 회계적 수치가 다를 수 있다. 비교가능성의 저하는 결과적으로 회계정보의 유용성을 저하시키고, 이에 대한 사회적 해석의 오류를 유발해 경제적 자원의 배분을 왜곡시킬 수 있다.

둘째, 재무제표 작성 관점에 있어 보수주의의 적용은 구조적으로 수익과 비용 대응의 원칙을 왜곡시켜 정확한 이익의 산정과 미래이익 예측 등에 부정적인 영향을 미칠 수 있다. 즉, 보수주의에 따라 비용을 조기에 인식하는 것은 회계에서 비용의 인식시점은 관련된 수익을 창출하는 시점에 대응시켜야 한다는 대원칙을 위반하게 만든다. 이는 현재이익의 하향과 미래이익의 상향이라는 기간별 이익 왜곡과 더불어 해당수익에 대한 적정한 비용 추정을 어렵게 하여 재무제표의 미래이익 예측능력을 저해할 수 있다.

셋째, 보수주의의 새로운 적용이나 해제로 일시적 이익의 변동폭이 커져 회계정보의 신뢰성을 저하시킬 수 있다. 2022년 삼성전자는 법인세수익이 9조원 이상 발생했다. 이는 전체 당기순이익이 55조원 수준이었던 것을 고려하면 매우 큰 금액이다. 발생원인은 과거 배당과 관련된 법인세를 보수적으로 많이 계상했던 것이 세법의 개정으로 환입된 것에 기인한다. 이와 같이 누적된 보수적 회계처리가 어느 순간 정리되거나, 반대로 갑자기 보수주의를 적용함으로써 급격한 이익의 변동을 보고하는 기업들이 존재한다. 이는 정확한 사정을 알기 힘든 외부 정보이용자들에게 회계정보에 대한 신뢰를 감소시킬 수 있다.

이 외에도 수익과 비용, 자산과 부채의 인식과 관련된 논리적 일관성의 부족 문제, 보수주의회계가 주주나 채권자에게는 유리하지만 다른 이해관계자에게는 불리할 수 있다는 중립성 문제도 제기된다. 또한, 보수주의를 적용하는 것이 대리인 문제를 해결한다는 일반적 이론에 반해 경영자에게 비밀적립금 적립 등 기회주의적 행동을 유발할 수 있다는 문제제기(Penman and Zhang, 2002)도 존재한다. 따라서 회계적 보수주의를 긍정적으로만 평가하기보다는 균형적 관점을 가지고 살피는 것이 필요할 것이다.

핵심 포인트

보수주의는 기업이 처한 상황의 불확실성과 위험을 적절히 고려할 수 있도록 불확실성에 대해 신중한 회계처리를 하는 원칙이라고 간주할 수 있다. 기업은 정보비대칭하에서 보수주의를 채택함으로써 저렴하게 자금을 조달하고 주가가 제값을 받도록 하려 한다. 기업은 불확실성을 줄이고 소송위험을 낮추며 세금을 절감하기 위해서도 자발적으로 보수주의회계를 채택한다.

제23장

단기적인 성과와 장기적인 안목

행동 계획에는 위험과 대가가 따른다.
하지만 이는 나태하게 아무 행동도 취하지 않는 데
따르는 장기간의 위험과 대가에 비하면 훨씬 작다.
There are risks and costs to a program of action. But they are
far less than the long-range risks and costs of comfortable inaction.
—John F. Kennedy

1980년대 일본기업들의 공세에 허둥대던 미국기업들의 큰 약점 중 하나로 지적되었던 문제는 바로 단기업적 중심의 경영이었다. 그러다가 1990년대 10년 호황 속에서 묻혔으나 2000년대에 들어서 회계부정이라는 이슈로 단기성과 중심의 경영이 다시 수면 위로 떠오르게 되었다. 이러한 작금의 현상을 보면서 경영자에 대한 성과급 체계와 회사의 장기적인 성공을 연결시키는 것이 여간해서 쉽지 않다는 것을 알 수 있다. 당장의 성과 없이 장기적으로 성공을 기대할 수는 없다. 그러나 지나치게 근시안적인 판단이나 결정으로는 치열한 경쟁과 복잡한 경영환경 속에서 오랫동안 성공한 기업으로 남아 있기 어려울 것이다.

보상체계가 경영자로 하여금 바로 눈앞의 결과에 집중하게 한다

블룸버그 통신에 따르면 미국에서 연봉을 가장 많이 받는 CEO 중 한 사람인 일론 머스크(Elon Musk)의 경우 2020년 연봉이 66억 달러 이상이었다고 한다. 특이한 점은 일반 직장인들과 달리 연봉의 대부분이 고정급이 아닌 성과와 관련된 옵션들이었다는 것이다. 그는 테슬라의 회계 및 주가와 관련된 10여 가지 이상의 마일스톤들을 사전에 설정해두고 이를 달성하면 스톡옵션을 행사하는 방식으로 보상을 받았다. 이러한 보수지급방식을 두고 월스트리트에서는 "전형적인 성과급"의 사례라고 평가하고 있다.

이처럼 경영자의 보상에는 기업의 가치를 높이도록 하기 위해 성과급이 포함되어 있다. 문제는 성과를 어떻게 측정해내느냐이다. 제18장에 기술한 바와 같이 통상적으로 회계상의 이익과 주가수익률을 포함한다. 그런데 장기적인 관점에서 기업의 가치를 높이고자 했던 보상체계가 여전히 CEO들이 단기 성공주의에서 벗어나지 못하게 하는 것으로 보인다. ROA가 커지면 보상도 커지기 때문에 경영자는 이익을 늘리려고 노력을 할 것이다. 그러나 이로 인한 부작용도 작지 않다. 경영자는 매출을 증대해서 이익을 늘릴 수도 있겠지만 필요한 경비를 지출하지 않음으로써 이익을 늘릴 수도 있는 것이다. 특히 자신이 경영자로서 재임하는 기간이 5년 정도라고 한다면 연구개발과 같이 한참이 지나서야 성과가 나타날 수 있는 경비에는 지출을 가급적 억제할 수도 있는 것이다. 경영자가 ROA를 늘리기 위해서는 분자의 이익을 늘릴 수도 있지만 분모를 줄일 수도 있다. 즉, 회사의 입장에서 설비투자를 하는 것이 바람직함에도 불구하고 설비투자를 하지 않거나 구매를 하는 것이 더 나은 조건인데도 리스를 하기도 한다. 이는 회계이익에 기초한 보상이 경영자로 하여금 이익을 조정하게 만들 수 있으며, 투자를 제대로 하지 않게 할 수 있음을 보여준다.

이와 같이 올해 성과를 나타내는 이익에 따라 보상을 결정할 경우 **단기적인 성과**에 집착할 수 있기 때문에 경영자가 **장기적인 안목**을 갖도록 하기 위해서 주가수익률에 따라 보상을 결정한다. 주가에 연동한 보상의 대표적인 방법이 경영자에게 부여하는 **스톡옵션**(stock option)[1]이다. 스톡옵션은 현금이 사외로 유출되는 것을 막을 뿐만 아니라 경영자가 회사의 장기적인 성과에 관심을 갖도록 하는 데 도움이 된다. 실제로 주가가 오르면 오를수록 스톡옵션을 행사할 경우 경영자에게는 엄청난 보상이 돌아갈 수 있게 되므로, 열심히 일해서 주가가 오르기를 바라게 되고 결국 주주의 가치를 극대화하게 되는 것이다.

그런데 이러한 스톡옵션도 문제가 없는 것은 아니다. 예를 들면, 금융위기로 인해 주식시장이 폭락을 하게 되는 것처럼 경영자의 노력이나 능력과 관계없이 주가가 오르락내리락하는 변동성에 대한 위험과 연계되어 있는 문제점이 있다. 이에 따라 CEO들은 자신들이 통제할 수 없는 요인에 따라 보상이 좌지우지되는 위험을 감수하는 것에 대해 추가적으로 보상을 요구하기도 한다. 그러나 더 큰 문제는 장기적인 안목을 갖도록 도입된 스톡옵션이 오히려 단기적인 성과에 치중하고, 더 나아가서 분식회계까지 하게 만드는 결과를 초래하기도 한다는 것이다.

스톡옵션은 경영자로 하여금 기업가치를 높이는 데 주력하게 함으로써 주주가치 중심의 경영을 가능하게 하고자 고안된 제도이다. 그러나 경영자가 실질적인 기업가치 증대를 위해 노력하기보다는, 보상의 액수를 키우기 위해 여하한 수단을 쓰더라도 임기 동안 주가와 행사가격 간의 차이를 가능한 한 크게 만들려는 동기를 갖게 되어 분식회계의 유혹에 빠지게 된다. 더구나 단기 실적에 민감하게 반응하는 증시, 빈번한 경영자 교체 등과 같은 기업환경은 이러한 동기를 한층 더 자극하는 요인

1) 사전에 정해진 가격에 주식을 살 수 있는 권리가 부여된 주식매입선택권이다.

이 되고 있다. 결국 CEO에 대한 엄청난 스톡옵션이 경영자로 하여금 시장수익률에 치중하게 하고, 이러한 배경이 분식회계를 야기하는 가장 큰 이유가 되기도 한다.

단기적인 시각을 가지면 무슨 문제가 있나?

기업의 가치는 지속적으로 가치를 창출할 수 있느냐에 달려 있다. 그러나 투자자들은, 특히 기관투자자들은 투자자금의 운용을 단기적으로 하는 경향이 있기 때문에, 당기에 이익이 얼마나 났는지에 관심을 갖는다. 이에 따라 재무분석가도 기업의 내재가치보다는 분기이익에 초점을 맞추는 경향이 있다. 이에 따라 경영진에서도 어쩔 수 없이 단기성과지표인 이익에 관심을 쏟지 않을 수 없다.

사실상 기업의 가치를 제대로 평가하려면 현금할인모형이나 잔여이익모형과 같은 평가기법을 이용해야 할 것이다. 그러나 이렇게 하기에는 너무나 시간이 많이 걸리고, 비용이 많이 들 뿐만 아니라 지나치게 주관적인 판단이 들어갈 여지가 많다고 생각한다. 이에 따라 쉽게 구할 수 있는 단기성과에 과다하게 비중을 두는 경향이 있다.

이에 따라 CEO와 임원진의 경영능력 평가가 분기이익과 같은 단기성과에 좌지우지되고 회사의 주가가 지나치게 단기성과에 따라 오르락내리락하게 된다. CEO와 임원진은 단기성과를 지나치게 따지는 시장에서의 평가방식이 우려스러운 것을 알면서도 이러한 단기성과를 결코 무시할 수 없을 뿐만 아니라 나중에는 덩달아 단기성과에 집착하기 시작한다.

무엇보다도 단기적인 성과에 초점을 맞추도록 하는 이유는 투자자들의 주식보유기간이 길지 않기 때문이다. 기관투자자나 연기금 투자자의 경우 포트폴리오를 끊임없이 rebalancing하면서 보유기간이 1년도 채 안

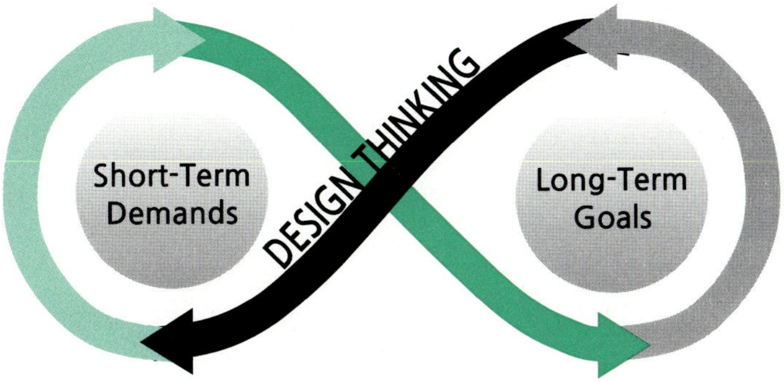

되는 것으로 관찰되고 있다. 보유기간이 짧을수록 그 기간 동안 성과가 나와서 주가가 뛸 수 있기를 바라며 경영자는 이에 부응하지 않을 수 없는 것이다.

경영자들을 대상으로 한 설문조사에 의하면 기업의 가장 중요한 성과지표로 회계이익과 재무분석가의 이익예측 합의치를 꼽았다. 경영자들은 재무분석가의 이익기대치를 달성하는 것이 주가를 유지 또는 증가시키는 데 도움을 줄 뿐만 아니라 고객이나 공급업체를 안심시키고 경영자 자신들의 평판을 높여줄 것으로 생각하고 있다. 만약에 시장에서의 이익기대치를 맞추지 못할 경우 경영능력이 떨어지고 심지어는 해고를 당할 수도 있는 중대한 사유가 되는 것으로 인식하고 있다.

왜 눈앞의 결과만 내다볼까?

일본기업들이 요즈음은 어려움을 겪고 있지만 필자가 박사과정에 있었던 1980년대 중후반에는 그야말로 잘나가고 있었고, 미국기업은 곤두박질치는 양상이었다. 그래서인지 일본기업의 경영자와 미국기업의 경영자의 차이가 무엇인가가 많은 경영학자들의 중요한 화두 중의 하나였다. 자주

거론되는 차이는 바로 일본 CEO들은 장기적인 안목에서 의사결정을 내리는 반면, 미국 CEO들은 단기적인 시각에서 의사결정을 하기 때문에 결국 경쟁력에 차이가 있다는 것이다. 그 이유는 일본기업의 경우 종신고용제이기 때문에 경영자의 시야가 비교적 긴 반면에 미국기업의 경우 일정기간 동안의 성과에 따라 경영자의 임기를 연장할지가 결정되기 때문에 그 기간 동안의 성과가 매우 중요하고, 그러다 보면 시야를 그 기간으로 국한할 수밖에 없다는 것이다. 이러한 설명은 미국의 비교적 짧은 평가주기로 인해 단기성과에 집착할 수밖에 없음을 비교적 설득력 있게 보여주고 있다.

그런데 교수채용 세미나에서 박사과정을 막 마친 한 젊은 교수가 이와는 조금 다른 시각에서 설명하였다. 그는 일본은 은행에서 자금을 주로 조달하기 때문에 장기적인 의사결정을 하더라도 얼마든지 은행과 긴밀한 의사소통을 함으로써 단기적인 성과에 급급하지 않을 수 있다는 것이다. 반면에 미국은 주식시장을 통해 자금을 주로 조달하기 때문에 공정공시(fair disclosure) 차원에서 어떤 정보든 모든 시장참여자들에게 공시를 해야 하는데, 지나치게 자세한 정보를 공시할 경우 경쟁업체에서 알아차릴 수 있는 위험이 있어 긴밀한 의사소통이 어렵다는 것이다. 따라서 언제 성과가 날지 모르는 장기적인 투자보다는 당장 성과를 보여줄 수 있는 투자에 치중할 수밖에 없다는 설명이다. 결국 자금조달방식의 차이가 자금제공자와의 의사소통에 영향을 미쳐 의사결정을 어떤 안목에서 할 것인지에 영향을 미칠 수 있다는 매우 흥미로운 논문이었다.

일본경영자와 미국경영자의 장단기적인 시각차 그리고 그 차이가 발생하는 이유는 우리 한국경영자에 대한 장단기적인 시각을 예측하는 데 매우 유용하다. 한국기업은 예전에는 은행에서 돈을 빌리는 비중이 매우 컸으나 점차적으로 주식시장의 비중이 커지고 있다. 이는 한국경영자도 예전의 장기적인 안목에서 다소 근시안적인 시각으로 바뀔 소지가 있는 것으로 볼 수 있다. 더욱이 경영자의 성과평가와 보상도 계약기간 동안의 성과에 따라 재임 여부를 결정하는 경우가 많아짐에 따라 단기적인 성과를 내려는 유인이 강하게 되고 있음을 알 수 있다.

이와 더불어 한국의 경영자가 근시안적인 성향을 가질 수 있는 또 다른 요인은 경영에 참여하는 대주주의 영향이다. 내부에서 승진하든 외부에서 영입하든 최고경영자의 자리에 오르려면 오랜 경험과 검증 기간이 필요하다. 그러나 외국과 달리 한국의 경영자는 소신보다는 대주주의 영향을 받아 경영을 하고 있어 결코 바람직한 현상은 아닌 것으로 보인다. 작은 실수에도 교체되므로 임기가 짧아서 단기적인 성과 올리기에 집중할 수밖에 없어 기업의 장기 목표나 방향성이 손상될 수 있다.

미국의 경우에도 주주들의 의사에 따라 최고경영자가 수시로 바뀌는 경향이 있다. 대표적인 사례가 3M이다. 창의·혁신의 대명사 격인 이 기업에 GE 출신 제임스 맥너니가 취임하여 재임하는 3년 동안 원가절감 등으로 3M의 효율성을 높였지만, 3M의 창의와 혁신은 엉망진창이 되었다. 위기에 처한 기업을 살리기 위해서는 단기적인 성과도 중요하지만 장기 목표를 무시하면 기업은 오래 버틸 수 없는 것이다.

단기적인 성과를 부추기는 또 하나의 요인은 지나치게 빈번한 성과평가이다. 예를 들어, 전문경영인을 매년 평가한다고 할 때 1년 만에 성과를 내야 하기 때문에 장기 비전은 생각할 겨를도 없고 당장의 성과에만 연연할 수밖에 없다. 10년, 20년 장기적인 안목을 보고 회사를 운영해야 하는데, 가시적인 성과를 내기 위해 벌집 쑤신 것처럼 온통 난리법석일 수밖에 없다. 이러한 문제를 해결하려면 재임기간을 보다 길게 보장하고(예를 들면, 3~5년) 그 기간 동안 책임지고 회사를 끌고 갈 수 있도록 하면 경영자가 단기적 성향에서 벗어나 장기적인 안목을 갖도록 할 수 있다.

한창 성장할 때에는 장기적 시각에 비중을 둬야

박목월 선생의 장남인 박동규 교수로부터 강연을 들을 기회가 있었다. 박동규 교수는 그가 초등학교 1학년 때 박목월 선생의 얘기를 들려주었다. 소년 동규는 산수 시험에서 백점을 받아 박목월 선생이 기분이 좋아 호빵을 사주셨다고 한다. 그래서 호빵이 먹고 싶어 산수 시험에서 계속 100점을 맞으려고 했는데, 그 다음에 그리고 그 다음에도 계속 100점을 받지 못하였다. 그래서 급기야 울음을 터뜨리게 되니 박목월 선생이 왜 우냐고 해서 100점을 못 받아 호빵을 먹을 수 없게 돼서 울었다고 하였다. 그러니 박목월 선생이 대성통곡을 하면서 "내가 잘못했다. 어린아이에게 산수 시험에서 100점을 받아야만 호빵을 사주는 것으로 나도 모르게 그랬구나. 언제든 먹고 싶으면 얘기해라. 호빵을 사줄 테다"라고 하셨다고 한다.

사실 부모는 자식을 키우면서 아이들에게 너무 성급하게 결과만을 바라지 않나 하는 생각이 들곤 한다. 회사의 CEO도 지나치게 단기적인 성과에 급급할 때가 있다. 그러다 보면 직원들의 개인적 성장과 조직에서의 역할이 무르익을 때까지 기다리지 못하기도 한다. 극단적으로 신입사원이 회사의 성과에 미치는 영향은 상대적으로 미미할 것이기 때문에 궁극적인 책임은 CEO에게 있어야 할 것이다. 직급이 낮을수록 얼마나 자기개발에 힘쓰고 노력하였는지에 비중을 두고, 직급이 높아질수록 외부환경에 관계없이 결과에 대한 책임을 져야 할 것이다.

이러한 개념이 회계에도 정립되어 있다. 미국 하버드 대학의 마이클 포터(Michael Porter) 교수는 기업의 전략적인 목표를 **구축**(build), **유지**(hold), **수확**(harvest)으로 구분하였다. 구축은 시장점유율은 낮지만 성장가능성이 높을 때의 전략적 목표이고, 수확은 시장점유율은 높으나 성장가능성이 거의 없는 시점에의 전략적 목표이다. 이러한 전략적 목표를 달

	낮은 비용	차별화
전체시장	원가우위전략	차별화전략
특정 세분시장	집중화전략 원가 집중화전략	차별적 집중화전략

Porter의 본원적 전략의 유형

성하기 위해서는 적절한 경쟁전략을 수립하여 실행해야 한다. 구축단계에서 회사는 미래 성장가능성에 대비해 더 많은 투자를 해야 하고, 고객확보를 위해 더욱 공격적인 마케팅을 펼침으로써 차별화(differentiation) 경쟁우위전략을 수행하게 된다. 반면에 수확단계에서는 시장이 거의 소진돼서 더 이상 성장할 여지도 없기 때문에 이익을 극대화하기 위해서는 원가우위(cost leader)를 통해 더욱 효율적으로 되어야 한다.

따라서 구축단계에서는 설비투자와 연구개발 그리고 마케팅에 중점을 둠으로써 당장의 성과를 강조해서 평가하지 않아야 한다. 즉, 장기적인 안목에서 계량적인 지표보다는 비계량적인 그리고 질적인 지표에 주안점을 두고 결과보다는 과정을 중시해야 할 것이다. 이는 마치 아이가 어릴 때에는 장기적인 안목에서 자기개발에 주안점을 두도록 유도하고, 당장의 성과보다는 과정을 중시하도록 하는 것과 유사하다.

반면에, 수확단계에서는 원가우위를 통한 이익을 극대화하기 위해서 지금 당장의 성과가 중요하므로, 계량적인 성과지표를 중시하고, 결과에 대해 책임을 지는 구조여야 한다. 이는 마치 어른에게는 어쩔 수 없이 전적인 책임을 묻지 않을 수 없는 것과 마찬가지이다. 또한 직급이 높은

CEO가 아무리 경제여건이 안 좋아도 기업성과에 대해서 최종적으로 책임을 져야 하는 것과 일맥상통한다.

이처럼 회계정보를 맹목적으로 해석하기보다는 기업이 추구하는 전략이 무엇인지를 고려하여 회계정보를 재해석해야 한다는 접근은 기업수명주기(company life cycle) 이론에서도 찾아볼 수 있다. 기업수명주기 이론이란 기업도 생명체와 같이 성장기, 성숙기, 쇠퇴기가 있다는 것이다. 이 관점에 따르면 기업은 수명주기에 따라 다른 특성을 갖기 때문에 회계정보가 가지는 의미도 다르게 해석하는 것이 필요하다.

예를 들어, 기업이 예상보다 높은 이익을 얻거나 예상보다 높은 자본투자를 하였다면 이는 기업의 가치 측면에서 긍정적인 정보이고, 이러한 정보가 전달되면 기업의 주가는 올라갈 것이다.

바람직한 시각은? 둘 다를 적절히 고려

1991년부터 시작된 장기불황으로 많은 일본기업들이 전후 처음으로 연구개발비 지출을 감소시켰다. 연구결과 다양한 산업에서 일본기업들은 이익을 평준화시키고자 연구개발비 예산을 조정하였으며, 흥미롭게도 그 연구개발비의 조정이 경기가 확장되는 시기에 더 큰 것으로 관찰되었다. 이러한 연구결과는 일본기업의 경영자도 예전과는 달리 미국기업의 경영자와 마찬가지로 단기적 시각의 의사결정을 내리고 있음을 시사한다. 단기적인 성과에 지나치게 치중하게 되면 조만간 그 대가를 치를 수밖에 없다. 따라서 작금 일본의 경제가 계속해서 침체되고 회복할 기미를 보이지 않고 있으며, 기업의 경쟁력은 예전만 못하게 된 것이다.

사실 가치 있는 많은 일들이 당장에 이루어지지 않고 상당한 시간을 필요로 한다. 미켈란젤로가 〈최후의 심판〉을 완성하는 데 6년이 걸렸으며, 아인슈타인이 '상대성 이론'을 증명하는 데 10년이 소요되었다. 박경리는 『토지』의 집필을 시작한 지 25년이 지나서야 탈고할 수 있었다. 스페인의 바르셀로나에서는 가우디의 건축물로 1882년부터 짓기 시작한 대성당 사그라다 파밀리아를 아직도 현재진행형으로 짓고 있다. 그렇다고 해서 지금 현재의 성과를 전혀 고려하지 않고 몇십 년 후를 내다만 볼 수 없다. 왜냐하면 그때는 우리 대부분은 이 세상에 존재하지 않기 때문이다(We are all dead after all!). 따라서 단기적인 성과와 장기적인 결과 그리고 현재가치와 미래가치 간의 균형을 이루어야 한다.

12세기 신유교를 제창했던 주희는 중(中)은 치우치지도 않고 기울지도 않고 넘치거나 모자람이 없는 상태이며, 용(庸)은 언제나 그렇게 하라는 것으로 **중용**(中庸)을 정의하였다. 이것은 한쪽으로 기울지 않고 평형을 이루고 있으면서 정지된 평형이 아니라 역동적 평형, 일시적 균형이 아니라 **지속적 균형**을 의미한다. 일률적으로 적용되는 수학적 중간이 아니라 개별적인 상황을 고려하고, 역동적이고 이성적인 판단에 따르는 황금률이다.

따라서 중용은 주어진 상황(時)에 가장 적합한 답(中)을 찾아내는 시중(時中)으로 변화에 맞춰 정확한 대안을 마련하는 것이다. 중용을 실천하는 경영자는 상황에 대한 정확한 분석을 기초로 시간과 공간을 읽어내고, 넘치지도 모자라지도 않는 결정을 내려야 한다. 즉 오늘날의 경영자는 변화하는 상황을 정확히 읽어내고 처지를 명확히 파악해 역동적인 변화에 걸맞은 판단을 내리며, 지속적으로 실행에 옮기는 리더의 모습이 요구된다.

바닷가 해변에 서서 파도가 밀려들어오는 것을 바라보고 있으면 마음이 탁 트이고 시원함을 금할 수 없다. 이때 발목에서 찰랑거리는 밀려온 파도를 느끼면서, 멀리 수평선 너머를 바라보는 시각이 바로 경영자가 가져야 할 시각이 아닐까 생각해 본다. 지금 내가 발을 디디고 서 있는 곳에서 일어나는 크고 작은 현실의 파도를 직시하면서 다가올 미래를 대비하는 자세를 의미한다. 결국 단기적인 성과를 결코 무시할 수 없지만, 동시에 앞으로 어떤 방향으로 나아갈지를 구상해야 하는 것이다. 사실 단기적인 시각과 장기적인 안목은 둘 중에 하나를 선택해야 하는 문제는 아니다. 둘 중에 어디에 비중을 둬야 하느냐이며, 그 비중도 전술한 바와 같이 회사가 추구하는 경쟁전략과 성장단계에 따라 달라지는 것이다.

이처럼 기업의 상황에 따라 전략이 달라져야 하고 장기와 단기의 균형이 중요하기에, 경영자의 성과평가에도 이를 유도하는 체계가 필요하다. 하버드 대학교의 교수인 Kaplan은 1990년대 초반 균형성과표(Balanced Scorecard : BSC)의 개념을 제시했다. 균형성과표는 평가에 있어 과정과 결과, 재무와 비재무, 장기와 단기의 균형을 추구한다.

균형성과표에서는 재무 관점, 고객 관점, 내부프로세스 관점, 학습과 성장 관점에서 성과를 평가한다. 이는 최종적인 목표인 재무적 성과를 높이려면 고객이 만족해야 하고, 고객을 만족시키기 위해서는 업무 프로세스가 개선되어야 하며, 프로세스의 개선을 위해서는 구성원의 학습과 성장이 중요하다는 논리에 기반한다. 상호 보완적이면서도 인과관계로 연결된 균형성과표의 관점들은 경영자가 단기적 성과에만 매몰되지 않고 장기적인 안목도 동시에 견지하도록 유도한다.

핵심 포인트

단기적인 성과에 급급하지 않도록 하기 위해 회계수치 이외에 스톡옵션 등 주가와 연계하여 경영자의 보상이 이루어진다. 그러나 주가는 통제할 수 없는 요인에 의해서도 영향을 받을 뿐만 아니라 오히려 주가에 영향을 주기 위해 단기성과에 주력하는 부작용을 낳기도 한다. 장기적인 안목의 중요성은 기업의 성장전략과도 밀접한 관련이 있으며 역동적인 경영환경에 맞추어 경영자가 적절히 대처해 나가야 한다.

제24장

돈을 빌려줘도 되나, 투자해도 되나 – 신용평가와 부실예측

우리 회사의 유동성은 좋다. 사실 좋은 정도보다 훨씬 낫다.
유동성이 매우 높다고 할 수 있다.
Our liquidity is fine. As a matter of fact, it's better than fine. It's strong.
– Enron CEO, Kenneth Lay

바바라 터크먼은 『실천적인 역사(Practicing History)』에서 "만일 역사가 과학이라면 우리는 역사를 터득하고, 역사의 방식을 배울 수 있다. 또 그 유형을 확립할 수 있고, 내일 무슨 일이 일어날지 예측할 수 있다. 우리가 그렇게 하지 못하는 이유는 무엇일까? 그 질문에 대해 말할 수 있는 대답은 예측할 수 없는 변수, 즉 인간 때문이라는 사실이다. 그리고 인간이라는 존재는 언제나, 그리고 끝까지 역사의 주체이기 때문이다. 역사는 모든 주제 중 가장 매혹적이지만 비논리적이며 그래서 과학적인 체계화 방법에 영향을 받지 않는다. 역사는 끊임없이 많은 변수에 좌우되는 인간행동의 기록인 것이다"라고 하였다. 경영도 역사와 마찬가지로 보이지 않는 변수로 가득 찬 비과학 그 자체이다.

부실이 미치는 사회적 비용

지난 50년간 매출액 기준 20대 기업을 살펴보자. 1965년 기준 20대 기업 중 지금까지 살아남은 기업은 한두 개에 불과하며, 100대 기업에 드는 기업은 손가락으로 꼽을 정도이다. 1995년 기준으로 보아도 불과 20년도 안 되어 반 이상이 바뀌었으며, 지난 10년 사이에도 순위는 계속 바뀌고 있다. 이와 같이 기업의 흥망성쇠는 생각보다 빠른 속도로 일어나고 있다. 불과 반세기도 채 안 되는 기간 동안 매출액 기준 한국의 대표기업이 바뀌고 있는 것이다. 우리나라 기업의 생존율은 20%도 채 안 돼 한 세대 동안에 다섯 개 기업 중 하나도 살아남지 못하는 통계수치를 보여주고 있다.

기업이 망하거나 부실해질 때 그 기업을 직접 일구어낸 창업자의 경제적 손실은 이루 말할 수 없을 것이다. 기업이 주식회사인 경우에는 주주 역시 주식가치가 곤두박질치거나 휴지조각이 되어 버림으로써 입는 손실은 실로 엄청나다 할 것이다. 또한 그 회사 경영을 맡고 있던 경영

진은 경제적으로 입는 타격 이외에도 더 이상 다른 곳에 직장을 알아보기 어려울 정도로 평판에 치명적인 타격을 입게 된다. 더 심각한 것은 그 부실기업에 돈을 빌려준 채권자가 이자는 고사하고, 원금을 고스란히 못 받게 된다는 점이다. 그 채권자가 은행인 경우에는 파급효과가 심각하다. 은행은 일반 예탁자의 예금으로 돈을 빌려준 것이기 때문에 기업이 부실해져 대출을 못 받게 되면 은행도 덩달아 부실해지며 일반 국민에게까지 영향이 미치게 된다. 결국 정부는 은행이 망하도록 내버려둘 수 없기 때문에 공적자금을 투입하지 않을 수 없게 되어 국민의 혈세가 낭비되는 사례를 수없이 보아왔다.

2022년 발생한 레고랜드 사태는 부실의 징조만으로도 경제가 얼마나 연쇄적으로 타격을 받을 수 있는가를 보여준 사건이다. 강원도는 2010년 영국의 멀린(Merlin)사에게 춘천시 중도의 테마파크 부지를 100년간 무상 임대해 주고 이를 운영하도록 계약을 체결했다. 그러나 개발 부지에서 선사시대 유적이 발굴되는 등 다양한 사건이 발생하며 개장이 지연되었고 사업비도 덩달아 증가하였다. 사업에 필요한 건설자금을 조달하기 위해 강원중도개발공사가 특수목적회사(Special Purpose Company : SPC)를 만들고 2,050억원가량의 자산유동화 기업어음(Asset Backed Commercial Paper : ABCP)을 발행했다. 성공적인 자금 마련을 위해 강원도가 강원중도개발공사에 대해 채무보증을 하였으나, 사업에 문제가 생기면 강원도가 매년 100억원 이상의 이자를 지급해야 함을 걱정한 도지사가 채무보증 불이행을 선언하였다.

이 선언을 계기로 금융불안 심리가 확대되며 한국도로공사의 회사채, 인천교통공사의 채권 등의 발행이 연속으로 유찰되었다. 나아가 국공채가 아닌 일반 금융상품의 안정성에도 영향을 미쳐, 증권사의 PF, 저축은행, MMF 등 다양한 금융기관의 상품들까지 시장에서 소화되지 않으며 대규모 경제위기로 번질 조짐을 보이자 결국 정부가 나서 이를 중재하였다.

레고랜드 사태는 정부 차원의 강력한 개입으로 해결되었지만, 문제는 우리 주변에서 실제로 기업의 부실이 발생할 가능성이 높다는 데 있다. 한국은행이 2022년 9월 발표한 '금융안정 보고서'에 따르면 금융보험업을 제외한 외부감사 대상 기업 24,000여 개 중 재무구조가 부실해 영업활동으로 벌어들인 이익으로 이자도 감당하지 못하는 한계기업의 비율이 14.9%에 달한다. 여기에 이자율이 상승하면 이 비율은 더 높아질 것으로 예상된다.

기업이 부실해지면 그 여파는 그 회사의 직원과 가족에게까지 영향을 미치게 된다. 하루아침에 직장을 잃게 되고, 직장의 유동성이 높지 않은 한국사회에서는 다시 직장을 잡는 게 그리 쉬운 일은 아니다. 가장이 직장을 잃어버리면 결국 자녀들의 생활에도 영향을 미쳐 한창 배워야 할 나이에 생활전선에 뛰어듦으로써 더 나은 교육을 받을 수 있는 기회를 놓치기도 한다. 또한 기업이 오랜 기간 동안 축적해온 지식과 노하우가 하루아침에 없어지게 됨으로써 국가 전체적으로 볼 때에도 그 사회적 비용이 결코 작지 않음을 알 수 있다.

부실조짐을 사전에 알 수 있는가?

임진왜란(1592년)이 일어나자마자 20여만 왜군은 일사천리로 북상했다. 5월 2일에 서울이 함락되고 6월 13일에 평양이 함락되는 등 왜군이 파죽지세로 삼천리강토를 짓밟았다. 그러나 충무공 이순신 장군은 이미 전라좌도 수군절도사로 임명된 1591년부터 왜병이 쳐들어올 것을 예측하고 거북선을 만들고 사전에 준비하였다. 이 덕분으로 얼마 되지 않는 병력과 물자로 23전 23승의 쾌거를 달성할 수 있었다. 이러한 결과는 이순신 장군이 미래를 대비해 생각을 기록한 '난중일기' 덕분이다. 이순신 장군이 전쟁 중에도 불구하고 일기를 쓴 이유는 어제를 되돌아보고 기억하기 위해서가 아니었다. 내일을 내다보고 이에 대비하기 위함이었다. 이와 같이 최고경영자에게는 미래를 예측하는 정확한 통찰력과 판단력이 요구된다. 잘못된 판단은 한 기업의 근간을 뿌리째 흔들 수 있으며, 미리 미래의 불확실성에 대비하지 않았을 때 기업은 부실의 깊은 나락으로 떨어질 수 있다.

그렇다면 이렇게 사회적 비용이 큰 기업의 부실을 사전에 대처하기 위해 그 징후를 파악하고 대처해나갈 수 있는 방법은 없을까? 기업이 망하는 원인은 크게 세 가지 때문이라고 한다. 첫 번째, 물건이 안 팔리거나 매상이 오르지 않아서이다. 즉, 비용은 발생하는데 매출이 일어나지 않으니 적자가 나서 망하는 경우이다. 두 번째, 유동성 부족으로 망하는 경우이다. 이익은 나지만 장기투자로 인해 돈은 묶여 있는데 당장 갚아야 할 돈이 많은 경우에 이자에 대한 부담을 버티지 못하고 결국 회사가 망하게 되는 경우이다. 세 번째, 운이 나빠서 망하는 경우이다. 예를 들면, 정상적인 경영환경에서는 그리 문제가 될 게 없었는데 금융위기가 갑자기 들이닥쳤다든지, 원유가격, 환율 또는 원자재 가격이 폭등했다든지 경영진이 어떻게 해볼 수 없는 상황이 발생하는 경우이다. 물론 세 번째 거시적인 충격도 어느 정도는 예측이 가능하긴 하지만 통제할 수 없는 상황이 발생하는 부분까지 감당하기는 쉽지 않은 것이다. 다행인 것은 기업의 재무비율분석을 통해서 회계가 처음 두 가지 이유에 대해서는 미리 그 징후를 파악하고 경영진으로 하여금 조치를 취할 수 있도록 할 수 있다는 점이다.

여의도 증권가에서는 현장에서 얻은 혜안(street wisdom)에 따라 다음과 같은 경우에 기업이 부실한 조짐을 보인다고 얘기하고 있다. 예를 들면, 직원들이 불친절해진다든지, 사장의 행선지가 묘연하다든지 또는 경리직원이 휴가를 가지 않는 경우에는 회사가 뭔가 제대로 작동되지 않고 있다는 **불길한 징후**(red signals)이며 그 회사를 주의 깊게 살펴보아야 한다는 것이다. 부실징후를 재무제표에서 사전에 알아볼 수 있는 몇 가지 재무비율을 살펴보면 다음과 같다.

첫째, 외상매출을 꼼꼼히 살피는 것이 가장 중요하다. 매출액이나 총자산 대비 재고자산과 외상매출액이 큰 기업이나 자회사에 대한 투자금액이 과다한 기업들을 주의해야 한다. 자회사 투자내용의 경우 재무제표 주석사항에 자세히 설명이 되어 있는지 살펴보아야 한다.

둘째, 부실징후를 가늠할 수 있는 가장 중요한 투자지표인 이자보상배율을 살펴보아야 한다. 이자보상배율은 영업이익을 지급이자비용으로 나눈 비율로 1 미만이라면 지급이자비용이 영업이익보다 많아 금융비용 부담이 배우 높은 기업이라 할 수 있다. 따라서 과거 수년간의 이자보상배율 추이를 다른 동종기업과 비교해 보는 것이 좋다. 이와 더불어 영업현금흐름을 총자산으로 나눈 영업현금흐름비율이 저조해 영업활동을 통해 현금흐름을 창출해내지 못한다면 이자부담으로 인한 부실이 가속화될 소지가 다분히 높다고 할 수 있다.

셋째, 매출채권비율(매출채권/매출액)과 재고자산비율(재고자산/매출원가)이 높아 자산을 과대계상하려는 기업들을 주의해야 한다. 또한 감가상각비율(감가상각비/유형비유동자산)이 지나치게 낮아 감가상각비를 과소계

상하지는 않았는지, 그리고 대손충당률(대손충당금/매출채권)이 너무 높아 무리한 매출달성 과정에서 부실채권이 많이 발생하지는 않았는지 살필 필요가 있다.

넷째, 비경상적으로 이익을 발생시키는 기업들을 주의해야 한다. 특히, 자산매각, 전기오류수정손익, 수정변경으로 인한 누적효과 등 영업활동과 무관한 활동을 통해 이익을 조정하지 않는지 살펴보아야 한다.

다섯째, 영업이익률의 적정성을 따져 기업의 수익성을 살피는 것도 중요한 포인트이다. 꾸준히 영업이익을 내고 있는지 알기 위해 매출액영업이익률이 꾸준히 상승하고 있는지 점검해 보고 부채비율, 유동비율 등을 통해 재무구조가 취약하지 않은지도 살필 필요가 있다. 또한 부채비율과 금융비용 부담률이 높을수록 그리고 유동비율이 낮을수록 부채상환능력이 취약한 점도 염두에 두어야 한다.

그러나 일반투자자들이 재무제표를 샅샅이 뜯어보고 재무비율을 일일이 계산한다는 것은 결코 쉽지 않은 일이다. 그렇다면 각 증권사에서 담당하고 있는 종목들의 경우에는 애널리스트들의 투자분석보고서를 참조할 수 있다. 대부분의 분석보고서는 주요 재무제표 비율을 분석하여 각 종목에 대한 매수/매도 추천까지도 상세하게 제시하고 있다. 그러나 증권회사의 애널리스트들이 분석하는 종목은 쏠림현상이 있어서, 분석대상에 포함되지 않은 종목이 상장사의 70%에 이르는 점을 감안할 때 재무제표의 분석을 통한 위험분석은 투자를 위한 기본조건일 수밖에 없다.

부실예측모형과 신용평가모형

시장에서 부실징후를 진단하는 다양한 방법이 제시되고 있지만 이보다 조금 더 과학적이고 체계적인 방법은 없을까. 그 해답은 바로 회계정보에 기초하여 사전에 부실 여부를 예측하려는 부실예측모형에서 찾을 수 있다. **부실예측모형**(prediction model of financial distress)은 재무비율을 가지고 기업의 신용상태와 재무상태의 건전성 여부를 판단하는 방법이다. **신용평가모형**(credit rating model) 역시 재무비율을 기초로 하여 비재무비율을 추가로 고려하여 기업의 위험성을 등급으로 표시하는 모형이다. 부실예측모형과 신용평가모형을 구축하는 기본논리는 본질적으로 유사하기 때문에 여기서는 부실예측모형에 초점을 맞추어 설명하기로 한다.

방법론적인 측면에서 가장 대표적인 것은 **판별 분석법**(discriminant analysis)이다. 이 방법에서는 먼저 기업의 부실을 설명할 수 있는 변수들을 선정하고 이를 선형으로 결합하여 판별함수를 만든다. 그리고 분석대상 기업의 자료를 판별함수에 대입하여 해당기업의 판별점수를 계산하고, 이 점수가 사전에 설정한 임계치와 비교하여 기업의 부실가능성을 평가한다.

재무비율 하나를 가지고 부실상태를 예측하면 단일변량모형이라 하고, 여러 개의 재무비율을 활용하면 다변량모형이라 한다. 초기단계의 연구는 단일변량모형으로 1930년대 이후 재무비율분석 형태로 이루어졌으며 1960년대에 스탠퍼드 대학의 Beaver 교수의 연구로 이어졌다.

대부분의 부실예측모형은 재무비율에 있어서 부실기업과 건전기업 사이에 확연한 차이가 있고, 그 차이를 보고 부실기업인지 아닌지 여부를 판단할 수 있다는 것이다. 예를 들어, 도산시점 이전에 매출액순이익률(return on sales : ROS)이 부실기업과 건전기업 사이에 현저한 차이를 보인다면 그 비율을 부실예측에 이용할 수 있는 것으로 보는 것이다. 편의상 지난 2년 동안 부실화되어 도산한 기업 10개와 그 부실기업과 자산규모가 비슷하고 동일한 업종에 속하는 건전기업 10개를 고려해 보자. 두 그룹간에 ROS를 비교해 보니 부실기업의 ROS가 3%에 불과하고, 건전기업의 ROS가 9%라고 하자. 그러면 그 중간 6%를 기준으로 그 이상이면 건전기업, 그 이하이면 부실기업으로 생각해 볼 수 있다. 이와 같이 부실 여부를 판단해 주는 일정한 기준치를 판별점(cut-off point)이라고 한다.

실제로 부실예측에 대한 연구를 살펴보면 부실기업이 건전기업에 비해 부실이 일어나기 수년 전부터 재무비율들이 산업평균치에 비하여 안 좋게 나타나고 있으며, 파산하는 시점에 가까워질수록 재무비율들이 현저하게 악화되고 있음을 보여주고 있다. 따라서 부실기업에 실제로 부실이 나타나기 2～3년 전부터 부실징후가 감지되며, 주식매입을 고려하는 투자자나 대출을 심사하는 금융기관 입장에서는 이를 고려하여 결정할 수 있다.

부실 여부를 판단하는 데 있어서 한 가지 재무비율로만 예측하는 경우, 재무비율에 따라 서로 다른 예측이 나타날 수도 있다. 이에 따라 어떠한 재무비율을 선택하는가에 따라 부실판정이 달라질 수 있다. 각 재무비율은 기업의 부실징후를 판단하는 데 각기 다른 유용한 정보를 포함하고 있기 때문에 가능한 한 이 모든 비율들을 부실예측에 충분히 활용하는 것이 좋다. 통상적으로 재무비율은 크게 수익성, 유동성, 효율성, 위험성, 성장성으로 나눌 수 있다. 예를 들어, 각 항목별로 20점을 부여하여 총 100점 만점으로 하고, 각 항목에 대해 20점 만점에 비율의 크기에 따라 점수를 부여할 수 있다. 즉, ROS가 15% 이상이면 20점, 12% 이상이면 17점, 10% 이상이면 10점 등으로 점수를 매길 수 있다. 이렇게 해서 다섯 가지 항목으로 구분해서 점수를 매겨 합산한 점수가 80점 이상이면 대출을 해주고, 70점 미만이면 대출을 해주지 않으며, 70점 이상 80점 미만인 경우에는 추가적인 다른 사항을 더 고려하도록 하는 원칙을 세울 수 있다. 과거 연구에 의하면 잘 만들어진 부실예측모형은 부실예측력이 90%가 넘는 것으로 나타나고 있다.

여기서 몇 가지 고려해야 할 사항은 어떤 비율이 부실예측모형에 포함되어야 하고, 배점(가중치)은 얼마로 하는 것이 합당한가이다. 이러한 판단은 과거 자료를 분석해서 예측력이 높은 비율을 사용해야 할 것이다. 예를 들면, 기업의 부실은 단기적인 상태보다 장기적인 요인에 의해 결정되는 경향이 있다는 연구가 있다고 할 때 장기적 요인을 잘 나타내는 비율을 사용할 수 있다. 또한 통계적 기법을 사용해서 각 비율간의 중요성을 판단할 수도 있고, 의사결정을 하는 사람의 판단을 고려하여 배점을 달리할 수도 있다. 또한 시간이 지나고 환경이 변하면 각 비율의 중요성도 달라지기 때문에 지속적으로 부실예측모형을 보완해 나가야 한다.

이러한 문제와 관련된 해결책으로 많이 사용되어 온 것이 **이항반응모형**(binary response model)이다. 이 방법에서는 부실기업을 1, 정상기업을 0으로 하는 로짓 회귀분석(logit regression)을 통해 부실과 관련된 다양한 변수들을 통계적으로 분석한다. 이 방법은 판별분석에 필요한 가정들과 변수별로 자의적인 가중치가 필요하지 않고, 개별 독립변수의 유의성을 확인할 수 있으며, 각 기업별로 부도 발생 확률을 계산할 수 있다는 장점이 있어 부실기업 예측방법으로 유용하게 활용되어 왔다.

최근에는 머신러닝(machine learning)을 이용한 방법들도 다양하게 시도되고 있다. SVM(support vector machine), 의사결정수(decision trees), 인공신경망(artificial neural networks) 등의 이론을 활용하는 것들이 대표적이다. 이들 방법을 활용한 연구들은 기존의 방법보다 부실 발생에 대한 예측력을 높일 수 있다고 주장하고 있다.

이제는 인공지능(AI), 빅데이터(big data) 기술을 활용해 기업의 데이터를 실시간 수집, 분석해 기업부실 리스크와 자금조달능력을 사전 예측함으로써 부실이 발생하기 전에 기업에 예측정보를 제공해 주는 서비스까지 등장하고 있다. 재무제표는 물론 금융거래내역, 각종 공과금 납부실적, 공공조달 참여실적, 상거래정보 등 기업의 다양한 활동 데이터를 실시간 수집해 AI를 활용해 분석한다. 이를 통해 해당기업의 채무상환능력을 종합 평가하고 신용상태의 변화를 감지해 부실발생위험을 사전에 알려준다. 또한 부실발생이 예상되는 시점까지 예측할 수 있다.

그럼에도 불구하고 이러한 부실예측모형이 완전한 것은 아니다. 멀쩡한 기업을 부실기업으로 평가해서 돈을 안 빌려주거나 투자를 하지 않음으로 인해 수익을 얻을 수 있는 기회를 놓칠 수 있다. 반대로 망해가는 기업에 모르고 돈을 빌려주거나 투자하여 투자금액을 날리기도 한다. 부실기업에 투자하여 발생하는 손실은 좋은 기회를 놓침으로 인해 얻지 못하는 이익보다 통상적으로 작게는 20배에서 크게는 100배까지 이른다고 한다. 따라서 투자자나 금융기관의 입장에서는 부실기업인지 아닌지 여부가 불분명할 때에는 가급적 보수적으로 판단하여 투자를 하지 않거나 대출을 해주지 않는 경향이 크다.

부실예측에 있어서 또 한 가지 고려사항은 바로 비재무적인 정보의 고려이다. 그중에 많이 사용되는 정보가 바로 주가변화율이다. 회계이익은 수익과 비용의 인식기준에 따라 점차적으로 반영되는 반면에 주가는 효율적 자본시장하에서 그 시점에서 이용가능한 모든 정보를 즉각적으로 반영하기 때문에 기업의 미래전망을 좀 더 잘 반영한다고 할 수 있다. 실제 연구에 의하면 주가수익률이 높을수록 기업이 부실해지는 가능성이 낮아지는 것으로 나타나 부실예측에 도움이 되는 것으로 나타났다.

기업의 부실 여부를 예측하는 데 도움이 되는 비재무적 지표는 주가 이외에도 무수히 많다. 예를 들면, 최고경영자의 도덕성과 평판, 종업원의 사기와 열정, 시장추세 및 산업동향, 소비자의 충성도, 기업의 브랜드 가치 등이 해당된다. 직원을 채용할 때에도 대학에서의 성적과 영어점수 이외에도 지원자의 인성과 발전가능성을 유추해 보려고 한다. 마찬가지로 배우자를 고를 때에도 학벌과 직장 그리고 외모와 같이 겉으로 드러나는 것 이외에도 사람의 됨됨이 그리고 소위 '사랑'이라는 눈에 보이지도 않고 손에도 잡히지 않는 것을 중요시 여기게 된다. 이와 같이 기업의 부실 여부를 판단하는 경우에도 재무적 지표 이외에도 비재무적 지표까지 고려하게 된다.

남녀관계에 있어서 사랑이 중요하냐, 돈이 중요하냐는 진부한 질문이 있다. 물론 둘 다 있으면 좋으나 그렇지 못하다면 최소한의 사랑과 돈이 있어야 하지 않을까. 그런데 문제는 그 사랑도 변하고 돈도 변한다는 것이다. 그 어느 하나도 변하지 않는 것이 없다. 따라서 행복을 유지하기 위해서는 사랑도 지속적으로 모니터해야 한다. 마찬가지로 기업이 건실하게 남아 있기 위해서는 우선적으로 어느 정도의 수익성과 유동성을 확인해야 할 것이다. 그러나 그 이후에도 급변하는 경영환경으로 인하여 지속적으로 부실징후를 모니터하는 것이 최선책이라 할 수 있다.

핵심 포인트

기업의 부실로 인한 사회적 비용은 실로 막대하기 때문에 부실징후를 사전에 감지하여 대처하는 것이 중요하다. 다행히도 회계정보는 기업의 부실을 예측하는 데 상당히 유용하며 예측모형을 지속적으로 수정해나가면 그 예측력은 상당히 높은 것으로 나타난다.

음악은 고단한 삶에 평안과 안식을 준다. 그렇기 때문에 음악을 감상할 줄 알고 악기를 하나라도 연주할 수 있다면 세상이 보다 풍요롭지 않을까. 그러나 한국의 음악교육은 소수의 전문적인 예인을 양성하거나 입시 위주의 교육으로 흘러버린 지 오래이다. 음악교육은 일찌감치 삶을 향유하는 정서의 차원이 아니라 삶을 지치게 하고 흥미를 잃게 만드는 도구가 되어버렸다. 미술과 체육에 대한 교육도 삶을 풍요롭게 만드는 도구가 아니라 배워야 하는 과목으로서만 이루어져 왔다.

그 분야의 직업을 갖지 않을 바에는 삶을 윤택하고 건강하게 만드는데 일조하는 것만으로도 충분하다. 그림이라는 언어로 표현하는 것을 배우고, 신체를 튼튼하게 하는 운동을 한두 개 배운다면 삶을 보다 풍요롭고 건강하게 영위할 수 있지 않을까. 잘해야 한다기보다는 즐길 줄 알아야 음악, 미술, 체육이 생활의 일부로 녹아들 것이다. 이러한 분야에서 배워야 할 것은 교양도 아니고 전문지식도 아니며 알고 즐겨야 하는 차원이다.

회사를 경영하거나 직장을 다니는 모두에게 회계에 대한 지식도 마찬가지이다. 회계는 공인회계사뿐만 아니라 최고경영자, 마케팅전문가, 인사담당임원, 재무담당임원과 실무자는 물론 투자자, 채권자, 소비자단체, 정부규제당국 등 모든 경제주체가 반드시 알아야 하는 분야이다. 그럼에도 불구하고 회계는 전문가나 담당자가 알아야 하는 분야처럼 인식되어온 것이 사실이다. 회계교육이 지나치게 기계적인 부분을 강조하다 보니 회계를 배우고 회계학 분야의 연구를 이해함으로써 얻을 수 있는 힘과 통찰력을 미처 즐길 기회조차 갖지를 못했던 것 같다. 이 책을 처음 집필하게 된 것은 회계와 회계학을 배우는 게 얼마나 중요한지, 회계적인 시각을 갖는 것이 얼마나 힘이 되는지를 알려주고자 하는 마음에서였다. 집필을 마치면서 그러한 의도를 얼마나 달성했는지는 잘 모르겠지만 독자에게 맡길 수밖에 없다.

Peter Drucker는 "우리들 각자가 모두 CEO이다"(Each of us is a CEO)라고 말하였다. 이는 각자가 맡은 부분에서 CEO처럼 의사결정을 하고 결과를 내며 책임을 져야 한다는 의미로 해석할 수 있다. 필자는 이 경구를 "우리들 각자가 모두 회계담당자이다"(Each of us is an accountant)라고 수정하고자 한다. 우리는 회계담당자처럼 어느 분야에 종사를 하든 회계적인 사고를 갖고 회계정보를 최대한 활용하여 근거와 논리를 갖고 의사결정을 해야 한다는 의미이다.

저자소개

권 수 영 St. John Fisher College, 경영학 학사 | University of Texas at Austin, 회계학 석사 | University of Rochester, 응용경제학 석사 | Washington University in St. Louis, 회계학 박사 | 미국 공인회계사(Iowa) | University of Utah 조교수 | 고려대학교 경영대학 학장/경영전문대학원 원장, 한국회계학회 회장, 포스코인터내셔널 사외이사 및 감사위원장 역임
현, 고려대학교 경영대학 교수

김 종 일 고려대학교, 경영학 학사 | Washington University in St. Louis, 경영학 석사 | 고려대학교, 경영학 박사 | 한국 공인회계사/미국 공인회계사/세무사 | SK쉴더스 이사회 의장, 스톤브릿지 · 한화갤러리아 사외이사 역임, 삼일회계법인 저명교수
현, 가톨릭대학교 회계학과 교수

고 영 우 고려대학교, 경영학 학사 | 고려대학교, 경영학(회계학 전공) 박사
현, 경기대학교 경영학부 교수

기 은 선 고려대학교, 경영학 학사 | 고려대학교, 경영학(회계학 전공) 박사
현, 강원대학교 경영회계학부 교수

제2판 회계학 이야기

2013년 5월 25일 제1판 1쇄 발행
2024년 2월 5일 제2판 1쇄 인쇄
2024년 2월 15일 제2판 1쇄 발행

저 자 권수영 · 김종일 · 고영우 · 기은선
발 행 인 권 영 섭
발 행 처 (주)신 영 사
경기도 파주시 심학산로 12(출판문화단지)
등 록 : 1988. 5. 2 / 제406-1988-000020호
전 화 : 031-946-2894(代)
F A X : 031-946-0799
e - mail : sys28945@naver.com
홈페이지 : http://www.shinyoungsa.co.kr

정가 20,000원 ISBN 978-89-5501-849-3